Manual de Iglecrecimiento

Dr. Juan Carlos Miranda

Con un prefacio de Pedro Wagner

ISBN 0-8297-0707-7

Categoría: Crecimiento de la Iglesia

Publicado por Editorial Vida

Edición en idioma español
© 1985 EDITORIAL VIDA
Deerfield, Florida 33442-8134

Segunda impresión, 6/91   3M   LR

Reservados todos los derechos

Cubierta diseñada por Ana María Bowen

A María,
compañera y colega por más de
treinta años;
quien en los momentos más
difíciles de mi vida,
como lo fue el de escribir
este libro,
ha estado siempre a mi lado.

INDICE

PREFACIO 6
INTRODUCCION 8
1. LAS ESCRITURAS Y LA VOLUNTAD DE DIOS 14
   Cuatro clases de Iglecrecimiento bíblico • Tres características del Iglecrecimiento • Lo que Dios espera de nosotros • La meta bíblica • La estrategia bíblica • La escala de resistencia-receptividad
2. LA MISION DE LA IGLESIA 35
   Definiendo la misión • ¿Qué dice Iglecrecimiento? • Misión integral • Cuatro tipos de Iglecrecimiento • ¿Qué significa evangelismo integral? • La prioridad del evangelismo • Definiendo el evangelismo • El mandato evangelístico
3. EL PASTOR, LA CONGREGACION Y
   EL IGLECRECIMIENTO 51
   Cuatro axiomas del Iglecrecimiento • El pastor debe desear que la iglesia crezca • La congregación debe desear que la iglesia crezca • Celebración + congregación + grupos hogareños = iglesia • Un pastor, una iglesia (Modelo 1) • Otro pastor, otra iglesia (Modelo 2)
4. ADIESTRANDO LA IGLESIA LOCAL 78
   ¿Problemas o soluciones? • Cinco clases de líderes • Adiestrando según el modelo de Cristo • Adiestrando según el modelo de Pablo • Consideraciones bíblicas sobre el ministerio del laico • A. Instituciones teológicas • B. Educación teológica por extensión • C. El ministro que adiestra a la vez que discipula
5. LOS DONES ESPIRITUALES PUEDEN
   AYUDARLE 100
   La iglesia como cuerpo de Cristo • La diversidad en el cuerpo • Lo que son los dones espirituales y lo que no son • ¿Cuáles son los dones espirituales? • Definiciones de los dones espirituales • Descubriendo los dones espirituales • Desarrollando los dones espirituales • Usando los dones espirituales
6. ESTRATEGIA DEL
   EVANGELISMO URBANO 118
   La necesidad • Lima al encuentro con Dios • Cruzadas para el Crecimiento de la Iglesia
7. EL MINISTERIO SOCIAL Y
   EL IGLECRECIMIENTO 148

El mandato cultural • El servicio social • La acción social
8. EL PRINCIPIO DE LAS
   UNIDADES HOMOGENEAS 161
   Definiendo las unidades homogéneas • La discusión y la aclaración • El pluralismo social • No es sinónimo de racismo • En lo práctico • El porqué de los resultados • ¿Otra terminología? • Finalmente
9. PLANTANDO NUEVAS IGLESIAS 174
   Requisitos básicos para plantar iglesias • Objeciones a que se planten iglesias • Modelos para comenzar iglesias • Plantando con visión
BIBLIOGRAFIA DE IGLECRECIMIENTO EN ESPAÑOL 191

LISTA DE DIAGRAMAS

1 ¡Hacer discípulos! 25
2 Una iglesia responsable y reproductiva 25
3 Los ciclos humanos 26
4 La meta del evangelismo 28
5 Escala de receptividad-resistencia 31
6 Escala de Engel 33
7 Mandato cultural y mandato evangelístico 37
8 Cuatro clases de Iglecrecimiento 41
9 Centro Evangelístico La Hermosa:
  Membresía 66
10 Centro Evangelístico La Hermosa:
   Membresía compuesta 67
11 Iglesia Presbiteriana San Pablo:
   Historia y proyección de fe 70
12 Iglesia Presbiteriana San Pablo:
   Perspectiva en la proyección de fe 71
13 Vida en el cuerpo y el Iglecrecimiento 83
14 Ministerios para laicos y pastores 91
15 Proceso de adiestramiento: Lima 98
16 Lince, Lima 128
17 Pueblo Libre, Lima 130
18 Cruzada para el Crecimiento de la Iglesia 145
19 Retrato de una gran iglesia 186

PREFACIO

Este libro constituye una publicación muy significativa. Su autor, Juan Carlos Miranda, nos ha proporcionado el primer libro sobre Iglecrecimiento escrito originalmente en español. El movimiento de Iglecrecimiento ya ha cumplido treinta años. Este comenzó con la publicación del libro *The Bridges of God* (Los puentes de Dios), por Donald McGavran en 1955. Sus enseñanzas se han propagado por cada continente del mundo. Muchos han estado enseñando los principios del crecimiento de la iglesia en la América Latina, pero ha sido esta mayormente una tentativa de aplicar conceptos expresados primeramente en inglés, utilizando circunstancias y ejemplos tomados de lo sucedido en otras partes del mundo.

El doctor Miranda está calificado para producir esta obra tan valiosa. Su libro está basado en la práctica y no meramente en la teoría de estos principios. El se ha preocupado por estudiar la gran cantidad de literatura sobre el tema que se ha publicado en inglés; ha pasado por el rigor académico del programa doctoral de Iglecrecimiento del Seminario Teológico Fuller, donde enseña el propio McGavran; y ha viajado extensamente investigando el crecimiento de la iglesia tanto en Norteamérica como en la América Latina.

Pero toda esta teoría haría que este fuese un libro muy desabrido si Miranda no hubiese invertido buena parte de su tiempo asegurándose de que las teorías fueran aplicadas a los cimientos mismos. En primer lugar, Miranda es uno que planta iglesias y además es pastor. Gran parte de su ministerio lo ha pasado — y aun lo pasa en el presente — ocupado en cuidar de un rebaño del pueblo de Dios. Esta constante experiencia de compartir el dolor y los problemas, el gozo y las victorias de creyentes laicos, le proporcionan las cualidades que necesita en su segunda función: la de ser un asesor internacional de Iglecrecimiento.

El doctor Miranda es un pionero hispano del asesoramiento sobre Iglecrecimiento. Desde 1976 ha sido el fundador y director del Departamento Hispano del Instituto de Evangelismo e Iglecrecimiento Charles E. Fuller, la más prestigiosa de las agencias de asesoría y consulta sobre crecimiento de la iglesia. Su trabajo lo ha hecho recorrer la mayor parte de los Estados Unidos de América, asi como también casi todos los países de América Latina. Ha trabajado con líderes eclesiásticos de un gran número de denominaciones evangélicas. Es este trasfondo lo que lo convierte en una autoridad en la materia y lo capacita para que comparta sus conceptos con los demás.

Este *Manual de Iglecrecimiento* es un libro que le informará. El desarrollo del campo académico del Iglecrecimiento en los últimos años es sorprendente. Esta obra ayudará al lector a conocer los principios y personajes relacionados con este tema.

Este *Manual de Iglecrecimiento* es un libro que le *instruirá*. La mayoría de los pastores y líderes nunca han estudiado Iglecrecimiento, principalmente porque no había cursos en esta materia. Ellos no pueden darse cuenta de la diferencia que hay entre una iglesia enferma y una que goza de buena salud. No tienen instrumentos con qué diagnosticar. Cuando una iglesia no crece, generalmente se sienten desvalidos, y hasta llegan a racionalizar que es la voluntad de Dios que no crezca. Este libro puede cambiar esa situación. En muchos casos proporcionará la instrucción que permitirá al pastor guiar a su iglesia a un crecimiento vigoroso y continuo.

Este *Manual de Iglecrecimiento* es un libro que le servirá de inspiración. Aunque contiene muchas observaciones tomadas de la sociología, Juan Carlos Miranda es el primero en reconocer que la sociología por sí misma no puede edificar el reino de Dios. Unos plantan y otros riegan, pero Dios — y únicamente Dios — da el crecimiento. El quiere que sus hijos perdidos sean hallados y traídos al redil. El Iglecrecimiento sólo tendrá éxito en la medida que hombres, mujeres y jóvenes pasen de las tinieblas a la luz, del poder de Satanás al poder de Dios, y lleguen a ser fieles discípulos del Señor Jesucristo. El valor principal de este libro radica en que Dios lo utilizará para animar e inspirar a su pueblo a realizar esfuerzos más vigorosos y eficaces para rescatar a los perdidos y llevarlos a Cristo.

Este *Manual de Iglecrecimiento* debe circular extensamente desde Sevilla hasta Santiago de Chile y desde Los Angeles hasta Buenos Aires... doquier haya personas de habla hispana que anden como ovejas sin pastor. Cuando así sea, y cuando los líderes evangélicos lean su contenido con una actitud de oración y dedicación, el cumplimiento de la Gran Comisión será acelerado vertiginosamente, y Dios será así glorificado.

Pedro Wagner
Seminario Teológico Fuller
Pasadena, California, EE.UU.

INTRODUCCION

Con la realidad y responsabilidad de una gran necesidad, que pesa sobre mis hombros, es que escribo estas páginas. Reconozco que sería imposible en un solo libro estudiar a profundidad todas las enseñanzas del movimiento de Iglecrecimiento. [El Iglecrecimiento no es una iglesia ni una denominación. Es un movimiento cooperativo para descubrir, enseñar, e implementar los métodos técnicos y los principios espirituales que harán crecer las iglesias locales y extenderán el reino de Dios.] Mi meta será, por una parte, la de despertar el apetito del lector para que siga estudiando y, por otra, animar a los que pueden hacerlo a escribir más sobre el tema.

Mi deseo es que este libro pueda ser utilizado en instituciones teológicas y en la iglesia local más humilde. Que sirva tanto al erudito como a la persona más sencilla. Esto demandará un mayor esfuerzo de mi parte, pero creo que así debe ser. Henry Kissinger dijo en uno de sus discursos: "El éxito o la grandeza está en tomar lo paradójico y ponerlo en términos sencillos." Espero tener éxito con la ayuda y dirección de Dios.

Debo agradecer a mis maestros y a los que me animaron a escribir este libro. Si "la imitación es la mejor manera de halagar a una persona", espero que así se sientan ellos... ¡halagados! Se lo merecen; he tratado de imitarlos. Entre ellos deseo expresar mi agradecimiento al doctor Donald McGavran, cuyas clases son siempre inspiradoras. Al doctor Pedro Wagner, de quién tanto he aprendido. A él puedo llamarlo mi maestro, jefe, colega, compañero y amigo, pero por encima de todo, mi hermano. Un hermano en Cristo que tiene pasión por las almas perdidas y a quien el Señor le ha dado una mente para ayudarnos a entender la manera de cumplir con la Gran Comisión aquí. ¡Gracias, don Pedro!

Estoy agradecido a los autores que he citado en este libro. De todos ellos he aprendido algo. Se dice que "copiar de una persona es plagio, copiar de muchos es erudición". Gracias por permitirme usar sus escritos. Muchos son los que han hecho posible este libro. Pero lo más importante, Dios lo ha permitido. Confío que el mismo Señor ayudará al lector a "escudriñar todo y retener lo bueno" (1 Tesalonicenses 5:21).

Gracias a Dios por encuentros como el Congreso para la Evangelización Mundial (Lausana, Suiza, julio de 1974); por los que lo precedieron y por los que vendrán después. Gracias por CONELA (Consulta Evangélica Latinoamericana, Panamá, 19 al 23 de abril de 1982) y su aporte para la evangelización de nuestros amados países. Todo esto nos ayuda y nos encamina en el cumplimiento de la Gran Comisión. Espero que estas actividades sigan desafiando a otros líderes a escribir sobre la evangelización y el crecimiento de la iglesia en la América Latina. Por mi parte (y espero que otros sientan también el mismo deseo), continuaré escribiendo acerca del Iglecrecimiento.

Haciendo un poco de historia

El movimiento de Iglecrecimiento no es nuevo. En 1980 celebramos nuestro vigesimoquinto aniversario. Esto, si se toma la fecha de la publicación del libro *The Bridges of God* (Los puentes de Dios), en 1955, por el doctor Donald McGavran como el comienzo oficial. Pero en realidad Dios comenzó un despertar en el corazón del doctor McGavran en el año 1936 cuando era misionero en la India. Ese campo misionero estaba constituido por 145 iglesias, de las que 134 estaban inactivas y 11 de ellas crecían al ritmo de sólo un 20% cada 10 años. Este fue el trasfondo que Dios utilizó para inquietar a este hijo suyo, a quien hoy se conoce como "el apóstol del Iglecrecimiento".

En 1959 un nuevo libro, *How Churches Grow* (Cómo crecen las iglesias), de la pluma del propio McGavran, aportó más material de estudio. En 1961, ya de regreso de la India, fundó el Instituto de Iglecrecimiento en la ciudad de Eugene, Oregon, E.U.A. Este tenía como finalidad ayudar a los misioneros que regresaban, después de haber cumplido un período o más en su campo de labores, a evaluar su trabajo y a tomar cursos que los ayudaran a ser más eficientes en sus esfuerzos misioneros y en el cumplimiento de la Gran Comisión.

Para 1965 el Instituto ya se había hecho pequeño. Por ello, y al ser invitados por el Seminario Teológico Fuller de Pasadena, California, se organizó en el plantel de este la Escuela de Misión Mundial y el Instituto de Iglecrecimiento. Fue así que al reclutarse uno de los cuerpos docentes de misionólogos más grande del mundo y al publicarse su obra magna: *Understanding Church Growth* (Cómo entender el crecimiento de la iglesia), en 1970, se pusieron bases sólidas para la continuidad y futuro del movimiento.

Podemos decir, no obstante, que en los Estados Unidos el incremento comenzó realmente en 1972 cuando el doctor McGavran y Pedro Wagner unieron sus esfuerzos. Desde entonces la Escuela de Misión Mundial y el Instituto de Iglecrecimiento se han convertido en un centro tanto del esfuerzo evangelístico como del crecimiento de la iglesia a niveles mundiales.

Han preparado a cientos de misioneros y a una gran cantidad de obreros nacionales desde aquellos primeros años.

Del ámbito hispano

En cuanto a la América Latina, el incremento continúa. Si bien es cierto que los primeros seminarios y talleres sobre crecimiento de la iglesia que Pedro Wagner y Virgilio Gerber llevaron a cabo en Venezuela tuvieron mucho éxito por tres años consecutivos — a principios de la década de los setenta — no fue sino hasta los años más recientes que hemos visto un tremendo despertamiento. Miles de pastores y líderes laicos han escuchado la presentación de los "Principios de Iglecrecimiento". Han participado de las clases y un grupo selecto de ellos han pasado a ser los "expertos locales" dondequiera que se encuentran. Ahora ellos continúan enseñando lo que han aprendido. Algunos seminarios teológicos e institutos bíblicos tienen su "Departamento de Iglecrecimiento". Sus cursos son requisitos de graduación y están satisfaciendo una necesidad imperiosa. Otros planteles tienen en proyecto incorporar esta asignatura en sus programas de estudios.

El término "Iglecrecimiento" no es mío, sólo que me tocó popularizarlo. Este término podemos decir que es descriptivo de los principios que estamos estudiando juntos. No es una traducción directa y caprichosa. Normalmente diríamos en buen español "crecimiento de la iglesia", pero al abreviar y unir las palabras hemos acuñado un nuevo término, nuestra expresión Iglecrecimiento que significa lo mismo pero con cierta identificación con las enseñanzas del Instituto de Iglecrecimiento de la Escuela de Misión del Seminario Teológico Fuller. Al viajar unos 50.000 kilómetros por año enseñando Iglecrecimiento, mi gozo y recompensa es ver a líderes deseosos de poner a prueba estos principios, y ver a otros que los han ido poniendo a prueba a medida que recibían las enseñanzas.

Por supuesto que se han suscitado muchas críticas. No me cabe duda de que este libro será sometido a igual tratamiento. En casos como éste recuerdo el adagio que una amiga de mi madre escribió en mi Biblia pocos meses después del fallecimiento de mi madre, allá en la Argentina, cuando yo tenía sólo trece años de edad: "Cuando el mundo te critique recuerda que Dios es el Supremo Juez; cuando seas aplaudido considera que la única aprobación que vale es la de Dios." Así considero siempre ambas posibilidades.

Fundamentos del Iglecrecimiento

Desde un principio los líderes del Iglecrecimiento han considerado que este movimiento está anclado en las Escrituras y tiene sus raíces teológicas en la tradición evangélica conservadora.

La persona dedicada al Iglecrecimiento se ha consagrado completamente a las doctrinas de la inspiración y autoridad de las Escrituras, la deidad de Cristo, la persona y obra del Espíritu Santo, la centralidad de la iglesia, la depravación del hombre, el cielo y el infierno, y la totalidad de la fe una vez dada a los santos.

Hemos llegado a ver que el objetivo de la iglesia "es hacer discípulos a todas las naciones". La base de la estrategia del evangelismo, para quién cree en el Iglecrecimiento, es hacer discípulos en todas las naciones e incorporarlos a la vida de la iglesia local. Cualquier clase de evangelismo que no dé como resultado el crecimiento de la iglesia local, no concuerda con el Iglecrecimiento y mucho menos con la Gran Comisión.

Definiciones del Iglecrecimiento

En el reglamento de constitución de la Academia de Iglecrecimiento Americano dice así: "Iglecrecimiento es la ciencia que investiga la implantación, multiplicación, funcionamiento y la salud de las iglesias cristianas, específicamente en lo que se relaciona con la implementación de la Gran Comisión de 'hacer discípulos a todas las naciones' (Mateo 28:19). Iglecrecimiento es simultáneamente una convicción teológica y una ciencia aplicada, tratando de combinar los principios eternos de la Palabra de Dios con los conocimientos contemporáneos de las ciencias sociales y de la conducta humana, teniendo como marco de referencia el trabajo fundamental hecho por el doctor Donald McGavran y sus colegas del Seminario Teológico Fuller."

La siguiente es mi definición práctica:

"Todo lo que está involucrado en traer a hombres y mujeres que no tengan una relación personal con Jesucristo, a la comunión con El y a una membresía en la iglesia local responsable y reproductiva."

Supuestos teológicos

En el libro *Church Growth and the Whole Gospel* (El crecimiento de la iglesia y el evangelio completo), el doctor Pedro Wagner nos presenta cinco supuestos teológicos de los escritos sobre Iglecrecimiento, los que si no están siempre explícitos, no cabe la menor duda de que están arraigados en el pensamiento y estilo de vida de los defensores de los principios del Iglecrecimiento.

"1. *La gloria de Dios como fin supremo del ser humano*. Los participantes del Iglecrecimiento desean afirmar que su teología se fundamenta en el Padre todopoderoso, creador del cielo y de la tierra.

2. *El señorío de Jesucristo*. Las personas del Iglecrecimiento han nacido del Espíritu Santo en el reino de Dios. Jesucristo es el Señor.

Están dispuestos a obedecerlo a El. Ninguno de los mandamientos de Cristo son optativos.

3. *La autoridad normativa de las Escrituras.* El doctor Arturo Glasser lo expresa así: 'La teología del Iglecrecimiento está basada en el principio fundamental de que las Escrituras son la única regla infalible de fe y práctica. El relato bíblico y la interpretación bíblica de la historia de la redención son normativas para la raza humana.'

4. *La realidad escatológica final del pecado, la salvación y la muerte eterna.* Esta es la convicción de que las decisiones hechas por los seres humanos en esta vida tienen consecuencias eternas. 'El que tiene al Hijo, tiene la vida [eterna]: el que no tiene al Hijo de Dios, no tiene la vida' (1 Juan 5:12). El universalismo, o sea la doctrina de que al fin todos serán salvos, no tiene cabida dentro de la gente de Iglecrecimiento. Para ser salvos, las personas tendrán que haber escuchado y recibido el evangelio.

5. *El ministerio personal del Espíritu Santo.* El Espíritu Santo mismo está trabajando en la vida de todos los creyentes en todas las culturas. El los llena, les da poder extraordinario, distribuye dones, los guía en el desarrollo teológico y ético y los llama a servirle."[1]

Pensando en el futuro

Deseo que el lector pueda tener un panorama amplio de los principios del movimiento de Iglecrecimiento. Por eso en el capítulo 1 abordaremos el tema de las Escrituras y la voluntad de Dios. Necesitamos ese punto de partida. En el capítulo 2 será necesario ver la misión de la iglesia. Aquí el lector será confrontado con "el mandato evangelístico". Luego en los capítulos 3, 4 y 5, vamos a poner el enfoque en la iglesia local. Ver que el secreto no radica en el pastor o en la congregación sino en ambos y que será oportuno adiestrar a la iglesia local con relación a los dones espirituales y las herramientas que Dios ha puesto a nuestro alcance, y que quizá necesiten afilarse.

Pero. . . las grandes ciudades están creciendo rápidamente, ¿cómo podremos alcanzarlas? Viendo la necesidad podremos trazar una estrategia. Los modelos del capítulo 6 pueden ayudarnos. Además, lo que muchas iglesias han dejado de lado, o sea, el ministerio social, será de ayuda para que la iglesia crezca. Eso lo veremos en el capítulo 7. Aquí conocerá otro término relativamente nuevo, "mandato cultural". En el capítulo 8 presentaremos un tema controversial: las unidades homogéneas. Esperamos que deje de ser controversial para usted cuando termine de leerlo. ¿Cómo podremos alcanzar a una población que crece aceleradamente en los cuatro puntos cardinales? El capítulo 9 nos habla de plantar iglesias. Más y más iglesias y congregaciones deberán ser establecidas para poder hacerlo. Estos principios y modelos podrán ayudarle. Así lo esperamos.

Al llegar al final de este libro, se dará cuenta de que no tiene conclusión. Esto tal vez le sorprenda, tal vez no. Espero que cada lector pueda poner la suya propia. Reflejará el resultado que estos principios de Iglecrecimiento puedan realizar, con la ayuda del Señor, para usted y su congregación.

---

[1] Pedro Wagner, *Church Growth and the Whole Gospel* (El crecimiento de la iglesia y el evangelio completo), (Harper and Row, San Francisco, 1981) pág. xiii.

CAPITULO 1

LAS ESCRITURAS Y LA VOLUNTAD DE DIOS

"Por tanto, id, y haced discípulos a todas las naciones, bautizándolos en el nombre del Padre, del Hijo y del Espíritu Santo; enseñándoles que guarden todas las cosas que os he mandado; y he aquí yo estoy con vosotros todos los días, hasta el fin del mundo" (Mateo 28:19, 20).

Aquí tenemos las Escrituras. Aquí tenemos la voluntad de Dios. Todos los creyentes llamamos a esto la "Gran Comisión" y en alguna medida u otra tratamos de cumplirla, aunque quedándonos cortos muchas veces. David Haney en su libro *Renueva mi iglesia* dice: "¡No se está cumpliendo con la Gran Comisión! Nuestra versión abreviada de la Gran Comisión dice: 'Id por todo el mundo y haced discípulos', y ahí termina. Algunos bautistas y 'discípulos de Cristo' llegan hasta 'bautizándolos', y de ahí no siguen."[1] No creo que la omisión sea exclusiva de estas dos denominaciones; creo que todos nos quedamos cortos.

Tenemos evidencias bíblicas de que la Iglesia primitiva funcionaba dentro del estricto cumplimiento de la Gran Comisión. Veamos su ejemplo, para luego ver cómo las enseñanzas de Iglecrecimiento se basan en las Escrituras y la voluntad de Dios.

Cuatro clases de Iglecrecimiento bíblico

Desde mis primeros pasos en este movimiento — y en los años en que he estado enseñando esta materia debo haberlo compartido con diez o doce mil pastores y líderes latinoamericanos — he aprendido que hay cuatro clases de Iglecrecimiento y que estas están basadas en las experiencias de la Iglesia primitiva.

En primer lugar, encontramos en el capítulo 2 del libro de los Hechos que había un *crecimiento espiritual*. Perseveraban en la doctrina, crecían hacia arriba, en comunión con Dios. En término de pocas horas aquel grupo de 120 hombres y mujeres que habían estado en el aposento alto (y esto sin duda incluía a los 11 discípulos que habían quedado) se había multiplicado hasta llegar a ser 3.120. Me pregunto, ¿cómo habrán solucionado esos 120 el problema de un crecimiento numérico tan rápido? ¿En qué auditorio o estadio se reunirían? Los niños, ¿qué hacían con ellos? Las Escrituras no nos dan las respuestas a estas preguntas, pero nos dicen que "perseveraban en la doctrina". Doy por sentado con firmeza que la Biblia no nos dice *cómo* para enfatizar *lo que hacían*. De acuerdo con esa experiencia y lo que hoy enseñamos el crecimiento "espiritual" era imprescindible. No podría haber otro crecimiento sin esta base. De ahí que el énfasis no está sólo en los números sino que está puesto en todo aspecto del individuo y de la iglesia. La madurez cristiana y la relación vertical con Dios son la base de todo crecimiento.

En segundo lugar, había un *crecimiento corporativo*. Crecían en el "cuerpo de Cristo", la Iglesia. Crecían juntos en la comunión de los hermanos, por eso en 2:44 nos dice: "Todos los que habían creído estaban juntos". La *koinonía* ["comunión", en griego] de la iglesia primitiva debe contagiar nuestras congregaciones de modo que reine la unidad y no la división entre los creyentes. Sin embargo, tenemos que tener cuidado de que la *koinonía* no llegue a transformarse en *koinonitis*. Esta última es una enfermedad de la que muchas de nuestras iglesias padecen, y algunas han muerto de este mal.

Podemos tener tanta *koinonía* con los hermanos que nos concentramos en edificarnos y perfeccionarnos a nosotros mismos y nos olvidamos de las almas que se están perdiendo. Nuestro mal está en engordarnos a nosotros mismos espiritualmente y dejar al mundo que nos rodea morir de hambre de las cosas de Dios y de la posibilidad de conocer a Cristo como su Salvador personal. En el caso de la iglesia del libro de los Hechos finalmente la persecución terminó con la *koinonitis* y de ese momento en adelante la iglesia comenzó a crecer geográficamente.

En tercer lugar, esta iglesia tenía *crecimiento social*, ya que nos dice el versículo 47 que "tenían favor con todo el pueblo". Crecían hacia afuera. Aquellos que los rodeaban (el vecindario) veían lo que sucedía. Quiero pensar que también ellos se ocuparon en lo que más adelante presentaremos como "el mandato cultural", el ministerio social. El testimonio no se limitaba a la predicación, a la comunión de los hermanos, sino que estaban ocupados con los problemas de los que buscaban en este movimiento espiritual la satisfacción de sus necesidades.

Sin duda que muchos de los que habían escuchado al Maestro y habían sido sanados o alimentados, ahora buscaban en los seguidores de Cristo el amparo que necesitaban. Por supuesto que muchos vendrían solamente "por los panes y los peces". No obstante, esperamos que hayan logrado recibir mucho más que eso.

Por último, el mismo versículo 47 nos habla de un *crecimiento numérico*. Dice: "El Señor añadía cada día a la iglesia los que habían de ser salvos." Crecían más. Como resultado efectivo de las actividades individuales y colectivas de esa iglesia, de lo que ellos estaban sembrando, el Señor les daba el crecimiento. La hora de la cosecha había llegado. Este era el comienzo, ya que la descripción del escritor bíblico nos dice que en ese período de unos treinta a cuarenta años la iglesia experimentó el siguiente crecimiento numérico:

Hechos		
1:15		120 estaban reunidos.
2:41		3.000 fueron añadidos.
4:4		5.000 hombres agregados.
5:14		Aumentaban en gran número.
6:1		Crecía el número de los discípulos.
6:7		Los discípulos se multiplicaban grandemente.
6:7		Muchos sacerdotes obedecían a la fe.
8:5-25		El gran avivamiento en Samaria.
9:31		Las iglesias en Judea, Galilea y Samaria
9:32-42		Los que vivían en Lida y Sarón... se convirtieron.
11:21-26		Un movimiento espiritual y de salvación en Antioquía.
12:24		"La palabra del Señor crecía y se multiplicaba."

Esta es la conclusión de lo que podríamos llamar la primera parte del libro de los Hechos. El resto del libro presenta la persecución, los viajes del apóstol Pablo y otras actividades que tuvieron que ver con la "expansión" de la iglesia. Miremos qué sucedió en este crecimiento geográfico y numérico.

Hechos	13:43, 44	Antioquía	Muchos... siguieron
	48, 49	de Pisidia	Creyeron todos... los que
	14:20, 21	Derbe	Muchos
	16:5	Galacia	Aumentaban en número cada día
	17:4	Tesalónica	Gran número
	17:12	Berea	Creyeron muchos
	18:8-11	Corinto	Tengo mucho pueblo en esta ciudad
	28:24,	Roma	Algunos asentían
	30, 31		Recibía a todos los que venían

Además como para poner la decoración final a este pastel de celebración de lo que el Señor estaba haciendo, dice en Hechos 21:20 en palabras de Jacobo: "Ya ves, hermano, cuántos millares de judíos

Las Escrituras y la voluntad de Dios

hay que han creído." Todo esto nos permite ver el interés que el escritor demostró en hacernos saber los resultados de la obra del Señor. ¿Sufriría él de lo que algunos llaman "numerolatría"? No lo creo; pero de una cosa estoy seguro, no sufría de "numerofobia". El crecimiento cuantitativo y la expansión geográfica son importantes a la luz de lo presentado en el Nuevo Testamento.

Recientemente, un crítico de Iglecrecimiento, en una de sus clases, hablando del relato de la puerta ancha y la puerta angosta, dijo sarcásticamente: "¿Por dónde harán pasar los del movimiento de Iglecrecimiento a tanta gente que pretenden ganar, si es una puerta angosta?" Mi respuesta sería que si Lucas encontró y nos mostró a todos los que entraron por esa puerta angosta en el Libro de los Hechos, no hay duda de que el Señor hará lugar para todos los que quieran entrar hoy también. Muchas veces, lo más angosto es la mente de los que "ni cumplen ni dejan cumplir la Gran Comisión".

Una vez más queremos repetir, Iglecrecimiento no tiene un énfasis único o exclusivo en los números sino que está interesado en el crecimiento integral de la iglesia. Por eso ahora queremos ver cómo se desarrolló el crecimiento "cualitativo" de esa misma Iglesia primitiva cuyo crecimiento cuantitativo acabamos de considerar.

Hechos		
	1:14	Todos estos perseveraban unánimes.
	2:1-4	Fueron llenos del Espíritu Santo.
	2:42	Perseveraban en la doctrina de los apóstoles.
	2:46	Perseverando unánimes cada día en el Templo.
	4:20	Porque no podemos dejar de decir lo que hemos visto y oído.
	4:24	Alzaron unánimes la voz a Dios.
	4:31	Cuando hubieron orado, el lugar en que estaban congregados tembló y todos fueron llenos del Espíritu Santo.
	4:32	Y la multitud de los que habían creído era de un corazón y un alma.
	12:24	La Palabra del Señor crecía y se multiplicaba.
	13:49	La Palabra del Señor se difundía por toda aquella provincia.
	13:52	Y los discípulos estaban llenos de gozo y del Espíritu Santo.
	16:5	Las iglesias eran confirmadas en la fe.
	17:11	Escudriñando cada día las Escrituras.
	18:8	Y muchos de los Corintios oyendo, creían y eran bautizados.
	19:20	Que crecía y prevalecía poderosamente la Palabra del Señor.
	21:19	Después de haberles saludado, les contó una por una las cosas que Dios había hecho entre los gentiles por medio de su ministerio.

El crecimiento cualitativo es requisito y responsabilidad de cada creyente. La cantidad y la calidad no están en polos opuestos; se complementan. Son efecto de la misma causa; se necesitan. El mismo Señor Jesucristo nos enseñó que El no se complacía en:

- Salir a pescar sin recoger: Lucas 5:4-11.
- Mesas vacías en un banquete: Lucas 14:15-23.
- Siembra sin cosecha: Mateo 13:3.
- Una higuera sin fruto: Lucas 13:3-9.
- Una oveja perdida que no haya sido traída al redil: Mateo 18:11, 14.
- Moneda perdida que no sea encontrada: Lucas 15:8-10.
- Frutos maduros que no han sido cosechados: Mateo 9:36-38.
- Proclamación sin respuesta: Mateo 10:14.

En cada una de estas situaciones podemos decir que el Señor esperaba resultados concretos. También creo que esperaba buena calidad en esos resultados.

Tres características del Iglecrecimiento

Todo movimiento espiritual tiene sus características particulares. El movimiento de Iglecrecimiento también las tiene. Son características bíblicas que muchas veces iglesias o individuos olvidan o ponen a un lado.

La primera es una característica de *obediencia*. Esta es la conducta del reino, por lo tanto cada creyente debe crecer en obediencia. Es cierto que la persona obedece al llamado del Señor cuando lo acepta como Salvador; pero no termina allí. Hay un ciclo completo que debemos seguir y en el que tenemos que participar.

La obediencia tiene que ver con el señorío de Cristo en nuestra vida. La Palabra es muy explícita en que "no todo el que me dice Señor, Señor, entrará en el reino de los cielos, sino el que hace la voluntad de mi Padre" (Mateo 7:21). El señorío de Cristo sobre nosotros debe ser más que algo de labios; debe ser uno de obediencia a la voluntad del Padre. El Señor no quiere que nadie se pierda (2 Pedro 3:9). Nosotros somos sus embajadores para llevar ese mensaje de salvación. Lo hacemos no obedeciendo a un mero sentir humanista, sino motivados por nuestro sentido de obediencia al mandato divino.

Cuando los hijos de Dios ejercitan la "obediencia" al llevar el mensaje de las buenas nuevas del Salvador, la iglesia crecerá y se extenderá. Es el resultado lógico. Si no hay obediencia no hay crecimiento. Obediencia en seguir al Maestro: "Toma tu cruz y sígueme." Cualesquiera que sean las consecuencias. Debemos ser fieles y obedientes en proclamar el evangelio.

Obedientes en buscar y encontrar a los perdidos. El doctor Donald McGavran habla de la teología de "buscar y encontrar a los perdidos". Muchas veces hemos ejercitado una teología de "buscar", y allí nos hemos detenido. Debemos seguir adelante y "encontrar". Esa clase de obediencia es la que el Señor demanda de nosotros.

Obediencia en alimentar a los nuevos bebés espirituales. No dejarlos morir de hambre en la sala de partos. El Señor Jesús después de resucitar le dio instrucciones al apóstol Pedro, diciéndole: "Apacienta mis corderos" y "Apacienta mis ovejas". El límite de lo que debemos hacer en obediencia tal vez nunca lo podamos alcanzar, pero debemos esforzarnos por lograrlo. Los resultados de lo que hagamos para el Señor nos ayudarán a ver el grado de obediencia que hemos desarrollado. "Por sus frutos los conoceréis."

En las palabras de McGavran decimos:

"La teología de misión, recordando que Dios es uno, debe ver el equilibrio entre *el Dios que busca* y *el Dios que encuentra*. No se puede permitir teológicamente al creyente que sus intenciones sean 'únicamente de buscar', aunque en algunos lugares parece que eso es todo lo que podemos hacer. . . Cristo vino a encontrar y salvar al perdido. Y es lo que debe hacer la Iglesia de Cristo."[2]

El movimiento de Iglecrecimiento, por causa de su sentido de obediencia al Señor, también se concentra en el mandato evangelístico. El nos ordena a "hacer discípulos de todas las naciones", y es nuestro deber poner todo nuestro empeño en persuadir a las personas a que crean en el Señor Jesucristo y lo acepten como su Salvador personal. Si este es nuestro deber, debemos cumplirlo.

La segunda característica de Iglecrecimiento es la de *pragmatismo*. Esto es, un "pragmatismo consagrado". El diccionario define el pragmatismo así:

"Método filosófico . . . según el cual el único criterio válido para juzgar de la verdad de toda doctrina científica, moral o religiosa, se ha de fundar en sus efectos prácticos."[3]

Asumo que todos entendemos lo que significa "consagrado" y cómo podemos combinar ambos elementos para cumplir con la tarea divina. "Esta es la manera en que Iglecrecimiento lo interpreta. No significa esa clase de pragmatismo que trata a las personas como si fueran objetos y las deshumaniza. No es un pragmatismo que compromete los principios doctrinales y éticos de la Biblia y del reino. Tiene que ver especialmente con la metodología",[4] dice el doctor Pedro Wagner. Es decir, usamos los métodos más prácticos (dentro de la voluntad de Dios) para lograr los fines deseados. Y el doctor McGavran agrega: "En cuanto a los métodos, somos unos pragmatistas furiosos."[5] Una vez más decimos, "pragmatismo consagrado", ya que lo usamos en obediencia a Dios y su propósito final es el de dar la gloria y honra a Dios.

El propio doctor Pedro Wagner habla de que hay tres razones de las que surge este pragmatismo consagrado: "La cultural, la histórica y la teológica."[6]

Dentro de la razón cultural, tenemos que ver que en general, por lo menos dentro del ámbito del continente americano, cada uno de nosotros tratamos de ser prácticos en lo que defendemos. Aun los que critican el pragmatismo de Iglecrecimiento, son pragmáticos en sus propias concepciones, aun las que tienen que ver con el "mandato cultural".

En cuanto a la razón histórica, podemos definirla basados en la experiencia. Hemos visto ciertos métodos que Dios ha bendecido y otros que no. Aun encontramos métodos que en su tiempo fueron de mucha bendición, pero ya no lo son ahora. Métodos que fueron bendecidos en algunos lugares y, aparentemente, en otros no. Algo difícil de entender para las denominaciones y sus correspondientes juntas misioneras es la razón por la que sus programas mundiales no han tenido el mismo éxito en todo lugar. Aquí hay no sólo un aspecto histórico sino que puede incluirse también el aspecto cultural.

En cuanto a la razón teológica, tenemos referencias bíblicas en cuanto al pragmatismo. En el Antiguo Testamento encontramos a Nehemías. En cincuenta y dos días construyó la pared de Jerusalén aun estando bajo el ataque del enemigo. En el Nuevo Testamento, en el libro a los Hebreos, encontramos que la crucifixión fue una acción pragmática determinada. El mismo apóstol Pablo en su meta de llevar el mensaje de salvación y cumplir con el mandato evangelístico, estaba dispuesto a ser pragmático "para que de todos modos salve a algunos" (1 Corintios 9:19-22). Por supuesto que debemos entender este pasaje desde un punto de vista consagrado.

Aun cuando leemos la parábola de la higuera estéril en Lucas 13:6-9, vemos que el resultado práctico era el fruto. ¿Cuántas cosas hacemos que no dan fruto? Podemos seguir los pasos de la parábola y ver si no será tiempo de cortar con ese método y buscar en su lugar algo que dé frutos.

La tercera característica es la de "optimismo". ¡Cuánto necesitamos de este! Parecería que las huestes ("ejército en campaña" dice mi diccionario) del Señor adolecen de demasiado pesimismo. Nos enredamos en tantos argumentos y discusiones que terminamos agotando nuestras energías, consumiendo nuestro entusiasmo, y nos sentimos perdedores aun antes de salir a la batalla. El Señor nos dice en Mateo 16:18: "Edificaré mi iglesia." Este es un sentir de triunfo. El Señor saldrá triunfador, Él será el ganador, y yo quiero estar del lado del Ganador.

En mis cursillos por América Latina, al llegar a este punto, pregunto quiénes son simpatizantes de tal o cuál equipo de fútbol (o lo que sea el deporte favorito de ese país). Generalmente, me nombran dos o tres equipos de los que casi todos son aficionados. Luego pregunto quién va ganando el campeonato nacional. Invariablemente, uno de los equipos anteriormente nombrados. Pregunto quién va último en el campeonato... Ninguno de los presentes simpatiza con ese equipo. Esto me da la pauta de que nadie quiere pertenecer al equipo perdedor. ¿Al ganador...?¡Todos! Cuando se relaciona con la obra de Dios, yo y sin duda usted también, queremos pertenecer al equipo ganador, el equipo de Aquel que dijo: "Edificaré mi iglesia."

Cultivemos el optimismo basado en las promesas del Señor y en esa fe que como creyentes debemos ejercitar. La fe que puede triunfar. La fe que nos ayuda a creer. Aceptemos que "al que cree todo es posible" (Marcos 9:23). Deseo tener una fe como la del doctor Robert Schuller, del Estado de California, EE.UU. Para él la fe no es sólo una teoría. Dios lo llevó en el año 1955 desde Iowa hasta California donde empezó una iglesia con un pequeño grupo de creyentes. Hoy ella cuenta con 10.420 miembros. (Recomendamos leer su libro *Su iglesia tiene posibilidades*. Aunque no todo es aplicable al lugar en que estamos usted y yo, nos motiva y ayuda a ponernos del lado del ganador: Cristo Jesús).

Pienso en una iglesia con esa membresía, con una concurrencia de más de 6.000 personas cada domingo por la mañana, y con 10 pastores además de Schuller. Para ellos, y como descripción de su trabajo, ya sea ministro de evangelismo, educación cristiana, consejería, etc., el objetivo más enfatizado es el de "reclutar-entrenar, motivar, supervisar y reemplazar a los líderes laicos para que ellos hagan la obra del ministerio" (Efesios 4:12). También tienen 1.500 líderes laicos que participan cada semana en visitación, consejería y estudios bíblicos. Tienen su propio instituto bíblico donde estos 1.500 se preparan. Todos los maestros de su Escuela Dominical tienen que tomar 96 horas de clases bíblicas. De allí deben completar 224 horas en especialización para recibir su credencial de ministro laico. He conocido a muchos de sus maestros y tienen más preparación que muchos de nuestros pastores. Y esto es un requisito; no es optativo. Así podríamos hablar de otras cosas que allí suceden y que edifican la Iglesia del Señor.

Deseo tener la fe y el optimismo del pastor Javier Vázquez de Santiago de Chile, donde después que se llenan las bancas de su iglesia, la gente permanece parada de a tres por fila, escuchando atentamente. Cosa no muy fácil cuando la asistencia llega hasta 18.000. Hay un coro de 2.000 voces, que emociona, y la música de acordeones, guitarras, violines y mandolinas, que hacen vibrar el corazón. Tal vez usted y yo no estemos de acuerdo con todo lo que allí se hace y cómo se hace. Tal vez sea una lástima que por tanta gente amontonada en los pasillos, no se pueda hacer un llamamiento a pasar al altar a orar por la salvación y tengan que arrodillarse en sus bancas para hacerlo y nunca le puedan dar la mano al pastor o evangelista. ¡Qué problema tan maravilloso!

Tienen clases y anexos por toda la ciudad y ciudades vecinas, una membresía de más de 100.000 personas. Esta es gente reconocida y que está haciendo un impacto en Chile. El pastor Vázquez habla muy confiadamente de que "Chile será para Cristo". Puede decirlo con justa razón. Tiene más de 100.000 buenas razones que Dios puede usar para llevar el evangelio a todo el país. La estructura y cadena de comando para el trabajo evangelístico tiene una efectividad que es difícil de contradecir.

Así podríamos continuar con muchas otras iglesias en otros países latinoamericanos. Podríamos también ir alrededor del mundo y ver lo que el Señor está haciendo. ¿Qué de la iglesia del doctor Yonggi Cho en Corea y sus 500.000 miembros? Pero, ¿para qué ir tan lejos? Sin duda el Señor está obrando a la vuelta de la esquina.

El optimismo que encontramos en este tipo de iglesias mencionadas, donde no hay sólo crecimiento numérico, sino un crecimiento cualitativo por excelencia, es el tipo de optimismo que Iglecrecimiento reclama como una de sus tres características.

Recordemos que la cantidad hace el largo de la iglesia, y la calidad el ancho. Cuando usted multiplica el largo por el ancho, el resultado equivale a crecimiento integral.

Lo que Dios espera de nosotros

Las Escrituras muestran con mucha claridad la voluntad de Dios para cada uno de nosotros. Muchas de las verdades se las podemos aplicar tanto al individuo como a la colectividad. En el capítulo 15 del Evangelio de Juan encontramos una de ellas.

Cada uno de nosotros como parte de nuestro deber cristiano debe llevar fruto. Cuando nuestro fruto es sumado al de los demás, y es puesto en el granero (la iglesia), podemos ver los resultados.

Toda iglesia local tiene no sólo el potencial sino también el deber de evangelizar y crecer. El mandato del Señor a la iglesia es que debe

Las Escrituras y la voluntad de Dios

extenderse. Para hacerlo El nos ha dado a cada uno de los miembros del cuerpo de Cristo los recursos y los dones para cumplir con esa tarea.

Para poder llevar fruto, el evangelismo bíblico debe ser el estilo de vida de cada uno de nosotros y de toda la congregación. Dios espera que mantengamos tal estilo de vida cristiana. Lo que El espera de nosotros debe ser la motivación constante de cada creyente fiel.

Cuando estudiamos este pasaje de Juan 15:1-17, encontramos que el mismo Señor da una *explicación*, una *interpretación* y una *aplicación*. En la explicación, usando un lenguaje figurado, el Señor expone la relación que existe entre el labrador, la vid, los pámpanos y el fruto. En la interpretación identifica a los personajes: el labrador es el Padre celestial; la vid, es el mismo Señor; los pámpanos, los discípulos; y los frutos deben ser permanentes. Luego en la aplicación encontramos que habla claramente del resultado de esa unión entre lo divino y lo humano. Este resultado es doble: fruto abundante y fruto permanente.

Pero es necesario que vayamos más allá de la enseñanza para ver cuál es la lección importante de este pasaje. De acuerdo a los versículos 2 y 8, lo que al labrador le interesa es el fruto. La palabra que sobresale aquí es *fruto*, (se menciona seis veces). Aun a riesgo de ser criticado, diría que el pasaje no habla de mejorar la vid ni del cultivo de los pámpanos. En otras palabras, no habla de las cualidades de los pámpanos; aunque entiendo que eso es importante y acepto que eso pudiese estar implicado al considerarse los resultados. Lo que sí es muy claro es que el labrador busca fruto en abundancia. Siendo fruto, se puede contar; es mensurable. La Escritura dice, *fruto, más fruto, mucho fruto*. Indica un aumento mayor cada vez y en total. Por supuesto debemos notar que el fruto es inseparable y es el resultado de unos buenos pámpanos. También es fruto permanente. Esto nos indica un ciclo completo de la gracia de Dios obrando por medio de la reproducción de discípulos que den constantemente fruto permanente y que este a su vez se reproduzca.

El doctor George Peter al referirse a este pasaje dice:

> "Los apóstoles del Señor Jesucristo pueden, por cierto, ser representados como 'llevando fruto en toda buena obra'. En ellos se cumplieron las palabras de Cristo tanto en la elección soberana de Dios como en la responsabilidad fiel de ellos, cuando el Señor les dijo: 'No me elegisteis vosotros a mí, sino que yo os elegí a vosotros, y os he puesto para que vayáis y llevéis fruto, y vuestro fruto permanezca' (Juan 15:16)."[7]

De acuerdo con esto, debe ser característica del buen discípulo la de llevar fruto en toda buena obra.

El discípulo del Señor tiene una norma básica. La prueba de ser un discípulo verdadero es la de "llevar fruto". Más adelante en este libro vamos a hablar de la misión de la iglesia, que tiene que ver con el mandato evangelístico; pero aquí podemos ver que la "misión de un discípulo" es "llevar fruto abundante y permanente", o sea, cumplir con ese mandato evangelístico. No habrá reproducción a menos que evangelicemos. Debemos salir de las cuatro paredes de nuestros santuarios y evangelizar. La oración de cada creyente debe ser la de poder llevar mucho fruto... y fruto que permanezca.

Es nuestro privilegio como hijos de Dios. Fuimos elegidos por Cristo para permanecer en El, glorificar al Padre llevando mucho fruto (v. 8), y producir un fruto permanente: reproduciendo discípulos (v. 16). Otra vez me habla de lo que puedo hacer para que haya una mejor calidad y una mayor cantidad de fruto en los graneros celestiales.

La meta bíblica

La tarea que nos corresponde — según acabamos de considerar — es la de hacer discípulos. Al leer Mateo 28:18-20, encontramos que el imperativo central de la Gran Comisión es que hagamos discípulos. Esto significa traer a quienes no conocen nada de Cristo y su iglesia a una relación salvadora, de entrega total a El y de fe.

" 'Hacer discípulos' es una actividad relacionada con personas. Los creyentes cristianos, responsables y reproductivos, son los que están entregados a Cristo y a su mandato de hacer que otros sean también discípulos, y de relacionarlos con comunidades de cristianos llamadas iglesias."[8]

Los otros verbos que encontramos en la Gran Comisión [en el original griego] son: *ir, bautizar* y *enseñar*. Estos aparecen como gerundios y deben entenderse como auxiliares del imperativo, en este caso, "haced discípulos".

Cada palabra que ayuda indica una actividad que debe realizarse para completar el imperativo. Los discípulos deben ser hechos *yendo, bautizando* y *enseñando*. No podemos dejar de lado ninguna de estas actividades sin limitar el esfuerzo de hacer discípulos.

"Este es un proceso continuo por el cual los que se convierten a Jesucristo se relacionan unos con otros, y a su vez llegan a ser miembros responsables y reproductivos de la iglesia. 'Yendo', estos discípulos hacen otros discípulos, 'bautizándolos', 'enseñándolos' y relacionándolos a su vez con la iglesia."[9] (Ver diagrama 1.)

Las Escrituras y la voluntad de Dios 25

DIAGRAMA 1

Por lo tanto la tarea de la iglesia es la de "hacer discípulos". (Ver diagrama 2.)

DIAGRAMA 2

En el Instituto de Evangelismo e Iglecrecimiento Charles E. Fuller, en el manual *Bases Bíblicas para el Iglecrecimiento*, hemos diseñado lo que llamamos el "Diagrama de ciclos humanos".[10] Este nos ayuda a ver que existen esferas progresivas de actividades que deben llevarse a cabo si se ha de alcanzar la meta. Esto es una realidad en cualquier movimiento de personas dentro de un grupo. Si deseamos que esas personas participen del proceso activamente, encontraremos tres etapas: (1) reclutamiento hacia el grupo, (2) unión con el grupo y (3) entrenamiento por el grupo para una participación activa. Las tres etapas son necesarias para formar miembros responsables del grupo. Si dejamos una etapa a un lado, el crecimiento del grupo se detendrá. (Ver la página siguiente.)

En este diagrama tenemos el punto de vista bíblico, cuya meta es

ILUSTRACION DE LOS CICLOS

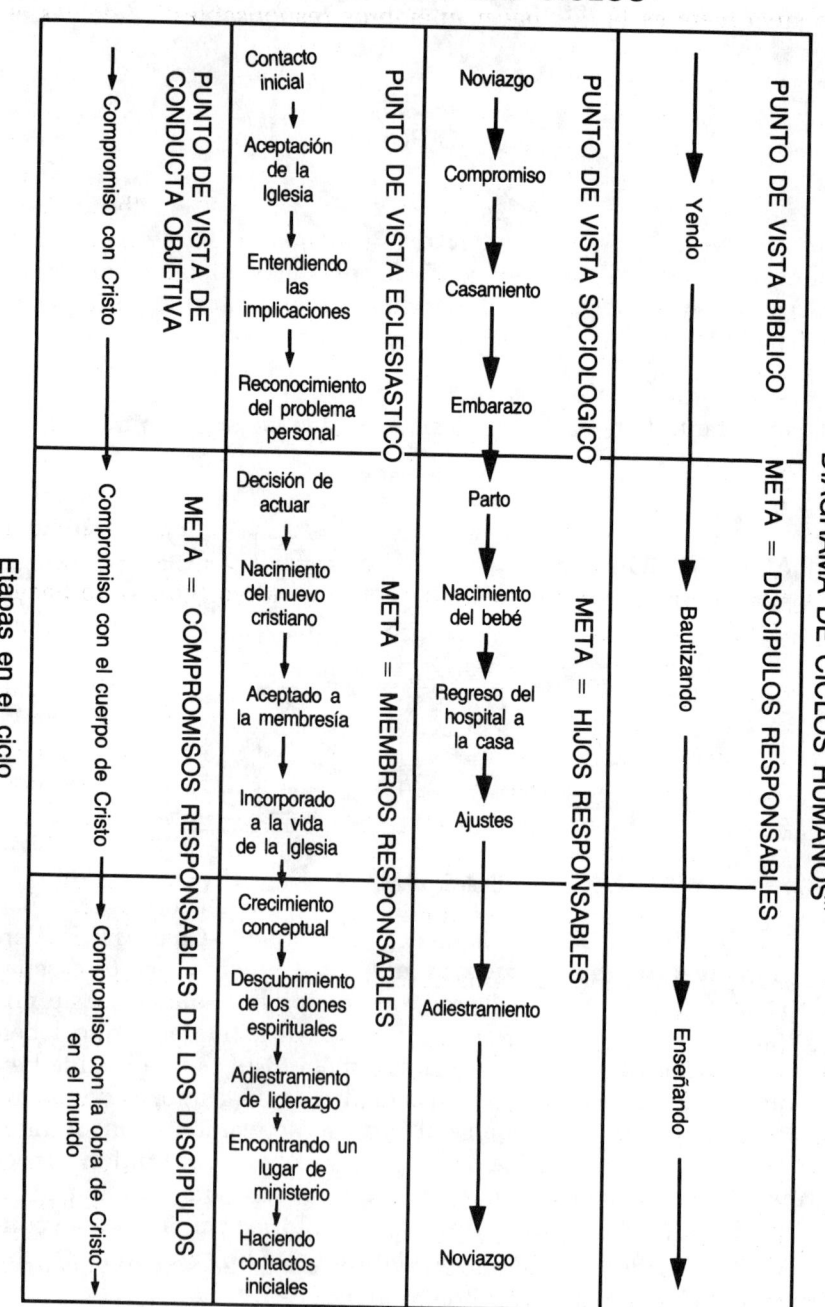

DIAGRAMA 3

hacer "discípulos responsables". Luego el punto de vista eclesiástico cuya meta es la de "hacer miembros responsables". Además el punto de vista de la conducta objetiva cuya meta es la del "compromiso responsable de los discípulos". También el punto de vista sociológico que nos muestra de dónde venimos y hacia dónde vamos. Su meta es la de llegar a ser "hijos responsables". En general, lo que se ha llamado "evangelismo" entre nosotros, ha puesto todo el esfuerzo en adiestrarnos para la actividad de producir "bebés". El proceso de criar hijos responsables realmente comienza en los planes y decisiones hechos cuando dos personas inician el noviazgo. Luego viene el proceso del compromiso, casamiento y el período del embarazo. Continúa después del nacimiento de los hijos con su incorporación a la familia y su consiguiente adiestramiento en habilidades sociales y académicas... para luego comenzar otra vez el mismo ciclo. Nos ilustra como el proceso de ciclo completo es tan necesario en la vida cotidiana como lo es en la vida espiritual. Este diagrama puede usarse para evaluar el futuro de cualquier programa balanceado de crecimiento. Si se concreta un ciclo completo, habrá resultados; se habrán alcanzado las metas.

En el punto de vista eclesiástico, el imperativo bíblico de hacer discípulos toma lugar en un contexto social que es una combinación del proceso anterior.

En su primer contacto con la iglesia, la persona no convertida reacciona con nosotros de la misma manera y por las mismas razones emocionales. Asumiendo que el contacto inicial ha sido eficaz — por ejemplo, por intermedio de un evento musical —, debemos llevar a la persona a través del resto del proceso. Cuando la persona pasa esa etapa, comenzará a escuchar nuestro mensaje. Esta debe aceptar el mensaje y hacer un compromiso con Cristo antes de que pueda comenzar su incorporación a la membresía de la iglesia. Una vez que se haya comprometido con Cristo y con el cuerpo, hará también un compromiso con la obra de Cristo en el mundo. Durante esta etapa comenzará un nuevo ciclo. El discípulo es tanto el agente como el objeto de la Gran Comisión. *Yendo, bautizando y enseñando,* mientras que él mismo es enseñado.

En su *Manual de evangelismo y crecimiento de la iglesia,* el doctor Gerber lo expresa así:

"La meta del evangelismo no se logra hasta que estos nuevos convertidos lleguen a ser cristianos reproductivos que completen el ciclo y garanticen el proceso continuo de evangelismo y crecimiento de la iglesia. La meta fundamental de la evangelización en el Nuevo Testamento es por lo tanto doble."[11]

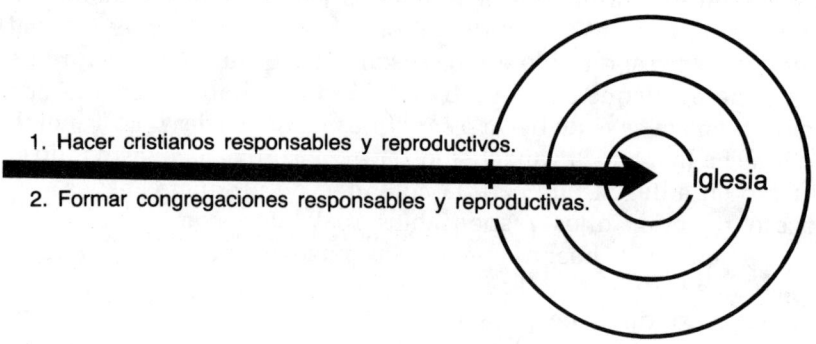

DIAGRAMA 4

La estrategia bíblica

Las Escrituras no sólo nos dan una meta que nos muestra la voluntad de Dios para nuestra vida y su Iglesia, sino que también nos muestra la estrategia para el Iglecrecimiento. Nos permite ver la estrategia bíblica basada en cuatro parábolas: la de los talentos, la de los terrenos, la de la cosecha, y la de la gran cena. Estas enseñanzas nos ayudan a ser prácticos.

I. *La parábola de los talentos* (Mateo 25:14-30) nos ayuda a descubrir cómo el Señor espera que sus discípulos llenos de poder "inviertan" sus "habilidades especiales" (dones) para alcanzar la meta de un Iglecrecimiento máximo y mensurable. Los talentos son como dinero que podemos invertir.

La manera en que invirtamos nuestro don o dones espirituales, bajo el poder y dirección del Espíritu Santo (estrategia), determinará la cantidad del resultado. Estos resultados podrán ser medidos objetiva y estadísticamente. Las personas se pueden contar al igual que el dinero (talento), pues ambos pueden ser evaluados tanto cualitativa como cuantitativamente.

Por supuesto, la expansión de la membresía no es la única forma de tener éxito. El uso preciso de los números en el Nuevo Testamento es una manera — entre otras — que el Señor nos ha dado para medir el éxito o fracaso de nuestra labor y si nuestros métodos han sido buenos o si necesitan ser cambiados.

En el capítulo 5 trataremos específicamente de los dones espirituales. Esperamos que este capítulo nos ayude a desarrollar una estrategia bíblica personal y colectiva que redunde en crecimiento.

II. *La parábola de los terrenos:* (Mateo 13:1-23). Nos ayuda a

Las Escrituras y la voluntad de Dios

descubrir los tres terrenos que son resistentes y el que es receptivo, al observar los resultados producidos por la semilla plantada. Generalmente se conoce esta parábola como la del sembrador. Vemos, no obstante, que esta tiene más bien que ver con los terrenos que con el sembrador.

El doctor Gerber al estudiar esta parábola ofrece las siguientes consideraciones como lecciones obvias:

1. Se debe sembrar con la meta definida de obtener fruto.
2. Sembrar la semilla no es la meta final. Esa acción no es un fin en sí mismo.
3. El terreno en que se siembra la semilla es de vital importancia en relación con los resultados.
4. La cosecha dependerá de lo fértil que sea el terreno.
5. El esparcir la semilla en terrenos que se resisten producirá poco o ningún resultado.
6. Es necesario probar los terrenos con anterioridad para poder determinar si son fértiles o si se resistirán a recibir la semilla.
7. La siembra inteligente es un requisito para una siega abundante.
8. El terreno se considera de alta calidad cuando tiene la capacidad de producir frutos en gran cantidad. La calidad es una medida de la cantidad y esta a su vez es una medida de aquella.[12]

Debemos recordar que no tenemos ningún instrumento ni método perfecto para garantizar el nivel de recepción de la tierra. Ni siquiera podemos predecir el tiempo que tardará la semilla en germinar.

Basados en la investigación de los terrenos es que debemos considerar y preguntarnos dónde concentrará el agricultor sus energías. Esto nos ayudará a determinar nuestra estrategia.

III. *La parábola de la cosecha* (Mateo 9:37-38): Esta parábola nos habla de cuán madura está la cosecha, y de que lo que hace falta es obreros que la recojan.

Por supuesto que surgen preguntas. La más importante tal vez sea, ¿en qué deben concentrarse los obreros? ¿Deberán ellos nivelar el terreno, cultivarlo, cercarlo, o fertilizarlo? ¿Serán estos responsables de podar los árboles? Todas estas actividades pueden ser importantes a su tiempo, pero en Juan 15 vemos algo esencial: debemos concentrarnos en los frutos. La cosecha hay que recogerla.

En Juan 4:35 se nos da la base bíblica para determinar una estrategia eficaz. El fruto debe ser recogido cuando está maduro. No debemos permitir que el fruto o la cosecha se quede y se pudra en el campo. No debemos permitir que se pierda por falta de obreros, maquinarias, o transporte. Esto puede compararse con la cosecha de almas.

Nací en una región agrícola por excelencia. Mi primer pastorado fue en esa misma zona. Por años vi perderse el precioso fruto (cereal) por el descuido o la falta de estrategia o planificación en la recogida, almacenaje y transportación de las cosechas. ¡Qué lástima! Pero es la realidad. En este mundo muchos se están perdiendo porque la iglesia no ve que los campos están listos para la siega.

IV. *La gran cena*, parábola práctica (Lucas 14:16-23). ¿Qué podemos hacer cuando la gente no responde? Estamos tratando de ganarlos con el mensaje de salvación para que tengan vida eterna. Sin embargo, siempre tienen una excusa que hasta parece justificada.

Aquí el Señor nos dice claramente cuál es su meta: "Que se llene mi casa." Hubo muchos invitados que hasta tuvieron el privilegio de ser los primeros en la lista (vv. 16, 17). ¿No tenemos también muchos como ellos que han pasado por su iglesia y la mía? Un segundo grupo fue invitado (v. 21), y evidentemente muchos de ellos aceptaron la invitación. Aun así, hubo que salir a buscar a otros y forzarlos a entrar (v. 23).

La mayor parte de las iglesias invierten casi todo su tiempo trabajando con el primer grupo (vv. 18, 21), que no es productivo. Pero si tomáramos en serio el mensaje de esta parábola comenzaríamos — creo — a cambiar tanto nuestra actitud como nuestra estrategia.

De estas parábolas aprendemos una lección que nos ayudará a que sea más fructífero y bendecido el ministerio que el Señor nos ha encomendado.

La escala de resistencia-receptividad

Iglecrecimiento no ha sido únicamente utilizado por Dios para proporcionar enseñanzas bíblicas y descubrir principios y estrategias que el propio Señor nos dejó para que podamos cumplir más eficazmente con la Gran Comisión, sino que Iglecrecimiento también ha descubierto la ayuda que pueden aportarnos las ciencias que tienen que ver con la conducta humana.

De estos estudios, surge la escala o el eje de resistencia y receptividad. George Hunter, hablando de este instrumento dice: "Ha sido la contribución más grande del movimiento de Iglecrecimiento para la evangelización mundial de esta generación."[13] Sí, esta es una excelente contribución científica.

Esta escala de resistencia-receptividad nos ayuda a comprender

Las Escrituras y la voluntad de Dios 31

dónde se encuentra la gente en relación a cuán listos están para recibir el evangelio:

¿Cuál estima usted sea la actitud de las personas en relación con el evangelio?

−5	−4	−3	−2	−1	0	+1	+2	+3	+4	+5
Fuertemente opuesto		Más o menos opuesto			Indiferente			Más o menos favorable		Fuertemente favorable

DIAGRAMA 5

"La receptividad o la resistencia hacia la fe cristiana en una circunstancia particular pueden tener diferentes variantes", dicen Dayton y Fraser y agregan estas cinco:

"1. *El grado con el que las personas están satisfechas con su vida presente.* Si la religión o persuasión que tienen satisfacen sus inquietudes, ellos no prestarán atención ni considerarán otra alternativa religiosa.
2. *El grado en que la vida de las personas está cambiando.* Los nuevos inmigrantes o personas que se han mudado recientemente de su tierra natal están más predispuestos a recibir nuevas ideas. También los grupos minoritarios que están lejos de sus comunidades acostumbradas y no están ya rodeados por los amigos que retienen su antigua identidad religiosa.
3. *La sensibilidad cultural en la presentación del evangelio.* Una de las más grandes resistencias encontrada en personas alrededor del mundo es causada por la insensibilidad cultural de los evangelistas. Muchas veces pedimos a la gente que abandonen parte de su identidad para que puedan hacerse cristianos.
4. *El agente de las Buenas Nuevas.* A causa de su origen político o étnico, algunas personas prestarán más atención que otras al agente evangelizador. ¡No siempre la persona con mayor educación será el mejor evangelista!
5. *El encaje relativo de ciertas formas culturales que están dominando un grupo social en el presente y el evangelio.* Existen algunas costumbres que el evangelio no aprueba. Los sistemas religiosos supertradicionales que se oponen a Cristo presentarán resistencia al evangelio. Esto también es cierto de gente que se enriquece a costa del crimen. Esto no quiere decir que los traficantes de

drogas o las prostitutas no puedan ser ganados para el evangelio. Sólo que reconocemos que el mismo sistema al que pertenecen se opone a las demandas del discipulado, y esto crea una resistencia natural al evangelio.

"El poder evaluar la resistencia o receptividad del evangelio es básico para la estrategia evangelizadora. Si la gente es muy receptiva — como en el caso de Cornelio — están listos para creer y sólo esperan las palabras de vida; en ese caso cualquier método o estrategia producirá una gran cosecha. Se pueden cometer errores y se rectifican y olvidan. Pero si, por el otro lado, la gente está fuertemente opuesta a tener un compromiso con Cristo (aun asumiendo que se utilice un evangelismo sensitivo a la cultura) entonces, en la mayoría de los casos aun la mejor estrategia fracasaría."[14]

Una escala de resistencia y receptividad ayudará a planificar la estrategia evangelística. Especialmente con la inflación en la mayoría de nuestros países latinoamericanos, tenemos que usar de la mejor manera posible los recursos de dinero y energía de que dispongamos. Organizaciones como el Comité de Trabajo de Lausanna y MARC (una rama de Visión Mundial), por medio del uso de computadoras pueden clasificar a los grupos de personas que son "muy receptivos", "receptivos", "indiferentes", "opuestos" y "muy opuestos". Este uso de las computadoras ha sido criticado por muchos. Yo digo: mi padre nunca viajó en avión; yo sí. No entiendo mucho de computadoras, pero mis hijos vivirán en el futuro relacionados con ellas. ¿Tengo derecho a decirles que no las usen cuando mi padre nunca tuvo el derecho a decirme que no viaje en avión?

McGavran dice que las metas bíblicas podrán ser alcanzadas con mayor facilidad si "ganamos a los que pueden ser ganados".[15]

La voluntad de Dios para su Iglesia, de la que Cristo es la cabeza, es cumplir con la Gran Comisión (Mateo 28:19, 20). Por eso nos ha dado herramientas, metas y estrategias. La Biblia es clara y explícita. Profundicemos en las Escrituras, cumplamos su voluntad.

¿Cómo podemos cumplir su voluntad? Esperamos que no sólo este capítulo, sino también los subsiguientes nos ayuden a hacerlo. ¿Cómo podemos medir los resultados? Una buena herramienta la tenemos en el siguiente diagrama, llamado la "Escala de Engel", o sea, un modelo del proceso de decisión espiritual. ¿Hasta qué punto en esta escala están llegando las personas con quienes tenemos contacto? ¿Existe un ciclo completo de reproducción? Esperemos que sí.

Las Escrituras y la voluntad de Dios 33

ESCALA DE ENGEL
MODELO DEL PROCESO DE DECISION ESPIRITUAL

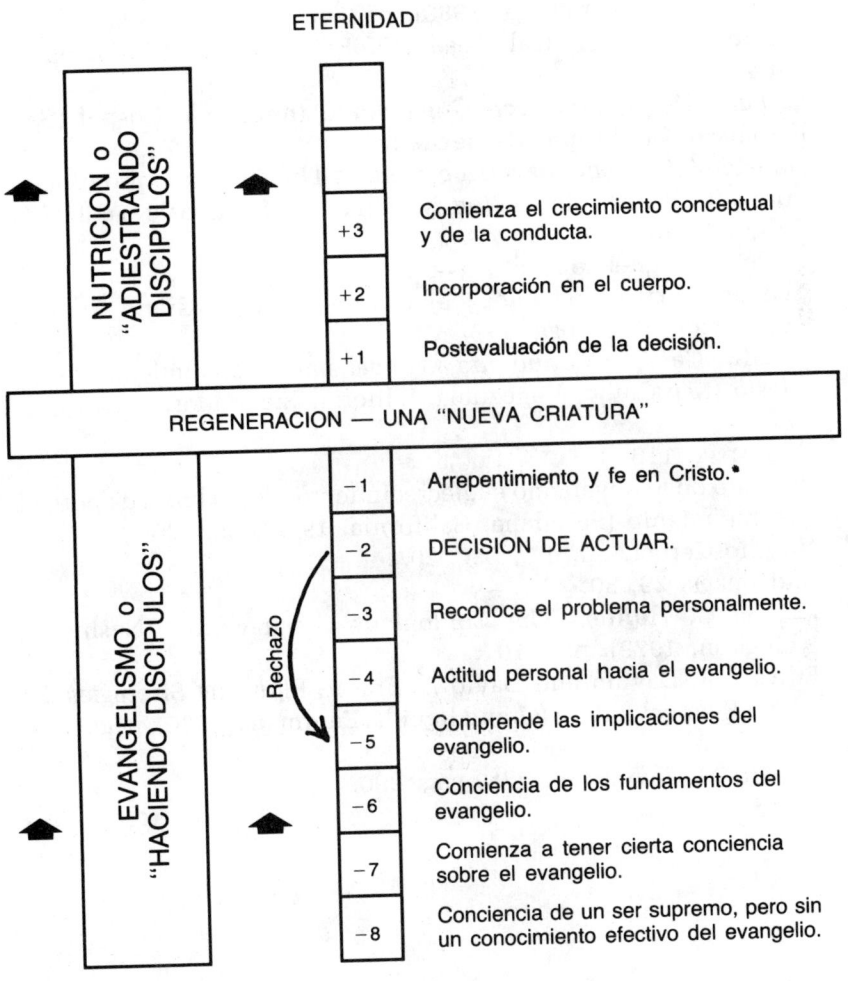

DIAGRAMA 6

*Traducido y adaptado del libro "What's Gone Wrong with the Harvest?" por James F. Engel (Zondervan, Grand Rapids, 1975).

NOTAS BIBLIOGRAFICAS

[1] David Haney, *Renueva mi Iglesia* (Buenos Aires, Argentina: Junta Bautista de Publicaciones, 1974), pág. 71.
[2] Donald McGavran, *Understanding Church Growth* (Grand Rapids: Eerdmans, rev. ed. 1980), pág. 40.
[3] *Diccionario de la Real Academia Española* (Madrid, España, 1984).
[4] C. Peter Wagner, *Church Growth and the Whole Gospel* (San Francisco, California. Harper & Row, 1981), pág. 71.
[5] Donald McGavran, *For Such a Time as This* (discurso pronunciado en la Escuela de Misión Mundial del Seminario Teológico Fuller, 1970).
[6] C. Peter Wagner, op. cit., pág. 72.
[7] George Peters, *A Theology of Church Growth* (Grand Rapids, Zondervan 1981), pág. 118.
[8] Virgilio Gerber, *Manual de evangelismo y crecimiento de la iglesia* (Maracaibo, Venezuela, Editorial Libertador, 1974), pág. 27.
[9] Ibíd., pág. 116.
[10] Instituto de Evangelismo e Iglecrecimiento, *Bases bíblicas para el Iglecrecimiento* (Pasadena, California, 1978), pág. 26.
[11] Virgilio Gerber, op. cit., pág. 20.
[12] Ibíd., págs. 29, 30.
[13] George G. Hunter, *The Contagious Congregation* (Nashville, Abingdon, 1979), pág. 104.
[14] Edward R. Dayton and David A. Fraser, *Planning Strategies for World Evangelization* (Grand Rapids, Eerdmans, 1980), págs. 178-180.
[15] Donald McGavran, op. cit., pág. 290.

CAPITULO 2

LA MISION DE LA IGLESIA

Existen dos temas por los que Iglecrecimiento ha sido criticado. Estos son: la definición de la misión de la iglesia, que trataremos en este capítulo, y la teología de Iglecrecimiento, la cual será abordada en cada uno de los temas que presentaremos.

Estoy firmemente convencido de que dentro de unos diez años los malentendidos se aclararán e Iglecrecimiento será la norma de la iglesia. Y si el Señor no regresa antes, estaremos ocupados en la conquista de un mundo que crece demográficamente de modo asombroso.

En este capítulo consideraremos "la encrucijada" en la que los intereses "evangelísticos" se encuentran con los "sociales". Trataremos de ver estos dos enfoques desde el punto de vista del "mandato evangelístico" y del "mandato cultural". Este último lo trataremos además en su relación a la misión de la iglesia en el capítulo 7, o sea, *El ministerio social y el Iglecrecimiento*.

Baste decir que Iglecrecimiento no pasa por alto la responsabilidad de la iglesia ante las necesidades del hombre y de su mundo. Personalmente, siempre he tenido el cuidado de hacer mi parte. Nací, me crié, y por muchos años milité en una institución donde el quehacer social es número uno: El Ejército de Salvación. Allí participé en todo lo relacionado con la labor social. Lo hice con amor, y esa compasión por los necesitados no se ha apartado de mí, aun cuando haya dejado esa institución y mis prioridades hayan cambiado. Creo poder decir con Pedro Wagner: "Ni el mandato cultural ni el evangelístico son optativos para los hombres y mujeres que pertenecen a la comunidad del Rey y para quienes Jesús es el Señor."[1]

Definiendo la misión

Muchas de las críticas y debates nacen de que no todos le damos la misma definición a una palabra. Los diccionarios y enciclopedias contribuyen a confundirnos, pues nos dan varias definiciones y

36 Manual de Iglecrecimiento

acepciones para una misma palabra. En nuestros países latinoamericanos esto se complica más, ya que el idioma español se usa en diferentes formas y una misma palabra puede tener varios significados en los distintos países. Por eso, lo que en algunos lugares llamamos "bebé" en Chile es "guagua", pero una "guagua" en Puerto Rico es un "autobús", un "autobús" en México es un "camión", y en Argentina un "camión" es lo que en México llaman una "troca". Y así podríamos continuar con otros ejemplos. Por eso es muy importante definir con exactitud lo que queremos decir.

> "Si hubo una época en la que existió un consenso en cuanto a la misión de la iglesia, hace mucho que esta pasó ... varios escritores toman nota de la polarización de conceptos dentro de las iglesias protestantes: Beyerhaus, 1971, 1972; McGavran, 1977; Stott, 1975; Krass, 1974; Braaten, 1977; Costas, 1977, 1974; Anderson, 1961; Verkeyl, 1978. Desarrollar una teología sobre la evangelización o aun de la misión de la iglesia no se puede lograr buscando sencillamente un consenso entre los eruditos o — mucho menos — entre los que realizan la evangelización."[2]

En el período clásico, generalmente se entendía la expresión "las misiones" como todo lo que tuviera que ver con el trabajo misionero que se hiciera en otro país. Pero esto fue cambiando, de modo que ahora nos referimos a "la misión" (en singular) como la tarea de la Iglesia y a "las misiones" (en plural) como el nombre que se aplica a las agencias y actividades que tengan que ver con la implementación de tal tarea.

Uno de los problemas que confrontamos es que la palabra "misión" no es una palabra bíblica. Por supuesto que la encontramos inferida en el Nuevo Testamento, especialmente donde encontramos las referencias a "enviar" o "enviado". En español proviene del latín "missio" (acción de enviar).

¿Qué dice Iglecrecimiento?

El doctor Donald McGavran, en su libro *Understanding Church Growth* (Cómo entender el crecimiento de la iglesia), publicado en 1970, ofrece lo que pudiéramos llamar una definición "estrecha" de "misión". El dice así: "Es una empresa dedicada a proclamar las Buenas Nuevas del Señor Jesucristo, y a persuadir a las personas a que lleguen a ser sus discípulos y miembros responsables de su Iglesia."[3] El no quiere usar el término, como otros lo han hecho, en el sentido de que "misión" es todo lo que Dios quiere que se haga. Su definición tiene que ver específicamente con la propagación del evangelio, la reconciliación de los hombres con Dios, y el ingreso de estos a la Iglesia del Señor Jesucristo.

Con todo, él se refiere en algunas de sus conferencias a que "el evangelismo es un propósito principal e irrevocable de la misión cristiana".[4] Esto permite pensar que no es el único propósito, ni el propósito principal; lo que da lugar a otros propósitos dentro de la definición. Esta tiene tendencias hacia un exclusivismo extremo.

El doctor Pedro Wagner en su libro *Church Growth and The Whole Gospel* (Iglecrecimiento y el evangelio completo) nos presenta el siguiente diagrama y su explicación, que me tomo la libertad de utilizar en amplitud, ya que creo ayudará a comprender la posición de los defensores del Iglecrecimiento, y el porqué de su definición de misión.

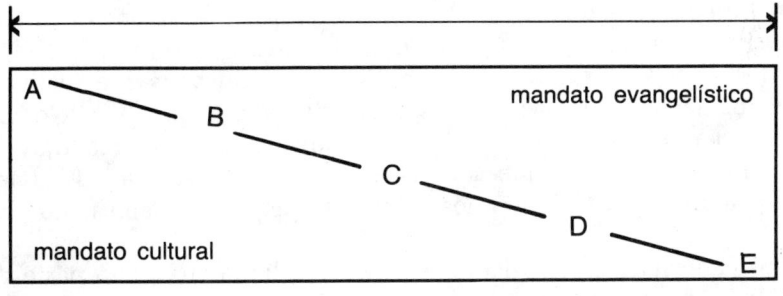

DIAGRAMA 7

"Debemos notar que al ir de izquierda a derecha del diagrama 7 el mandato cultural disminuye y el mandato evangelístico aumenta en la misma proporción. Hay muchas posiciones intermedias que uno puede tomar, pero hay cinco opciones típicas en las que pudiera uno involucrarse.

"Posición A: Mantiene que la misión de Dios incluye únicamente el mandato cultural y no el evangelístico.

"Posición B: Mantiene que la misión incluye ambos mandatos, el cultural y el evangelístico, pero que el cultural tiene prioridad.

"Posición C: Mantiene que el mandato cultural y el evangelístico tienen partes iguales en la misión.

"Posición D: Mantiene que el mandato evangelístico tiene prioridad sobre el mandato cultural.

"Posición E: Mantiene que la misión incluye únicamente el mandato evangelístico y no el cultural."[5]

Podemos usar este diagrama y decir que en su definición de

"misión" McGavran se encuentra directamente en "E" o bastante cerca. Pero Wagner, discípulo de McGavran y maestro mío, al calificarse a sí mismo dice que se encuentra en "D". Yo también. Además es esta la posición del Pacto de Lausana, en el que se reconoce la misión integral y la prioridad del evangelismo; no un evangelismo integral que sea diferente. Creo que esta es una posición adoptada por muchos, aunque no viene al caso comprobarlo aquí. La mayoría de las personas involucradas en el movimiento de Iglecrecimiento están a favor de la definición clásica (la misión integral).

Misión integral

Comencemos diciendo: "No es todo lo que Dios quiere hacer en el mundo." Tiene que ver con lo que Dios espera de sus hijos, los que han sido redimidos, los que son enviados desde sus congregaciones para cumplir una obra específica, especialmente en lo que tiene que ver con el mandato evangelístico y el mandato cultural.

Dios hace muchas cosas en el mundo, "llueve sobre justos e injustos", y muchísimas de ellas benefician aun al que dice "No hay Dios"; pero estas no son misión. Aun muchas cosas que los hijos de Dios llevan a cabo y que son realizadas en obediencia a El, tales como adorar y orar por nuestras necesidades personales, no son misión.

Los especialistas en Iglecrecimiento ayudan a ver cómo parte de esa misión puede ser cumplida dentro de la misma cultura del individuo y cómo lo puede ser en otra cultura diferente. Una manera de verlo es designando letras y números a las diferentes actividades que tienen que ver con misión. Otra vez pido partes prestadas de Wagner para compartir con el lector.

M-1 (Misión uno): Es la misión dirigida a quienes tienen la misma cultura que el misionero.

M-2 (Misión dos): Misión a través de barreras culturales (transcultural), dirigida a los de una cultura diferente pero que tiene cierto parecido con la del misionero.

M-3 (Misión tres): Misión transcultural dirigida a los de una cultura bastante diferente y que tiene muy poco que ver con la cultura del misionero.

Vemos que es la cultura y no la distancia geográfica la que determina la diferencia. La misión vista desde este punto de vista no da pie para hablar de misiones domésticas y misiones en el extranjero. Personalmente, me encuentro a 12.000 km de Rosario, Argentina. No obstante, estoy pastoreando a gente que vivieron a pocas cuadras del lugar en que nací en esa ciudad. En este caso soy un misionero M-1. No he tenido que aprender otra lengua, ni adaptarme a una nueva cultura para ministrar a estos argentinos.

Siendo que "M" al indicar misión es un término muy amplio, se han encontrado tres categorías que ayudan en el análisis: evangelismo (E), nutrición (N), y servicio (S). Para los que aceptan la definición de misión integral, estas son partes del total y aun cuando tienen puntos en común, describen diferentes tareas.

Evangelismo: (ya sea E-1, E-2 o E-3). Esto es el evangelio predicado en el poder del Espíritu Santo de manera que las personas crean en Cristo como su Salvador y Señor y se integren a la comunión de la iglesia. Es un mensaje dirigido a los inconversos. La meta es ganar almas, ver pecadores salvados por la gracia de Dios, y que entren al reino de Dios como discípulos responsables.

Nutrición Cristiana: (ya sea N-1, N-2 o N-3) es un ministerio dirigido a los creyentes; no a los inconversos. El objetivo es ayudarles a que desarrollen su fe. Esto hace posible que "niños" espirituales que están propensos a ser llevados "de todo viento de doctrina" lleguen a ser perfectos "a la medida de la estatura de la plenitud de Cristo" (Efesios 4:13, 14). El ayudar a un creyente a orar más fervientemente, leer su Biblia con mayor inteligencia, cantar más melodiosamente, testificar más convincentemente, o dar más generosamente no es hacer evangelismo. Es nutrición.

Servicio: (ya sea S-1, S-2 o S-3) no es ni evangelismo ni nutrición. Enfoca más bien la implementación del mandato cultural. Ayuda a satisfacer las necesidades físicas, sociales o materiales de la gente. Puede incluir a creyentes o a inconversos. Incluye la acción social y el servicio social. Dios puede usar el servicio realizado para abrir el corazón y la mente de las personas al mensaje del evangelio, pero puede que esto no ocurra. El servicio no puede salvar a los pecadores, el evangelismo sí. El evangelismo y el servicio son claramente partes de la misión, tal como el término se entiende comúnmente.

Cuatro tipos de Iglecrecimiento

Creo que a estas alturas sería conveniente para el estudiante más interesado en Iglecrecimiento ver los cuatro tipos de crecimiento de la iglesia según el diagrama diseñado por Ralph Winter, quien por muchos años fue misionero en Guatemala, y es ahora director del *U.S. Center for World Mission* (Centro Estadounidense para la Misión Mundial) de Pasadena, California. Espero que este diagrama, y mi explicación del mismo ayudarán a ver cómo desde el principio los que participamos en Iglecrecimiento no sólo tenemos interés en un crecimiento numérico sino que promovemos el crecimiento personal del individuo en la fe, en la doctrina y en todo lo que esté relacionado con el "perfeccionamiento" del cristiano. (Ver diagrama 8.)

El crecimiento personal, es un *"crecimiento interno"* o aun mejor un *"crecimiento cualitativo"*. Muchos definirían esto como crecimiento espiritual o de nutrición, o tal vez como discipulado, o madurez de la iglesia local.

El crecimiento interno también incluye el término técnico "E-0", que especifica la conversión de los que ya están establecidos como miembros de la congregación sin nunca haber aceptado en realidad a Jesucristo como su Salvador. Por lo tanto "E-0" no contribuye al crecimiento cuantitativo — aunque sí al cualitativo — de los creyentes. Este crecimiento es esencial e imperativo para que pueda tener lugar cualquier otra clase de crecimiento. No hay ningún problema con el crecimiento cualitativo excepto que muchos se han quedado estancados allí, tratando de aprender y perfeccionándose tanto que hasta llegan a tener una mentalidad celestial, y entonces valen muy poco para cumplir con la Gran Comisión aquí en la tierra.

El crecimiento cuantitativo reflejará o nos permitirá medir el crecimiento cualitativo. No hay ningún pecado en medir o contar los resultados. René Padilla piensa que "el excesivo énfasis en los números llega a convertirse en "numerolatría".[6] Yo me pregunto si lo contrario no nos lleva a sufrir de "numerofobia", o sea, que temamos que la realidad y la verdad que los números nos muestran nos amenacen o pongan en juego nuestra reputación. Además, los números, tal como son usados en Iglecrecimiento, son simplemente instrumentos que nos ayudan a medir e impiden que suframos males mayores. Su función es parecida a la de un termómetro médico.

Una vez que ha comenzado ese crecimiento interno, lo más lógico es que la congregación comience a tener un *crecimiento por expansión*. Este es E-1, o sea, cuando la iglesia experimenta el gozo de salir de las cuatro paredes del templo para ganar a los inconversos de la comunidad y traerlos al seno de la congregación. Por supuesto que el crecimiento biológico, vale decir, los hijos de los que ya son miembros de la congregación y los traslados de creyentes que llegan a esa comunidad, ayudarán en las estadísticas, pero creo que el énfasis deberá ponerse en el *crecimiento por conversión*. Personas que no estaban en el redil son incorporadas a la iglesia por medio de ese trabajo de expansión.

También el *crecimiento por extensión* estará bajo E-1. Este tendrá que ver con el establecimiento de nuevas congregaciones; tratándose de iglesias hijas o plantadas por la iniciativa que alguien tenga de comenzar nuevas obras. Un buen ejemplo sería el de las iglesias de "Lima al encuentro con Dios" que trataremos en el capítulo 6. Estas iglesias pueden iniciarse en un templo, en un salón rentado, en un hogar o debajo de un árbol. La ubicación no tiene importancia

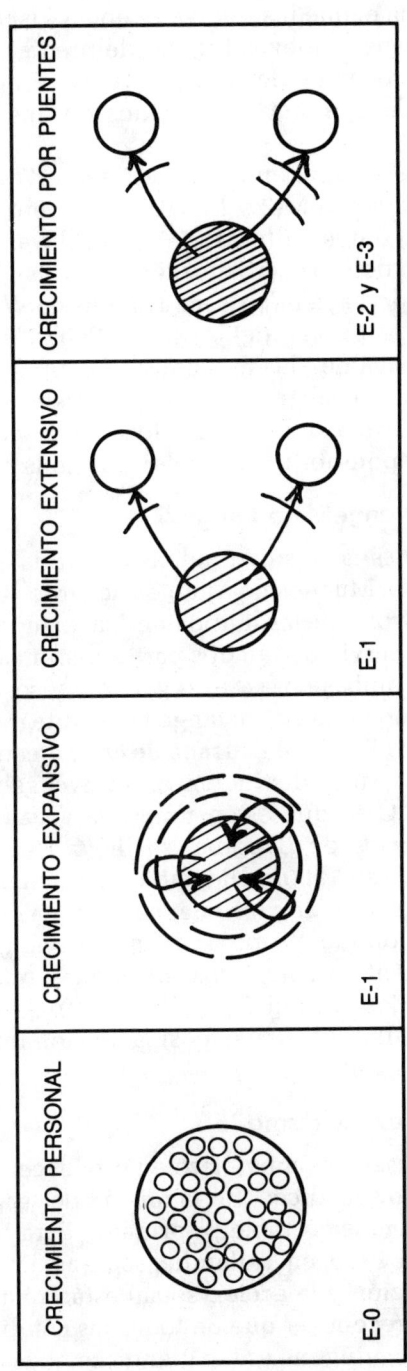

alguna. Sí la tiene el que los líderes estén en disposición de tomar la iniciativa y comenzar nuevos lugares de predicación, haciendo uso de los dones y recursos de muchos laicos. Esto resultará en una bendición para la iglesia. Abordaremos de nuevo este tema en el capítulo 9.

Luego tenemos el *"crecimiento por puentes"*, o sea, como hemos explicado en relación a M-2 y M-3, el misionero debe cruzar ya sea una cultura (E-2) o dos culturas (E-3) para llevar adelante el trabajo "misionero". Sin definirlo en estos términos o siglas, es básicamente lo que se ha estado haciendo desde los días de William Carey, y por qué no desde la época del apóstol Pablo, bajo la definición tradicional o clásica de "las misiones". La diferencia que vemos en nuestros días es que el interés por las misiones está siendo una realidad más cercana a la iglesia local. Gracias a Dios por este despertar a la responsabilidad y potencial de la congregación local.

¿Qué significa evangelismo integral?

El Pacto de Lausana en su artículo Nº 5 afirma que la acción social no es evangelismo. Muchos no están de acuerdo con esto, entre ellos, muchos de nuestros colegas latinoamericanos. Estos no creen que el evangelismo y el servicio sean dos partes distintas de la misión de la iglesia. El poner ambas cosas (evangelismo y servicio) juntas, es lo que ahora se conoce como "evangelismo integral".

Se ha acusado al Pacto de Lausana de estar creando una dicotomía. Se dice que hacer una distinción entre evangelismo y ministerio social es ilegal. ¡Creo que están muy equivocados!

Seis años después de Lausana, se llevó a cabo la Consulta de Pattaya, Tailandia, en 1980. Allí también los defensores del "evangelismo integral" trataron de presentar su caso. La declaración enfática de esta convocación fue: "A pesar de que el evangelismo y la acción social no son idénticos, nosotros afirmamos nuestro compromiso con ambos, y endosamos el Pacto de Lausana, en su totalidad. La Declaración de Tailandia dice que 'sí' a 'misión integral' y que 'no' a 'evangelismo integral'."[7]

La prioridad del evangelismo

El Pacto de Lausana es muy claro en establecer esta prioridad. En el artículo número seis dice: "En la misión de servicio sacrificial de la iglesia, el evangelismo tiene prioridad." Para confirmar y reafirmar este pacto, en 1980, en Tailandia, se dijo: "Esto no es para negar que la evangelización y la acción social están relacionadas integralmente, sino para reconocer que de todas las condiciones trágicas de los seres humanos, ninguna es tan grande como la de estar separados de su Creador y la realidad de la muerte eterna para los que rehúsan arrepentirse y creer.

"No obstante, creo que tenemos que estar de acuerdo con la afirmación del Pacto de Lausana de que 'en la misión de la iglesia, que es misión de servicio sacrificado, la evangelización ocupa el primer lugar' (párrafo 6). Los cristianos tendrían que sentir compasión y un agudo dolor de conciencia frente a la opresión de otros seres humanos o cuando se los descuida en cualquier sentido, ya sea que se les niegue libertad civil, respeto racial, educación, atención médica, trabajo, alimentación adecuada, vestido o vivienda. Todo lo que tienda a menoscabar la dignidad humana tiene que resultarnos ofensivo. Pero, ¿existe algo más destructivo para la dignidad humana que la separación de Dios como consecuencia de la ignorancia o el rechazo del evangelio?"[8]

No debemos temer que al poner énfasis en el evangelismo, o al considerarlo como prioridad, vayamos a descuidar nuestra responsabilidad social. Como hijos de Dios, tenemos una obligación hacia el mandato cultural. Debemos pensar que cuanto más seamos los que por la evangelización pertenezcamos a la familia de Dios, tanto más fácilmente podremos cumplir con el ministerio social.

Viajo constantemente por América Latina dando cursillos de Iglecrecimiento. También soy pastor en Pasadena, California. Me satisface además plantar iglesias y supervisar parte de la obra misionera de mi denominación. Podría decir: "Es más que suficiente... estoy cumpliendo." Sin embargo, a la par de estar escribiendo esto, estoy solucionando algunos problemas de salvadoreños que se han convertido recientemente. Tienen toda clase de problemas que requieren una acción social. Podría decir: "Que lo haga otro, pues yo ya estoy haciendo mi parte." Pero no; estoy comprometido con la misión de la Iglesia, y por eso lo hago.

En las Escrituras encontramos la idea general de las prioridades. El mismo Señor Jesucristo y el apóstol Pablo las plantearon y practicaron. Descubro que aun los que critican la prioridad del evangelismo tienen prioridades establecidas para otros asuntos.

La misma limitación de recursos exige que se establezcan prioridades. No podemos hacerlo todo a la vez. No tendríamos ni el dinero, ni las energías ni el personal necesarios. Es por ello que se hace imprescindible establecer prioridades.

Definiendo el evangelismo

Sin duda alguna que el tener una clara definición del evangelismo ayudará al lector a decidir sus prioridades. No podríamos comprender totalmente la misión de la iglesia y su prioridad evangelística, a menos que nos entendamos claramente en este punto.

El Congreso Mundial de Evangelismo de Lausana dio una definición clara y detallada:

> "Evangelizar es difundir las buenas nuevas de que Jesucristo murió por nuestros pecados y resucitó de entre los muertos de acuerdo a las Escrituras, y que como el Señor que reina El ofrece el perdón de los pecados y el don del Espíritu que liberta a todos los que se arrepienten y creen. Nuestra presencia cristiana en el mundo es indispensable al evangelismo y es esa clase de diálogo, cuyo propósito es el escuchar con sensibilidad para poder comprender. Pero el evangelismo por sí mismo es la proclamación del Cristo histórico, bíblico, como Salvador y Señor, con la mira de persuadir a las personas a que vengan personalmente a El y sean reconciliadas con Dios. Al presentar el evangelio no tenemos la libertad de esconder el costo del discipulado. Todavía hoy Jesús llama a todos los que quieren seguirle a negarse a sí mismos, tomar su cruz e identificarse con la nueva comunidad. Los resultados del evangelismo incluyen obediencia a Cristo, incorporación en su iglesia y servicio responsable en el mundo (1 Corintios 15:3, 4; Hechos 2:32-39; Juan 20:21; 1 Corintios 1:23; 2 Corintios 4:5; 5:11, 20; Lucas 14:25-33; Marcos 8:34; Hechos 2:40-47; Marcos 10:43-45)."[9]

Otra definición que concuerda con el sentir de *Iglecrecimiento* es la del Comité de Arzobispos Anglicanos de 1918. Esta dice así:

> "Evangelizar es presentar a Jesucristo en el poder del Espíritu Santo para que los hombres lleguen a poner su confianza en Dios a través de El, le acepten como su Salvador y le sirvan como su Rey en la comunión de su Iglesia."[10]

Tanto J. I. Packer[11] como John Stott,[12] no están de acuerdo con esta definición porque ven que incluye un fin deseado, ya que allí dice, "que los hombres lleguen a poner..." Piensan que al decirlo así, se sugiere que el evangelismo únicamente se hace cuando las personas se comprometen con Cristo.

Partiendo de esta discusión, el doctor Pedro Wagner comenzó a hablar de los principios de las "3-P". ¿Qué quiere decir esto? Permítanme explicarlo.

Llamamos *Evangelismo 1-P* a lo que tiene que ver con el *evangelismo de presencia*. Esto es cuando el cumplimiento de lo que ahora llamamos mandato cultural se confunde con el mandato evangelístico y donde con sólo cumplir el primero, estaríamos evangelizando. Construir escuelas, hospitales, orfanatorios, obra social, etc., le da visibilidad a la iglesia, pero no podemos llamarlo evangelización. Puede ser la puerta de entrada, pero no nos ayuda a alcanzar la finalidad de la Gran Comisión.

Luego el *Evangelismo 2-P* tiene que ver con la *proclamación del evangelio*. Nos da ventanas a la calle, pero se limita a sembrar y no a cosechar. Es simplemente hacer oyentes, no discípulos. Hasta hace pocos años la mayoría de nosotros (y muchos todavía), nos sentíamos cómodos con la mera "proclamación". Por supuesto hay que estar presentes para proclamar. De allí que lo que nuestros pioneros evangelistas realizaron fue bueno; abrió el camino a la proclamación. Pero hay más.

Existe además el *Evangelismo 3-P*, que tiene que ver con el *evangelismo de persuasión*. La meta no es proclamar las Buenas Nuevas solamente. El evangelismo se ha realizado cuando se ha logrado formar discípulos. No podemos decir que se ha evangelizado una ciudad, pueblo o vecindario porque hayamos cubierto el lugar lanzando tratados desde un avión. Esto es bueno, ayuda; pero no podemos declarar a ese lugar "ya evangelizado".

Cuando yo era niño, y por muchos años después, sabiendo un poco de inglés, mandaba a pedir tratados a varios países que los publicaban. Tan pronto llegaban, acuñaba miles de ellos con la dirección de la iglesia donde yo pertenecía. Sellaba hasta que la mano me dolía. Salíamos a repartirlos puerta por puerta y a todo aquél que se cruzaba con nosotros. Uno de los momentos de más satisfacción era cuando corría al encuentro de un sacerdote o una monja para darles un tratado o folleto. Recuerden que para un católico romano en aquellos años era pecado leer la Biblia o algo relacionado con ella. Ahora puedo ver que en aquellos tiempos estaba "sembrando", y que mucha de esa semilla cayó sobre caminos, sobre piedras, sobre espinos. No me arrepiento. Espero que parte haya caído sobre buena tierra y alguien haya cosechado. Pero yo... no había evangelizado en el sentido del 3-P, pues no había hecho discípulos.

Esta es la razón por la que el evangelismo de las 3-P, o sea persuasión, está de acuerdo con la definición de los arzobispos anglicanos, ya que incluye "para que los hombres lleguen". Algunos como el mencionado J. I. Packer piensan que esto es definir evangelismo en términos de éxito, y por eso están en desacuerdo. Yo digo que no es en términos de éxito sino de obediencia. Obediencia a la Gran Comisión.

Luis Palau, el bien conocido evangelista latinoamericano, dijo en su presentación en CLADE II (Congreso Latinoamericano de Evangelización) en noviembre de 1979:

> " 'Persuadir' implica que estemos convencidos de la centralidad de la conversión a Jesucristo. Sin conversiones no tenemos cristianos, y sin cristianos no tenemos con quienes bendecir a la ciudad o a la nación. Sin conversión no hay salvación ni perdón ni vida eterna.
>
> 'Persuadir' demanda que veamos al convertido incorporado a la iglesia local. ¡Y cuantos más, tanto mejor! El verdadero amor cristiano lleva a desear, buscar, trabajar, y planear para que la mayor cantidad posible de personas se conviertan a Cristo."[13]

El doctor Pedro Wagner y su colega, el doctor John Stott, quienes trabajaron juntos — a pesar de sus diferencias en cuanto a definiciones — en el Comité para la Evangelización Mundial de Lausana, han llegado a una definición que los satisface a ellos y también a los que están por la defensa de evangelismo de 2-P y 3-P. También esta definición ha sido aceptada por el Grupo de Trabajo Teológico (el cual Stott preside) y del Grupo de Trabajo sobre Estrategia (que Wagner preside). Dice así:

> "*La naturaleza* del evangelismo es la comunicación de las Buenas Nuevas.
>
> "*El propósito* del evangelismo es dar a los individuos y grupos una oportunidad válida de aceptar a Jesucristo.
>
> "*La meta* del evangelismo es persuadir a hombres y mujeres para que lleguen a ser discípulos de Jesucristo y que le sirvan a El en la comunión de su iglesia."[14]

Por supuesto que esta definición va más allá de Lausana. Por eso han estado trabajando estos grupos y otros más. Sin duda que hasta la fecha es la que más se acerca al mandato evangelístico, por lo menos al punto de vista de los que estamos en Iglecrecimiento.

El mandato evangelístico

De acuerdo con la tercera parte de la definición recién presentada, podemos darnos cuenta de que el crecimiento de la iglesia está directamente relacionado con el cumplimiento del mandato evangelístico. Repetimos, un crecimiento integral; no un crecimiento únicamente numérico.

Iglecrecimiento ha sido acusado infundadamente de poner énfasis sólo en los números. Los críticos han tomado la parte que tiene que ver con la metodología para hacer sus acusaciones. En otros capítulos tocaremos este tema, pero baste decir aquí que los números son una parte necesaria y lógica del crecimiento (o de la merma) de la iglesia. Protestar contra esta práctica es hacer como el anciano que se enoja cuando lo felicitamos por sus setenta años de vida (o de servicio al Señor) y nos responde que es malo contar sus años. La realidad es que los tiene y llegó allí como causa natural de la vida, hayan sido éstos buenos, malos o regulares.

El doctor Donald McGavran dice: "La evangelización implica la redención de las personas y la multiplicación de las iglesias de Cristo."[15] Cuantas más personas acepten a Cristo como su Salvador, tanta más necesidad habrá de nuevas congregaciones. Por supuesto que esto no sería la manera de pensar de los evangelistas o teólogos que mantienen una posición de 2-P. Esta actitud, sin embargo, está cambiando. Evangelistas mundialmente famosos como Luis Palau y otros reconocen ahora los beneficios del evangelismo de 3-P y lo dicen: "El crecimiento numérico de las congregaciones y de las iglesias en América Latina debe ser parte fundamental de una estrategia evangelística para esta década que ya comienza."[16]

Iglecrecimiento tiene interés no sólo en sembrar, sino también en la multiplicación del fruto y en que la cosecha sea abundante. El único modo de poder ver el crecimiento del reino de Dios es por medio de un crecimiento integral de la iglesia. Dios espera fruto de nosotros. El capítulo 15 de Juan nos habla muy claramente de las expectativas del labrador (el Padre Celestial): "Fruto... más fruto... mucho fruto... fruto que permanezca." Creo que aun los que dicen "mejor poco y bueno que mucho y malo", o "más vale calidad que cantidad", están diciendo en lo profundo de su corazón: "Señor, danos crecimiento." Desearían ver más frutos, y como no los tienen se esconden tras una teología de "perfección" y de "pequeñez" en vez de abrir sus ojos a las indicaciones del Señor: "Alzad vuestros ojos y mirad los campos, porque ya están listos para la siega" (Juan 4:35).

Nuestra responsabilidad, la esencia del mandato evangelístico, es la de cosechar, acopiar el grano o el fruto del campo (el mundo), ponerlo y conservarlo en los graneros (la iglesia), y usar de ese fruto para sembrar y cosechar más (reproducción espiritual). McGavran habla de "miembros responsables y reproductivos". ¡He ahí el secreto!

En las últimas décadas, el agricultor se ha visto beneficiado con la "semilla híbrida". Es esta un grano que ha sido mejorado de cosecha en cosecha. ¿El resultado?, una semilla que rinde una cosecha más abundante y de mejor calidad. Creo que Dios ha utilizado el movimiento de Iglecrecimiento, en una semejanza espiritual, para producir "creyentes e iglesias híbridos" que están produciendo cosechas más abundantes y con fruto de mejor calidad para la honra y gloria de Dios.

Recuerdo que hace casi treinta años, recién graduados del seminario, fuimos a pastorear tres pequeñas iglesias en tres pueblos vecinos en la Provincia de Santa Fe. Esta provincia, ubicada en el centro del litoral argentino, es una de las productoras de cereales más grandes del mundo. Cuando surgió el "maíz híbrido" fue recibido con escepticismo por parte de algunos, dudas de otros, y entusiasmo por unos pocos. Ahora, treinta años más tarde, no se utiliza otra semilla que no sea la "híbrida". ¡Lo mismo ocurrió en 1970 con Iglecrecimiento! Los escépticos, los que dudan y los que tienen entusiasmo están dialogando debido a los resultados.

Dice Pedro Wagner, y concuerdo con él: "Es difícil para los líderes del Iglecrecimiento entender cómo es que hay teólogos que puedan sentarse cómodamente y preguntarse si será o no la voluntad de Dios que la iglesia crezca."[17]

Con esto no queremos decir que la iglesia sea el centro del reino de Dios en vez de ser ella la cristocéntrica. Tal vez en el pasado no se ha hecho énfasis, y menos aun en nuestros días, en que hay una relación entre el crecimiento de la iglesia y el crecimiento del reino. Wagner dice: "El crecimiento del reino es la tarea final, mientras que el crecimiento de la iglesia es la penúltima tarea dentro del mandato evangelístico."[18] Esto hará sentirse mejor, creo, a los que dicen que Iglecrecimiento es muy "iglecéntrico". También debemos recordar que la iglesia es el cuerpo de Cristo, del cual Él es la cabeza.

El interés está en el trigo que hay que recoger y guardar en los graneros. Alguna cizaña podrá infiltrarse, pero nuestro cuidado debe estar en conservar el fruto, la cosecha. Al fin y al cabo, es el Señor — cuando venga — quien hara la separación final.

Además, el Señor en su disertación de Mateo 16:18 dice: "Sobre esta roca edificaré mi iglesia." Esta es la iglesia que Iglecrecimiento desea ver crecer. El mandato evangelístico tiene como fin propiciar la multiplicación, el crecimiento, de esa Iglesia universal, con miles de iglesias (congregaciones locales) como los bloques, los ladrillos de ese edificio del cual Cristo es el fundamento y el constructor. Congregaciones grandes y pequeñas, en la ciudad o en los pueblos; con santuarios suntuosos o bajo un árbol frondoso; con diferencias denominacionales o sin ellas. Todo esto es relativo, secundario.

Iglesias como las del capítulo dos del libro de los Hechos. Sí, esa Iglesia primitiva que crecía en su relación con Dios, en su relación con los hermanos, en su relación con los vecinos. Iglesias a las que

Dios agregaba cada día los que habrían de ser salvos. ¿Será que Dios no quiere agregar gente a su congregación? Lo dudo. El quiere "edificar su Iglesia". O, ¿será que su congregación no está preparada para cumplir con el mandato evangelístico? Me inclino a pensar que aquí está la respuesta. El movimiento de Iglecrecimiento fue gestado por Dios para ayudarlo a prepararse a recibir a quienes el Señor quiere añadir a su congregación.

El mandato evangelístico no deja de lado lo que Orlando Costas y otros líderes latinoamericanos llaman el crecimiento "orgánico, conceptual y encarnacional", pero este sólo podrá lograrse cuando los inconversos obedezcan y se rindan al Señor para que puedan experimentar el "señorío" de Cristo en su vida. Luego se les podrá enseñar y aun exigir que como "hijos del Rey" y "ciudadanos del reino" tengan ese crecimiento "orgánico, conceptual y encarnacional".[19]

La "Iglesia" que proclama Iglecrecimiento es una iglesia en la que hay responsabilidad y reproducción. Una iglesia que glorifica a Dios y no a los hombres. Una iglesia que tiene profundidad bíblica, conocimiento teológico, y está dispuesta a cumplir con el mandato evangelístico y alcanzar las metas de este.

Es muy cierto y estoy de acuerdo con lo que dice Mortimer Arias: "El crecimiento de la iglesia es un don de Dios, que debemos recibir con gratitud... Dios da el crecimiento como El quiere (1 Corintios 3:6, 7)."[20] No debemos olvidar que Pablo sembró, Apolos regó, y alguien tendrá que cosechar. Doy gracias a Dios porque mi Biblia me muestra, y son los principios y base del movimiento de Iglecrecimiento, que Dios nos enseña cómo plantar mejor, regar mejor y cosechar mejor. Estas fueron inquietudes que el doctor Donald McGavran tuvo en su corazón cuando era misionero en la India. El Señor las hizo germinar en su corazón y le dio sabiduría y bases bíblicas para constituirse en el "apóstol del Iglecrecimiento".

En las palabras de Pablo creo ver el diseño divino. Si no hay siembra y riego no habrá crecimiento. Cuanto más eficaz sean la siembra y el riego, tanto mayor crecimiento dará el Señor. El quiere fruto, más fruto (siembra, riego, crecimiento) y fruto que permanezca (cosecha). Me hará a mí también responsable por la cosecha que se pierda.

No queremos reducir el reino a la iglesia. La iglesia es el anticipo, la antesala del reino. El mandato evangelístico ayudará a la iglesia a presentar una antesala con "mesas llenas", "redes llenas" y "graneros llenos". La misión de la iglesia, con su prioridad en el evangelismo, será cumplida. El mandato cultural será cumplido por los que han obedecido el mandato evangelístico. Los discípulos, miembros responsables y reproductivos de cada iglesia local alrededor del mundo, estarán disfrutando de la relación que Dios quiere que todos los suyos disfruten.

NOTAS BIBLIOGRAFICAS

[1] C. Peter Wagner, Church Growth and the Whole Gospel (San Francisco, California, A. Harper & Row, 1981), pág. 69.
[2] Edward Dayton & David Fraser, Planning Strategies for World Evangelization (Grand Rapids, Eerdmands, 1980), pág. 56.
[3] Donald McGavran, Understanding Church Growth (Grand Rapids, Eerdmands, rev. ed. 1980), pág. 26.
[4] Donald McGavran, "What Is the Church Growth School of Thought?" in The Church Growth Movement, Proceedings of the Eleventh Biennial Meeting of the Association of Professors of Missions, June 12-14, 1972, pág. 8.
[5] C. Peter Wagner, op. cit., pág. 102.
[6] René Padilla, "A Steep Climb Ahead for Theology in Latin America, in Evangelical Missions Quarterly N° 2 Winter 1971), págs. 102-104.
[7] C. Peter Wagner, op. cit., pág. 97.
[8] John R. W. Stott, La misión cristiana hoy (Buenos Aires, Argentina, Ediciones Certeza, 1977), pág. 45.
[9] Missions Trends, Appendix, pág. 241.
[10] C. Peter Wagner, op. cit., pág. 56.
[11] J.I. Packer, Evangelism and the Sovereignty of God, essay (InterVarsity Press, 1961).
[12] John R. W. Stott, op. cit., pág. 48.
[13] Luis Palau, "El desafío de la evangelización en la década del 80", en América Latina y la Evangelización en los años 80, CLADE II (Noviembre 1979), pág. 146.
[14] C. Peter Wagner, op. cit., págs. 56, 57.
[15] Donald McGavran, Understanding Church Growth, pág. v.
[16] Luis Palau, op. cit., pág. 146.
[17] C. Peter Wagner, op. cit., pág. 58.
[18] Ibíd., pág. 59.
[19] Orlando Costas, The Church and its Mission: "A shattering critique from the Third World (Wheaton, Tyndale, 1974), págs. 134-137.
[20] Mortimer Arias, "Esperanza y desesperanza en la crisis continental", en América Latina y la Evangelización en los años 80, CLADE II (Noviembre 1979), pág. 330.

CAPITULO 3

EL PASTOR, LA CONGREGACION Y EL IGLECRECIMIENTO

Las visitas que he hecho a distintas congregaciones, y las conversaciones que he sostenido con pastores y líderes de iglesias que no crecen, me han servido para descubrir que estas presentan — en mayor o menor grado — un síndrome (conjunto de síntomas) común.

De la misma manera, las iglesias que crecen tanto espiritual como numéricamente tienen también en común aspectos que producen resultados.

En este capítulo intentaremos estudiar algunas de estas situaciones. Hemos analizado casos en que los pastores o las congregaciones nos han informado sobre su situación local para que esta información les sirva de ayuda a otros. Por supuesto, esto último lo escuchamos de iglesias que el Señor está bendiciendo con Iglecrecimiento. De las otras no escuchamos mucho. Tal vez sea mejor así. Ya de por sí las iglesias evangélicas han oído demasiadas malas noticias. Es tiempo que nos concentremos en lo que el Señor está haciendo para "edificar su Iglesia". Debemos escuchar con entusiasmo y permitir que ese "pensamiento posibilístico" (Marcos 9:23) sea parte de nuestro estilo de vida. Entonces sí el Espíritu de Dios podrá obrar por medio nuestro para lograr el cumplimiento de nuestra meta: la Gran Comisión.

Cuatro axiomas del Iglecrecimiento

Una de las conferencias que presentamos en el Instituto de Evangelismo e Iglecrecimiento Charles E. Fuller, y que es mi favorita, es la que titulamos *Seis pasos para el Iglecrecimiento*. Me inspira cada vez que la presento. La razón es muy simple: su presentación contiene la esencia de lo que es el movimiento de Iglecrecimiento. Podemos presentarla en cuarenta y cinco minutos o en doce horas. El tiempo de que dispongamos determinará la duración de la presentación. Es una introducción al Iglecrecimiento. No obstante, presenta lo fundamental e indispensable para realizar un trabajo eficaz. Es un aperitivo y al mismo tiempo un banquete. Abre el apetito, pero también tiene algo sólido para todos los gustos.

En esa presentación hablamos de los "cuatro axiomas del Iglecrecimiento", que son:

1. El pastor debe querer que la iglesia crezca, y estar dispuesto a pagar el precio.
2. La congregación debe querer que la iglesia crezca, y estar dispuesta a pagar el precio.
3. La congregación y el pastor deben estar de acuerdo con la meta evangelística de "hacer discípulos".
4. La congregación no debe padecer de ninguna enfermedad mortal.

El axioma tres ya lo hemos tratado en el capítulo 1 en relación a la voluntad de Dios y las Escrituras. También lo hemos visto en el capítulo 2 al abordar la misión de la iglesia, así que no creo que sea necesario volver sobre el tema.

El cuarto axioma, o sea, que "la congregación no debe padecer de ninguna enfermedad mortal", ya lo trata el doctor Pedro Wagner en el capítulo 9 ("La autopsia de una iglesia") de su libro *Su iglesia puede crecer*[1]. Tal vez algún día sea necesario que se escriba un libro exclusivamente sobre el tema, que contenga un estudio profundo de las enfermedades que afectan a las iglesias latinoamericanas. Algo que analice la patología y los síntomas, y que prescriba los medicamentos para el tratamiento de estas.

Por lo tanto, en este capítulo nos concentraremos en los dos primeros axiomas, para ver cómo estos afectan el crecimiento de la iglesia local y el de la Iglesia universal.

El pastor debe desear que la iglesia crezca

¡Tanto como para hacer hincapié en ello...! Debe querer que la iglesia crezca espiritual y numéricamente. El segundo crecimiento no llegará a menos que tengamos el primero. Pero deben o pueden ser simultáneos. Inicié hace tres años una iglesia (con la ayuda de mi esposa) en la ciudad de Pasadena, California, de la que aún soy pastor. La asistencia actualmente oscila entre 100 y 120 personas. La mayoría (el 90%) son personas que han conocido a Cristo en nuestra iglesia. Hay un 10% que es traslado. Ese 90% nunca antes había estado en una iglesia evangélica. Desconocían la Biblia y todo lo demás. ¿Cuánto tiempo debíamos haber esperado — para que los primeros de este grupo creciesen espiritualmente — antes de seguir ganando a otros? Ninguno; hemos hecho ambas cosas simultáneamente.

Hace pocos días, un hermano que apenas hace un año que conoció al Señor Jesús como su Salvador tuvo una discusión sobre religión con el señor que le alquila la casa. Este hombre, que tiene varios años (más de veinte) en una secta falsa y es líder de ella, se vio desarmado por los argumentos de su inquilino (quien evidentemente conocía más de la Biblia que él, además de tener un hermoso testimonio de cómo Cristo lo había cambiado). Por último, disgustado, el dueño de la casa se despidió y le dijo al creyente: "Lo que más me sorprende es que usted sepa tanto de la Biblia en tan pocos meses de haberla estudiado." Esta ha sido nuestra meta: salvación e instrucción. En este año que ha transcurrido, este hermano y su esposa han sido instrumentos para guiar a por lo menos quince amigos y familiares suyos a Cristo. ¿Debíamos haberles dicho que no podían hacer eso aún, ya que no sabían suficiente doctrina, teología o Biblia?, o ¿debíamos haberles estimulado a que cumplieran con la Gran Comisión a la vez que aprendían, y a que formaran discípulos a medida que ellos mismos fueran discipulados?

Esta es parte de nuestra tarea como pastores y líderes. Es parte de querer que la iglesia crezca y estar dispuestos a pagar el precio. Mi trabajo hubiese sido mucho más fácil si en vez de ganar a otros quince, estos hermanos se hubiesen conformado con aprender ellos solos. Serían quince menos por los que no tendría que preocuparme ahora. Y los que ellos ganaron también están ganando a otros. ¿Es que no tienen consideración de su pobre pastor? ¡Gracias a Dios por ellos! Mi oración es tener una iglesia llena de gente así. Por ahora sólo son aproximadamente la mitad. Estamos trabajando con los demás para que hagan lo mismo.

Sí, el pastor que desea ver a su iglesia crecer tendrá que trabajar fuertemente. Una iglesia cuyo número disminuye es más fácil de pastorear cada año. Menos gente que visitar, menos enfermos, menos estudios bíblicos. . . "El obstáculo más grande para el crecimiento es un pastor que piensa de modo negativo y que es pesimista sobre las oportunidades de crecimiento. Tal pastor enseña que la tarea básica de la iglesia es tener cuidado de aquellas ovejas que ya están en el redil."[2] Por cierto que con esa filosofía no habría que trabajar muy fuertemente. Atender una iglesia sería una labor relativamente fácil.

Cuando llegué a California para comenzar el departamento de Iglecrecimiento, visité a un misionero que por años ha estado vinculado con la obra hispana. Cuando le presenté mi plan de trabajo me felicitó, pero me dijo: "Hermano, aquí va a tener un trabajo muy difícil. Nuestros pastores no quieren que sus iglesias crezcan." Me explicó por qué pensaba así. En ese momento me dije: "Este hermano está llegando a una edad en la que el pesimismo lo abruma. Tiene ideas de misionero aun aquí en su propia tierra." Pero hoy, ocho años después, tengo que admitir que él tenía razón. El ministerio fácil y sin mucho trabajo es una cosa, pero tener que trabajar duramente, eso ya es muy diferente.

Cuando una iglesia crece, el pastor deberá ejercitar su iniciativa — la "chispa" del Espíritu de Dios — para ejercer el ministerio. Siempre habrá gente nueva en las reuniones, nuevos nombres que aprender, nuevas personas que visitar, nuevos problemas que solucionar... No todo pastor estará dispuesto a hacerlo porque llevará muchas horas de trabajo. Pero ese trabajo duro será recompensado al ver lo que Dios hará en medio suyo.

Ese trabajo duro deberá incluir un discipulado continuo, la preparación de maestros, de programas, de actividades, etc. Es posible que esto demuestre que el pastor no puede realizar todo ese trabajo él solo. Al recordar el pasado, añoro los años del seminario. ¡Qué lindo era! "¡Como esos maestros ya no los hay!", decimos. Pero debo admitir que cuando salí del seminario llevaba un excelente equipaje de material bíblico, de homilética, de evangelismo... Pero muchas cosas que hoy — treinta años más tarde — necesito, no me las suministraron. ¡Cuánta falta me hacía un curso de cómo ganar amigos e influir sobre la gente! ¡Cómo necesitaba saber diagramar el crecimiento de la iglesia! Me hubiese gustado tener preparación sobre los dones espirituales (cómo ayudar a los miembros de mi iglesia a descubrir, desarrollar y usar sus dones espirituales). Me hubiese gustado haber pasado un curso sobre Iglecrecimiento y todos los principios relacionados con este. Creo que mi ministerio hubiera sido mucho más fructífero. Pero en aquellos años no se daban esos cursos. Sin embargo, hoy se puede hacer, y usted debe aprovechar la oportunidad de estudiarlos.

No importa cuándo se haya usted graduado del seminario o cuántos cursos haya tomado antes. Lo importante es que ahora hay cursos suplementarios con los que usted puede prepararse mejor para realizar el ministerio que Dios ha puesto en sus manos. Usted necesita un programa dinámico que lo prepare para guiar a su congregación a un mejor y más abundante discipulado. Necesita programas que lo capaciten para trabajar, adiestrar, programar y todo lo demás.

Muchos laicos con los que converso se sorprenden de que sus pastores tengan tan poca preparación en estos asuntos. Pero no por ello deben sentirse menoscabados, sino que esto les debe servir para motivarlos a prepararse mucho más y estar mejor dispuestos para llevar a cabo la Gran Tarea.

Parte del precio que habrá que pagar será que como líderes

tendremos que poner en acción nuestro liderazgo. El movimiento de Iglecrecimiento se ha distinguido porque promueve una planificación consciente y explícita. Por supuesto que parte de esta planificación es el proceso cuidadoso —y saturado de oración— de establecer metas. La razón de esto es que trabajar sin metas específicas puede ser muy cómodo para algunos, ya que de esa forma no hay posibilidades de fracaso; pero esta no es la voluntad de Dios. Algunos establecen metas, pero estas nada tienen que ver con el crecimiento de la iglesia.

Necesitamos metas para discipular. ¿Cómo lo haremos? ¿Cuándo lo haremos? Necesitamos planificar la preparación de nuestros líderes (ancianos, diáconos, maestros de la Escuela Dominical, de estudios bíblicos, etc.).

En fin, tenemos mucho trabajo que realizar. Una vez que establezcamos las metas, tendremos que anunciarlas y naturalmente esto pone en juego nuestro liderazgo. El éxito o el fracaso se verá por los resultados alcanzados. Algunos temen establecer metas y aun tienen argumentos teológicos de por qué no debe planificarse el trabajo. Lamento tener que estar en desacuerdo con ellos. La Biblia enseña que el Señor sí estaba interesado en los resultados.

Creo que como pastor debo ser un buen "gerente" ("administrador", dice la Biblia). Así es como deberé tratar con los líderes de mi iglesia, para que ellos sean mis colaboradores y no mis obstáculos. En vez de levantar un muro que nos separe, que sean los que me ayuden a hacer el trabajo.

Es muy posible que muchos miembros se opongan al crecimiento, a las metas, al trabajo. Conozco a pastores que al comenzar a formular metas de Iglecrecimiento hasta han perdido a miembros de sus congregaciones. A algunos les han hecho imposible la vida y el ministerio. Más adelante en este capítulo deseo presentar algunos modelos. En el primero, trataremos sobre un pastor que tuvo que pasar por esa experiencia. Además, conozco a otro pastor en mi patria quien contaba que al llegar a su iglesia la mayoría de los diáconos y líderes no aprobaban nada de lo que él les presentaba. Le ponían reparo a todo. Finalmente, desesperado, comenzó a orar por cada uno de ellos y dejarlos en las manos del Señor. Pues bien... uno a uno pasaron a mejor vida y los problemas de mi amigo y colega comenzaron a disiparse y su iglesia a florecer. No recomiendo que ore por tal solución; pero una cosa sé: si usted es fiel en la "administración" que Dios ha puesto en sus manos el Señor se encargará de eliminar los obstáculos.

Como "buen pastor" cada obrero, o líder de la iglesia local, descubrirá que su celo por el crecimiento de su congregación estará relacionado con su preocupación o pasión por las almas perdidas. Aquí debemos presentar una palabra de advertencia. Tengo colegas amigos que tienen pasión por las almas perdidas como nadie podría tenerla. Ganan muchas almas. Sin embargo, sus programas de discipulado y crecimiento espiritual no les ayudan a retener los frutos de la cosecha. Se ha hecho común decir: "La puerta del fondo es más grande que la del frente." En otras palabras, perdemos a la gente en una proporción tan grande o mayor de la que la ganamos. Debemos encontrar medios para cerrar esa puerta de atrás.

El pastor no sólo debe estar dispuesto a poner en juego su liderazgo sino también a compartirlo con otras personas. Hemos descubierto a través de nuestra experiencia investigativa que las iglesias que crecen tienen un liderazgo fuerte. No recomendamos, sin embargo, que el pastor trate de hacerlo todo solo. En una iglesia pequeña o en merma, el liderazgo de una sola persona es aceptable, pero en una iglesia que crece el liderazgo debe ser compartido.

En un estudio realizado por la sede internacional de la Iglesia del Nazareno, el doctor Raymond Hurn descubrió "cuatro características del liderazgo pastoral en iglesias que crecen. Son características que describen al pastor como uno que (1) puede delegar responsabilidad y autoridad en muchas personas de la iglesia; (2) estimula a que su gente comparta con él; (3) es considerado como un líder fuerte; y (4) desarrolla un ministerio pastoral entre sus obreros, sean estos remunerados o voluntarios".

Asimismo encontró en su encuesta que como características generales ellos "tenían el ministerio de (1) pastores del rebaño; (2) pastores que mantienen buenas relaciones personales con la iglesia y la comunidad; (3) pastores que son respaldados por la membresía de la iglesia (quienes a su vez tienen buenas relaciones entre ellos y la comunidad); y (4) pastores y miembros que tienen éxito en desarrollar programas para satisfacer las necesidades de la comunidad".[4]

Algunas iglesias grandes pueden tener un grupo pastoral "profesional" a sueldo, pero en muchos lugares esto no será posible. Por lo tanto, ha de tenerse y usarse a líderes laicos. El pastor debe adiestrar y poner a trabajar a estos. Los pastores tradicionales hemos caído, por una parte, en ese sistema "clerical" en el que somos el hombre orquesta, o sea, que tocamos todos los instrumentos y dirigimos la banda también. Por la otra, los laicos se han acostumbrado a esa situación, y les complace. La mayoría de nuestra gente proviene de un trasfondo católico–romano. Están adaptados a que el sacerdote oficiara a la hora del nacimiento, del bautizo, de la primera comunión, de la confirmación, del matrimonio y. . . de la sepultura.

En otras palabras, el sacerdote lo hacía todo por ellos, y ellos no debían — ni podían — hacer nada ni para el sacerdote ni para la iglesia, ni para ellos mismos. Esa imagen sacerdotal se transfiere al pastor, y hay pastores que la asumen, aumentando así el problema.

En este punto debemos recordar a los lectores que una iglesia grande no es siempre una iglesia que crece. Alguien ha dicho que uno de los lugares más grandes, y que crece por día, es el cementerio; pero ese "es un crecimiento muerto". ¡No permitamos — con la ayuda de Dios — que sea ese el crecimiento de nuestras congregaciones!

Cuando la iglesia crezca se necesitará de más ayuda. La investigación nos muestra que cuando una iglesia no está creciendo, un pastor y una secretaria pueden atender una iglesia de hasta trescientas cincuenta personas. Pero si la iglesia está en proceso de crecimiento, el panorama y las necesidades serán muy distintos. No es absolutamente necesario tener "profesionales" a sueldo, que no podrían pagar nuestras iglesias latinoamericanas. Pero sí podemos utilizar a los excelentes laicos que tenemos: hombres y mujeres que pueden y desean servir al Señor en la iglesia local. Esto significaría compartir nuestro liderazgo. Pero muchos no desean dar ese paso. No están dispuestos a "perfeccionar" a los santos para la obra del ministerio. Es necesario desarrollar en cada iglesia un programa que contribuya a la preparación de los laicos. En el próximo capítulo presentaremos modelos que pueden utilizarse en el adiestramiento de líderes.

El pastor puede y debe guiar a su gente. Dice M. Wendell Belew, de los bautistas del Sur de los Estados Unidos:

> "Muy poco crecimiento se está registrando en iglesias donde el pastor no desempeña la función principal de equipar a los santos. Pero el hecho es que ellos no estarán bien equipados a menos que el pastor les muestre cómo hacerlo. En casi toda circunstancia de crecimiento exitoso de la iglesia, el pastor es el más grande motivador. El es quien les informa el porqué, y les muestra el dónde y el cómo."

Tal vez el precio más difícil que todo pastor tendrá que pagar en una iglesia que crece es el de tener personas (creyentes) que él no podrá pastorear. Tengo que admitir que este es un asunto que me preocupa. Siendo que mi pastorado — en orden de responsabilidades — está en tercer lugar, no puedo dedicarle el tiempo que le dedicaría un pastor de tiempo completo a la visitación, la enseñanza, la planificación, o simplemente a la labor de pastorear. Mi primera responsabilidad es la de llevar adelante el Departamento de Evangelismo e Iglecrecimiento del Instituto Charles E. Fuller. En esa función, tengo que viajar por América Latina dando Seminarios y Conferencias sobre la materia y además tengo que preparar el material didáctico para uso de las iglesias locales. Recibo mi sueldo por hacer ese trabajo. Toda otra responsabilidad es "ad honorem" [latín para "honorífica"]. Digamos que lo hago en mi tiempo libre. Pero cuando hablamos de "prioridades" muy pronto se invierte el orden. (Mejor no explicar cómo, podría perder mi puesto.)

Es muy difícil cuando uno tiene el llamado y el don de pastor pensar en que no podrá pastorear a todos sus miembros. Pero es una realidad y, aunque me cuesta, estoy dispuesto a pagar ese precio con tal de ver crecer la iglesia del Señor. Tener que hacerlo así me produce desasosiego, aunque no un sentido de culpabilidad.

La responsabilidad acostumbrada de pastor, a la manera que la hemos creído y practicado, viene más bien de la definición de la palabra pastor que de las descripciones bíblicas que encontramos en Hechos 20 y en 1 Pedro 5. El modelo tradicional se presta para rebaños (iglesias) pequeños, pero no para grandes. Un solo pastor [de ovejas] no podría cuidar tampoco de rebaños grandes o múltiples. Habría otros pastores que compartirían el trabajo.

La experiencia nos enseña que la mayoría de los pastores de tiempo completo están preparados para tener una congregación de cien a doscientos creyentes. Si la iglesia es mayor que esto, tendrá que ser parte de un equipo en una iglesia que crece. No podrá por sí solo satisfacer las necesidades de toda la congregación. Pero la congregación les respetará y aceptará que sean lo que Lyle Schaller llama "rancheros en lugar de pastores". O sea: el hombre de Dios que ejerce liderazgo delega responsabilidades y autoridad, y prepara a sus líderes.

Además, el pastor deberá permanecer en una misma iglesia por largo tiempo. No hay ninguna regla indicativa, pero uno de los problemas en relación al crecimiento de la iglesia son los continuos cambios de pastor o pastorados breves. En el mismo estudio de la Iglesia del Nazareno se encontró que los pastores de iglesias que crecían habían estado de cinco a doce años en esas iglesias. Citando a Elmer L. Towns, el mismo libro dice: "El promedio de pastorados en iglesias que crecen era de veintidós años y un mes."[6]

Considero que veintidós años puede ser demasiado largo, aun para usarlo como medio comparativo. Pero evidentemente así era en las iglesias norteamericanas en las que Towns hizo su estudio.

El doctor Pedro Wagner, al hablar sobre el tema, dice que el pastor debe "resistir allí". En otras palabras, la tarea será ardua y tendrá que capear las tormentas y dificultades para salir airoso y ver al fin los resultados de su paciencia y trabajo. Los cambios muy frecuentes no permiten ni estimulan la realización de planes a largo alcance. Al contrario, tienden a crear una sensación de "si voy a estar aquí por tan poco tiempo, para qué hacer muchos planes; sigamos tal como van las cosas". Muchas iglesias acostumbran a llamar a sus pastores por poco tiempo. En el pasado, había denominaciones que cambiaban o rotaban a sus pastores cada dos años; muy poco tiempo para siquiera pensar en un trabajo eficaz. Con la permanencia vienen los resultados.

"Estos pastores están entusiasmados en lo que hacen y su ministerio les satisface. Sus miembros y ellos se aman recíprocamente. No se preguntan tampoco: "¿Cuánto tiempo estaré al servicio de esta iglesia?" Estos pastores suelen ser de gran longevidad en el ministerio de sus respectivas iglesias."[7]

La congregación debe desear que la iglesia crezca

Si bien es cierto que el pastor es la clave y el eje principal del crecimiento de toda congregación, poco podría hacer él si toda la congregación no tuviera interés en tal crecimiento. La verdad es que en una situación así, casi la única alternativa que queda es la de renunciar y buscar una congregación que tenga interés en crecer.

Hace unos años un joven seminarista que tenía a su cargo una iglesia, asistió a uno de nuestros cursillos. La chispa del Iglecrecimiento prendió en su corazón; ávidamente asimiló las enseñanzas y propuso delante del Señor que las compartiría y las pondría en práctica en la iglesia a su cargo. Cuando regresé al año siguiente, para el segundo año del ciclo de enseñanza, me dijo: "Oré, trabajé y traté... pero, ¡nada! Al fin después de unos meses renuncié. Ahora tengo una congregación que sí desea crecer."

De esto han pasado tres años. Hoy tiene la iglesia central totalmente llena. Han comenzado dos iglesias filiales (con toda su organización) y tres centros de predicación más. El secreto: encontró una congregación que deseaba crecer y estaba dispuesta a pagar el precio.

¿Cuál es el precio que debe pagar una congregación? En primer lugar, deberá estar dispuesta a seguir el liderazgo de un pastor que tenga mentalidad de Iglecrecimiento. Conozco muchos otros pastores en América Latina, a quienes pudiera nombrar, que han pasado por experiencias similares.

Lamentablemente, algunos de los pastores o líderes que captan esta visión en un seminario o taller de Iglecrecimiento se encuentran con una barrera infranqueable al regresar a su congregación. Pero si la congregación logra despertar a las posibilidades y sigue a su líder, compartiendo la misma visión, los resultados serán bien visibles.

Moisés fue un líder que se encontró en medio de mucha gente que dudaba y murmuraba. Los resultados vinieron cuando el pueblo le siguió.

En segundo lugar, la congregación debe estar dispuesta a contribuir económicamente para el crecimiento. Aunque es cierto que cuando una iglesia va creciendo genera más dinero para las actividades, los edificios, el alcance misionero, y la obra social, llevará tiempo antes que esto suceda. Por lo tanto, la congregación base — o sea, los que han de comenzar a implementar el programa para el crecimiento de la iglesia local — será la que tendrá que pagar las cuentas. Al transcurrir el tiempo, habrá más creyentes que ayudarán a sufragar los gastos.

Nada resulta barato; todo cuesta. El lugar, las bancas, los materiales de educación cristiana, los himnarios, las Biblias y todo lo demás cuesta dinero. En el mundo comercial se dice: "El dinero produce dinero." En la iglesia: "El dinero produce discípulos." Hay un precio que pagar. Si la congregación no está dispuesta a abrir sus billeteras y sus carteras, el crecimiento de la iglesia se detendrá en el mismo punto de partida. La congregación necesita una buena educación sobre la mayordomía cristiana para llegar a comprender que en definitiva, el dinero es del Señor y todo lo que hacemos nosotros es administrarlo. Cuando somos buenos administradores, Dios nos dará más para que lo administremos.

En tercer lugar, los miembros de la congregación tendrán que estar dispuestos a dar de su tiempo y energías para el crecimiento. Muchos de los creyentes están acostumbrados a dar sólo una o dos horas por semana a la iglesia. Es decir que asisten a una reunión por semana (generalmente el domingo) y no podemos esperar mucho más de ellos. Algunos, haciendo un esfuerzo, participan también de la Escuela Dominical, o asisten tal vez a una reunión u otra, pero todo en una forma muy limitada. No; ¡así las iglesias no pueden crecer!

Por supuesto que no podemos esperar que el 100% de la congregación esté presente en todas las actividades. Algunos darán más de su tiempo que otros. Los de más experiencia o tiempo en la iglesia darán también (o deberían dar) más de su tiempo. Recordemos que siempre en la iglesia habrá un grupo de "consumidores", o sea, de aquellos que sólo vienen a escuchar y no a hacer. Absorben pero no dan nada.

En una iglesia que crece descubriremos que la mayoría de las personas estarán trabajando y ocupadas en hacer algo en bien de la congregación. El mismo entusiasmo generado en la congregación local, permitirá que los creyentes se movilicen y estén ocupados. El trabajo en la iglesia ya no será aburrido sino que se sentirán desafiados y motivados por lo que se está llevando a cabo. Los resultados los estimularán no a competir sino a complementar.

Dependiendo del tamaño de la iglesia, en Iglecrecimiento recomendamos un "equipo de trabajo" que conste de diez a veinte hombres y mujeres, que den de cuatro a ocho horas por semana al trabajo del equipo (y por ende a la iglesia). Esto es muy importante para comenzar bien el trabajo, de otra manera se hará muy difícil, si no imposible. Este tipo de equipo de trabajo producirá la energía adicional necesaria.

En cierta ocasión cuando se le preguntó a Billy Graham que haría él si ejerciera el pastorado en una iglesia hoy, dijo:

> "Pienso que una de las primeras cosas que haría sería rodearme de un grupo de ocho a diez o doce hombres que se reunieran conmigo algunas horas por semana, dispuestos a pagar el precio... Les costaría algo de tiempo y esfuerzo. Compartiría con ellos todo lo que tengo, durante un período de un par de años. Entonces yo tendría realmente doce ministros entre los laicos, quienes a su vez tomarían a ocho, diez o doce más y los enseñarían."[8]

Este mismo ejemplo podemos verlo en el Señor Jesucristo durante su ministerio aquí en la tierra. Tampoco el apóstol Pablo trabajó solo. Siempre tuvo a alguien a su lado (a quien discipulaba a la vez que este le ayudaba a realizar la obra en las iglesias locales). En algunos lugares tuvo que dejar a sus colaboradores para que hiciesen la obra en esa iglesia local en particular.

En cuarto lugar, la congregación deberá estar dispuesta a sacrificar el compañerismo. ¡Cuán difícil parece esto! Por un lado tenemos el ejemplo y la exhortación a la *koinonía* cristiana, o lo que llamaríamos "compañerismo cristiano". Por el otro tenemos que estar ocupados en "hacer discípulos". ¿Qué haremos? Creo que podemos hacer lo último sin dejar a un lado lo primero. Necesitamos hacer los ajustes que lo hagan posible. En nuestra próxima sección hablaremos de "Celebración, congregación, y grupo hogareño". Esto nos ayudará a comprender mejor este punto.

Sin duda, muchos estaremos dispuestos a dar nuestro dinero y nuestro tiempo, pero dejar la *koinonía* parece que es mucho pedir. Decimos que "somos la familia de Dios", y es cierto. Debemos mantener ese espíritu, pero debemos cuidar de toda la familia, aun cuando esa familia comience a crecer y extenderse. Este es un punto neurálgico en toda iglesia que comienza a crecer. Muchas veces aquí se detiene el crecimiento.

No estamos dispuestos a ver a muchos desconocidos en la iglesia.

La situación se reduce a establecer prioridades. ¿Qué es más importante, que todos nos conozcamos o que alcancemos a los perdidos? El crecimiento de la iglesia local se define aquí. De aquí surgen expresiones tales como: "¡Mejor calidad que cantidad!" o "¡Mejor pocos y buenos!".

Cuanto más grande sea la membresía y la asistencia, tanto mayor parecerá el problema. Pero es más una costumbre que una realidad. La *koinonía* puede transformarse en *koinonitis* (una de las enfermedades que afectan a muchas iglesias), y esto detendrá el crecimiento. La definición que damos a *koinonitis* es la de "inflamación fraternal", o sea, que las personas llegan a ser espiritualmente egocéntricas — interesados únicamente en sí mismas — y comienzan a sufrir de miopía evangelística, interesándose sólo en la satisfacción propia. Se fomenta una mentalidad tan celestial, que no sirven de mucho aquí en la tierra. Tendremos que estar dispuestos a sacrificar la *koinonitis* pero no la *koinonía*.

Para cumplir con la Gran Comisión, tanto el pastor como la congregación tienen que estar dispuestos a pagar el precio. El Señor nunca dijo que seguirle sería fácil ("Toma tu cruz", Marcos 8:34); pero sí dijo: "Para que tengan mi gozo en sí mismos" (Juan 17:13). Gozo en amarle, gozo en servirle, gozo en hacer su voluntad, gozo en el discipulado.

Celebración + congregación + grupos hogareños = iglesia

Este concepto es para las iglesias que sobrepasen los 200 miembros (o personas que asistan a los cultos). Antes de llegar a ese número, todavía las personas se conocen por nombre y apellido, y si alguien está ausente en seguida los demás se dan cuenta. Es lo que podríamos llamar una familia grande. Cada uno tiene un lugar o sector del santuario donde se les puede localizar. Si esa banca está vacía es porque tal o cual persona está ausente.

La *celebración* es justamente lo que sucede en una iglesia en la que los congregados no se conocen por nombre; tal vez sí de vista, pero ni siquiera esto es necesario. Las personas se reúnen para "adorar y alabar el nombre de Dios". Alrededor hay muchas otras personas que hacen lo mismo. El sentir, la devoción, la atmósfera, todo nos une, aun sin conocernos. Nos une la razón por la que estamos en ese lugar: Dios. La membresía total se reúne para adorar al Señor individual y colectivamente.

A los latinoamericanos nos gustan las celebraciones. En mi iglesia tengo hermanos que están siempre buscando motivos para celebrar algo. Además de la celebración dominical, no falta oportunidad para tener un banquete, una comida, un retiro espiritual, un paseo... Al

El pastor, la congregación y el Iglecrecimiento 63

viajar por América Latina encuentro que todos somos iguales. ¡Tenemos más fiestas que el pueblo de Israel! Pero más que esto, queremos pensar en el culto a Dios como esa celebración espiritual que nos une, nos alimenta, nos edifica semana tras semana, ya sea que conozcamos a quien esté sentado a nuestro lado o no. Podemos aquí ser desconocidos los unos de los otros.

La palabra *congregación* generalmente ha sido sinónimo de iglesia en nuestros países. En la forma que ahora estamos expresando el término no es sinónimo. Es un grupo, que tiene intereses especiales, formado por cuarenta personas como mínimo y ochenta como máximo, que puede variar de acuerdo a los países y a la cantidad total de asistencia. Puede ser una clase de Escuela Dominical, el coro, las sociedades misioneras, u otros. Si el grupo es grande disfrutará de cierta autonomía, pero siempre bajo el gobierno general de la iglesia.

En este marco podrán disfrutar del compañerismo deseado. Habrá más roce entre los participantes al poder desarrollar un programa que les una en más aspectos que sólo la adoración del domingo. Allí se reforzarán las raíces espirituales; habrá mayor crecimiento por medio de estudios bíblicos.

Muchos podrán usar sus dones espirituales y capacitarse para puestos de liderazgo de mayor responsabilidad. Esto dará mayor oportunidad de servicio y preparación.

El *grupo hogareño* es una pequeña colectividad de ocho a doce personas. Dentro del mismo existe una relación personal mucho más íntima y profunda que en los anteriores. Si se quiere, hay una intimidad espiritual que une a ese grupo. Allí vamos a rendir cuenta de nuestra vida a otros creyentes, que a su vez tienen la responsabilidad de hacer lo mismo con nosotros. Asimismo existe el deber de orar y ayudarse recíprocamente. Llega a ser un círculo íntimo.

Estos grupos pequeños han sido la razón de nuestro crecimiento aquí en Pasadena. Es por medio de ellos que hemos ganado a nuevas personas para nuestra iglesia. Un 90% de nuestra congregación ha llegado así. La mayoría se ha decidido por Cristo en los lugares en que se reúnen estos grupos hogareños; las más grandes victorias han sido ganadas allí.

Es a la vez muy importante que estos grupos hogareños sean absorbentes y no cerrados. Es necesario que los nuevos visitantes se sientan bienvenidos, ayudados y parte del grupo. Que sea una *koinonía* abierta, dispuesta a trabajar por el extendimiento de la obra de Dios.

Recomendamos al lector leer el capítulo 7 del libro *Su iglesia puede crecer* del doctor Pedro Wagner. El mismo trata exclusivamente este asunto aunque es cierto que algunos enfoques podrían ser diferentes en América Latina. No obstante: "Escudriñadlo todo y retened lo bueno" (1 Tesalonicenses 5:21).

Un pastor, una iglesia (Modelo 1)

Hace poco pedí a un médico y a su esposa, miembros de la Iglesia "La Hermosa" de la ciudad de Mexicali en México, que me contasen lo que había sucedido en esa iglesia. El pastor me lo había contado ya, y pensé que exageraba. ¡Ni yo mismo lo podía creer! Me dijeron: "Hablar ahora de Iglecrecimiento no es nada, pero hace seis años era una locura, un delirio que estaba posesionándose del pastor y uno que otro miembro. Nos costó bastante entender lo que esto involucraba. Temíamos a las implicaciones de aceptar el reto, el compromiso de llamar a lo que no es, como lo que es."

Hice un esfuerzo por recordar. El pastor Marcelino González, de las Asambleas de Dios, asistió a un seminario programado y auspiciado por la Fraternidad de Evangelismo e Iglecrecimiento de la ciudad de México en 1977. Fue la primera vez que presenté lo que llamamos el Seminario Intensivo I. Fueron treinta horas de clase durante cuatro días y medio, además de celebrarse devocionales y otras clases sobre evangelismo. Casi terminan conmigo como maestro. Nunca más volví a ver al pastor González. Tuvimos tres seminarios más en años consecutivos, pero él no estuvo en ninguno de ellos.

En esa fecha (1977) el había regresado a su iglesia, había asumido la tarea pastoral allí hacía pocos meses y estaba preocupado. Una ancianita, miembro de la iglesia, dijo: "Yo siempre he dicho que cuando los pastores andan en esas dichosas conferencias de acá para allá, no trae nada bueno."

Continuó contándome el doctor y su esposa: "Por fin un día convocó a una junta de oficiales, aunque habló con algunos de nosotros de antemano. Había unos 40 a 50 miembros activos. Hubo varias otras reuniones, habló de Iglecrecimiento, muchos le hicieron la guerra. Cambiamos costumbres viejas y algunos se rebelaron."[9]

Entiendo que el pastor González tuvo que desafiarles con una decisión. "Si ustedes no quieren crecer — les dijo —, he decidido irme a otro lugar". Gracias a Dios la tormenta pasó. Hoy, cinco años más tarde, la historia de esta iglesia puede verse en el diagrama 9. Ahora el crecimiento ha aminorado, no hay suficientes salones de Escuela Dominical, no hay más bancas o sillas disponibles. ¿Por qué? De aquellos pocos que eran, hoy en el informe de 1981 tienen 450 personas de asistencia en los cultos y una membresía de 210. La asistencia a la Escuela Dominical es de 250. Toda esta información nos da una membresía compuesta de 303. (Ver los diagramas 9 y 10.)

¿Será este un crecimiento únicamente numérico? Contesto a la pregunta compartiendo una síntesis del plan y de las metas presentados por el pastor Marcelino González a sus líderes. Se reunieron en un seminario de dos semanas de duración con una asistencia promedio de 70 miembros.

Objetivos:
1. En cuanto a lo económico, adquirir una casa pastoral independiente del templo, y construir salones de Escuela Dominical. Con respecto a misiones, invertir una suma determinada para la construcción de una nueva iglesia en el distrito.
2. En cuanto a lo evangelístico, añadir cien nuevos convertidos y elevar la asistencia a quinientos congregantes el día domingo, y establecer diez misiones de barrio.
3. En cuanto a la educación cristiana, capacitar los ministerios de la iglesia, con cursos especiales y definidos. En la esfera infantil, apoyar los programas denominacionales dentro de la iglesia.
4. En cuanto a lo espiritual, mantener un espíritu constante de adoración, humildad y suplicante oración ante Dios, en todas las actividades de la iglesia. Que en su misericordia, llene de poder a todos sus hijos.
5. En cuanto a la visitación, contar con un equipo de ayudantes en esta labor pastoral.

Métodos:
1. En lo económico, promover más el sistema bíblico entre la iglesia. Definir sobre posibilidades de inversiones a favor de la iglesia. Proporcionar ayuda a los equipos de visitación y evangelístico.
2. En lo evangelístico, usar más hogares para cultos de barrio. La reproducción de los grupos hogareños ya existentes y en los domingos cultos evangelísticos, cada miembro ganando a uno para Cristo. La celebración de cultos evangelísticos con películas al aire libre, durante dos semanas, en las colonias (barrios) donde ya tienen misión. Una campaña evangelística bien planeada en todos sus detalles, celebrada anualmente.
3. En la educación cristiana, establecer especialmente un día para estudios definidos. Planificar la Escuela Dominical, y establecer cultos congregacionales, en todos los niveles, que fomenten más el conocimiento de las Escrituras.

Un mes al año, un curso de dos días para los ministerios definidos de la iglesia. A continuación de ello, rotativamente un curso para cada ministerio con duración de

Centro Evangelístico "LA HERMOSA"
MEXICALI, MEXICO

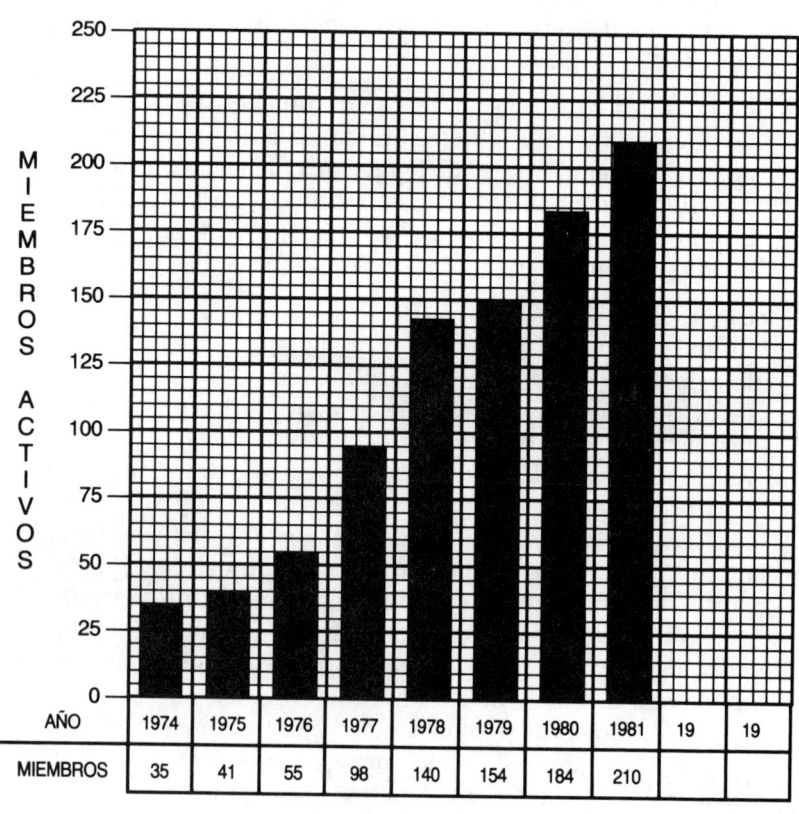

DIAGRAMA 9

Gráfica de la Membresía compuesta del Centro Evangelístico "LA HERMOSA"
MEXICALI, MEXICO

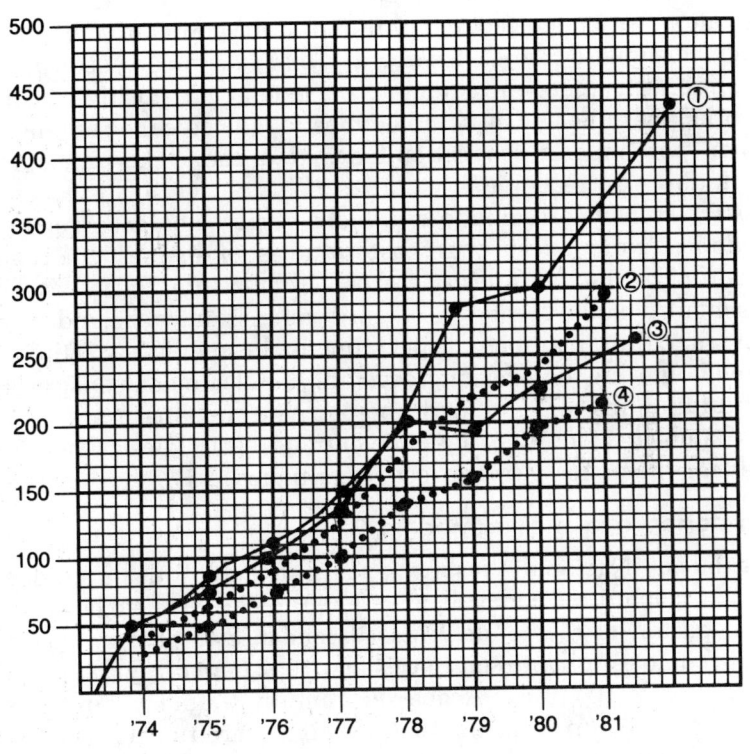

① CULTO DE ADORACION
② MEMBRESIA COMPUESTA
③ ESCUELA DOMINICAL
④ MEMBRESIA EN PLENA COMUNION

DIAGRAMA 10

cinco horas. Además cada mes y también en forma rotativa los cultos de alguna sociedad para adoctrinamiento a la iglesia. Todos los sábados se establecerá un curso permanente de doctrina e Iglecrecimiento.
4. En lo espiritual, grupos de oración y comunión intercolonias. Mayor promoción a la vida espiritual de todos los cultos. Seguir promoviendo a más altura y mejores logros en los cultos de oración. Retiros espirituales. Velada de oración mensual. Día de ayuno y oración mensual, con celebración de la Santa Cena el primer domingo de cada mes.

Bajo el lema: "Ven con nosotros y te haremos bien", el pastor González y su congregación continúan trabajando arduamente. "La conciencia que se creó — nos dicen — en cada uno de nosotros sobre los problemas que enfrentamos, es netamente positiva hacia la victoria, pues una iglesia como la nuestra (que crece) ha aprendido a luchar por superar las dificultades y a tomar las crisis como generadoras de resonantes victorias."[10]

Este resumen, presentado a grandes rasgos, nos hace ver lo que puede hacer una iglesia y un pastor que están dispuestos a pagar el precio para que la iglesia crezca. Además de todas las cosas presentadas aquí, tienen hermanos que están trabajando en el mandato cultural también, especialmente los médicos y estudiantes de medicina que tiene la congregación. Asimismo han construido un instituto bíblico en la ciudad no sólo para preparar a sus jóvenes, sino también a los que deseen venir de otras iglesias hermanas. Nuestras oraciones van con estos hermanos.

Otro pastor, otra iglesia (Modelo 2)

La Iglesia Nacional Presbiteriana "San Pablo" de la ciudad de México, celebró sus bodas de plata en julio de 1984 bajo la dirección de su pastor, el reverendo Vidal Valencia. Este pastor llegó a esa iglesia como estudiante seminarista en 1952 para dirigir un grupo de 17 adultos y 10 niños. Acaba de cumplir treinta y dos años de ministerio allí. En julio de 1959 se organizaron en iglesia con 75 personas bautizadas (sin contar los niños). Desde entonces el templo ha sido ampliado 7 veces y ahora celebran 2 cultos similares cada domingo por la mañana. En julio de 1981 alcanzaron la cifra de 2.000 congregantes (con sus hijos), distribuidos en la iglesia, las congregaciones y los grupos hogareños (misiones).

En 1977 se establecieron metas, que tuvieron como fecha final el aniversario de sus Bodas de Plata en 1984. Metas muy ambiciosas si

El pastor, la congregación y el Iglecrecimiento

se quiere. Problemas para alcanzarlas por muchas circunstancias. Pero las presentaron después de mucho estudio y oración. En esa fecha eran 558 miembros en plena comunión.

En Diciembre de 1978, mi esposa — que no sólo me ayuda en nuestra iglesia en Pasadena, sino que también es mi mano derecha en las oficinas del Instituto Charles E. Fuller, y ha cursado estudios y laborado en Iglecrecimiento — hizo un estudio de la Iglesia Presbiteriana San Pablo. En ese análisis se midieron el potencial y los obstáculos. La verdad es que las metas podrían haber sido inalcanzables. Pero justamente, un estudio así ayuda a poder darnos cuenta de la realidad y a ver los pasos que habrá que dar para alcanzar esas metas. (Un estudio similar es muy recomendado para toda iglesia que desee crecer. Las gráficas aquí presentadas de la Iglesia San Pablo pertenecen a ese estudio realizado por mi esposa.)

La meta en cuanto a membresía era de más del doble de lo que se había realizado en los diez años anteriores (ver diagrama 11). La meta de llegar a 2.058 miembros en plena comunión, con un gran total de 3.000 contando congregaciones y niños para 1984, parecería difícil. Los obstáculos más enormes eran: la adquisición del terreno, la construcción de los edificios y la del estacionamiento para autos.

Miremos momentáneamente las metas que establecieron en 1977:

PLAN PARA 7 AÑOS

Metas desde julio de 1977 hasta julio de 1984

Tener con la ayuda de Dios:
1. 5 iglesias con templo y pastor.
2. 25 congregaciones, algunas con terreno.
3. 50 centros de estudios bíblicos permanentes (en hogares).
4. 250 centros de estudios bíblicos flotantes (en hogares).
5. 1 escuela teológica con 50 alumnos en las siguientes esferas.
    a. Teología.
    b. Discipulado.
    c. Magisterio.
    d. Evangelismo.
    e. Música.
6. 7 pastores: { 5 para las iglesias / 1 para la Iglesia San Pablo / 1 emérito
7. 300 maestros capacitados, incluso los egresados de nuestra escuela teológica
8. El siguiente personal de *tiempo completo*:
    a. Coordinador para M.T.P.E. (Movilización Total y Permanente de Evangelismo).

Crecimiento Previo y Proyección de Fe Iglesia Presbiteriana "SAN PABLO"

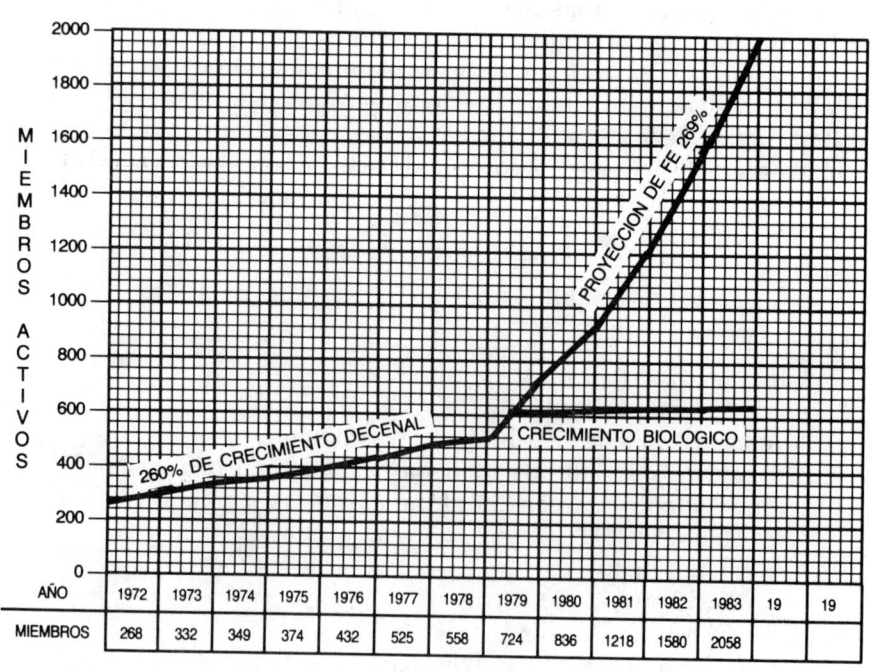

DIAGRAMA 11

Perspectiva de acuerdo con la Proyección de Fe
Iglesia Presbiteriana "SAN PABLO"

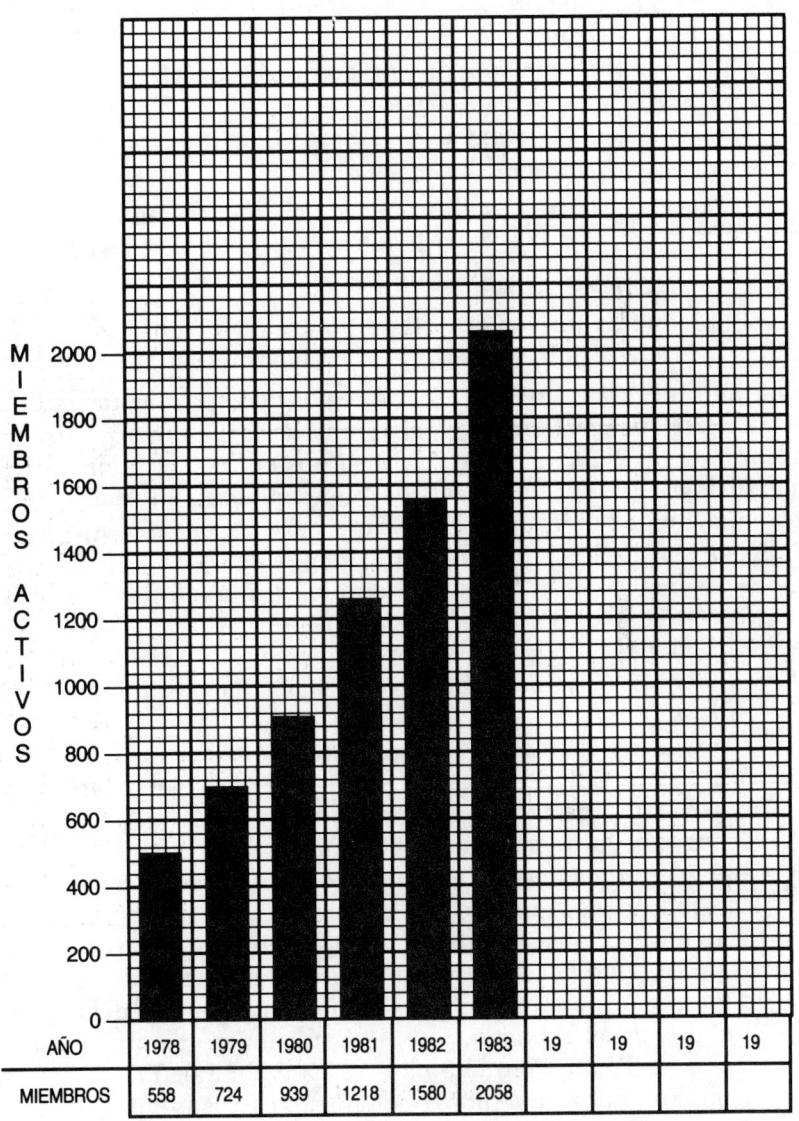

DIAGRAMA 12

b. Coordinador para Educación Cristiana.
c. Administrador.
d. Director de la Escuela Teológica.
e. Ministro de Música.
f. Director de Discipulado.
g. 5 obreros de medio tiempo o de tiempo completo para las congregaciones.
h. Grupo secretarial.
9. Iniciar la construcción de un auditorio para más de 3.000 personas.
10. Consagración del primer misionero al extranjero, y tener 3 misioneros trabajando en el país.
11. Tener 3.000 miembros. { Miembros en plena comunión / Miembros congregantes y sus niños.
12. El nombramiento de Pastor Emérito del reverendo Vidal Valencia A., retirándole el 85% de su trabajo normal.

En julio de 1984, tuvimos el privilegio (mi esposa y un servidor) de asistir al primer domingo — de una serie de cuatro — en que celebraron sus Bodas de Plata. Allí se nos entregó el informe de lo que se logró (de las metas arriba mencionadas). El lector puede seguir la numeración correspondiente para hacer la comparación. (Además se puede comparar con el diagrama 11.)

1. Se alcanzó parte. Tienen seis templos y una iglesia organizada.
2. No se alcanzó. Sólo lograron cuatro.
3. Sólo en parte. Lograron 34 misiones en vez de 50.
4. Se sobrepasó la meta. Llegaron a tener 638 estudios (cursos) bíblicos.
5. También fue más allá. Tienen 80 alumnos.
6. Se alcanzó. Cinco pastores y cinco ancianos gobernantes que fungen como pastores en las misiones.
7. Alcanzaron la meta. Tienen 306 maestros.
8. Obtenida en personal. Aunque no todos de tiempo completo de la misma manera que se había planificado.
9. No se logró el nuevo edificio. Dada las circunstancias económicas no se pudo hacer, pero con la ofrenda especial de las Bodas de Plata se espera una futura ampliación o compra del terreno.
10. Dios premió el esfuerzo. El énfasis misionero es una realidad.
11. Una meta difícil. Pero el Señor les ha dado 3.060 miembros en plena comunión, miembros congregantes y sus hijos.
12. Otra meta realizada. Al tener esta celebración, su pastor pasó a la posición de Emérito, habiéndosele retirado el 85% de su trabajo.

Vemos por estas metas logradas, (algunas parcialmente), evidencias de que se han dado pasos firmes en la dirección correcta. Está llegando a ser una iglesia grande y con la calidad de trabajo que a Dios le agrada.

Lo que se ha alcanzado, no ha sido simplemente al azar o por el carisma del pastor Valencia (aun cuando tiene mucho de esto último), sino porque al trazar los planes originales se contemplaron todos los aspectos de un ministerio total al hombre completo. Su estructura congregacional es sólida y organizada.

Una de las mejores ventajas del reverendo Vidal Valencia para seguir adelante es la de que mantiene una buena comunicación con sus ayudantes. Se reúnen con frecuencia y han tenido (y tienen) muy buenas relaciones entre ellos. Sus metas principales son: 'Que la iglesia eche raíces profundas que la hagan permanecer firme a través de los años (o de los siglos). Para esto se crea una conciencia de responsabilidad en cada nuevo convertido en cuanto a la obra evangelística, al estudio de la Palabra y a la práctica de la oración, a la vez que se le brindan oportunidades de liderazgo.'

El 20 de septiembre de 1970 se organizó el grupo de "Movilización Total y Permanente de Evangelismo". Todos los colaboradores son laicos de la iglesia. Una frase que me llamó la atención, al leer sobre este movimiento, fue: "Tal movimiento sólo terminará cuando aparezca Cristo en su segunda venida."

El pastor Valencia preparó dos cursos para discipular a todos los creyentes. Uno es el *Curso básico de doctrina bíblica*, para preparar a los nuevos convertidos para el bautismo, y otro que les enseña *Cómo ganar almas*. La utilización de estos dos estudios hace que se discipulen unos a otros.

Hay varios grupos u organizaciones que se desprenden de este movimiento. Ellos son:

En las esferas del evangelismo
1. *En el templo.* Hechos 2:46. Su objetivo es: Dar a conocer a las gentes a Jesucristo como único y suficiente Salvador a través de la proclamación desde el púlpito.
2. *En las casas.* Filemón 2. Su objetivo es: Tener hogares y misiones en los que el evangelio se predique regularmente, y se invite a gente nueva a cada culto.
3. *En las calles.* Hechos 8. Su objetivo es: Dar a conocer el evangelio y su mensaje, predicando y cantando en los

parques y calles (y actividades esporádicas en hospitales, cárceles, etc.).
4. *Por correspondencia.* 1 Juan 5:13. Su objetivo es: Dar a conocer el evangelio y alcanzar nuevas almas por medio de la correspondencia.

En ocho comisiones de apoyo
1. *Visitación.* Su objetivo es: Visitar toda clase de personas.
2. *Literatura.* Su objetivo es: Consecución y preparación de material literario evangelístico.
3. *Oración.* Su objetivo es: Impulsar a la iglesia a orar por las distintas esferas del trabajo evangelístico y por el trabajo de las comisiones.
4. *Finanzas.* Su objetivo es: Tener los fondos necesarios para que se ejecute el plan.
5. *Publicidad.* Su objetivo es: Mantener bien informada a la iglesia.
6. *Música.* Su objetivo es: Tener lista la música adecuada para todo requerimiento del plan.
7. *Promoción misionera.* Su objetivo es: Motivar a cada cristiano a evangelizar y apoyar el plan a cualquier hora y en cualquier lugar.
8. *Evangelismo infantil.* Su objetivo es: Hacer uso del plan a nivel infantil, para llevar a los niños a los pies de Jesucristo.

Cuentan también con una buena organización de educación cristiana. Los objetivos generales son: Lograr que los miembros de la Iglesia San Pablo tengan un pleno desarrollo como cristianos, al proporcionárseles:

- A. Bases sólidas a través de la enseñanza de los aspectos básicos relacionados con la fe cristiana en general y los postulados que sustenta la Iglesia Presbiteriana en particular.
- B. Conocimiento bíblico en forma graduada, así como un conocimiento histórico de la iglesia.
- C. Una serie de herramientas, por medio de materias especiales para la vida práctica del individuo (como cristiano) en los diferentes medios en que este se desenvuelve.

La función principal del departamento de educación cristiana es la de coordinar las actividades de la misma así como proveerlas. Para ello, el comité ejecutivo ha hecho *seis grandes divisiones.*
I. *Niños.*
   A. Integrar lo que tradicionalmente ha funcionado en

forma separada como Escuela Bíblica Dominical y clases de las 11:30 horas, así como la Escuela Bíblica de Vacaciones y otros horarios en que se imparte enseñanza.
  B. Impartir conocimientos sólidos a los niños para que sepan qué es lo que han creído y tengan base para enfrentarse a las diversas etapas de la vida y a las diferentes corrientes ideológicas que pretendan socavar su fe.
  C. Orientarlos, en lo posible, para que puedan resolver sus problemas y para que vivan de acuerdo a la fe.

II. *Púlpito.*
Relacionar, si ello es posible, las predicaciones y estudios desde el púlpito con la enseñanza impartida a través de las otras divisiones.

III. *Música.*
  A. Estimular a los congregantes a participar en la alabanza, desarrollando sus aptitudes musicales.
  B. Formar grupos musicales y promoverlos.
  C. Dar una enseñanza fundamental a la congregación, en el aspecto musical.
  D. Cubrir las necesidades de la iglesia en este aspecto con una Escuela de Música. Esta escuela ofrece sus clases los fines de semana.

IV. *Agencias educativas.*
Preparar al joven y al adulto en forma gradual para que lleguen a ser cristianos maduros en fe, conocimiento y práctica.

V. *Especiales.*
Promover y desarrollar actividades fuera de los locales del templo para:
  A. Involucrar a los hogares en *Educación Cristiana*, organizando en las casas actividades especiales como: charlas matrimoniales, estudios bíblicos, campañas, etc.
  B. Organizar retiros e institutos especialmente para ancianos gobernantes, diáconos y líderes para capacitarlos y motivarlos a desarrollar mejor sus funciones.
  C. Organizar campamentos en los que se desarrollen actividades que formen hábitos positivos.

VI. Organizaciones.
Establecer conciencia en las diferentes organizaciones (Esfuerzo Cristiano, Sociedad Femenil, Sociedad de Varones, etc.) de que su actividad principal no debe ser realizar un culto de una hora los domingos o cualquier otro día sino la de *servir a sus hermanos en Cristo*.[13]

¿Metas ambiciosas? ¡Sí! ¿Son estas las únicas iglesias que lo están haciendo? ¡No! Pero de estas, por razones de amistad y circunstancias hemos tenido estudios e información extensa. Algún día alguien escribirá un libro que pudiera titularse: *Los hechos de las grandes iglesias*. Eso, si el Señor no viene antes.

Otras iglesias tendrán diferentes circunstancias, estructuras y modelos. Recordemos que lo importante es que nuestra meta debe ser la de cumplir con la Gran Comisión. Nosotros podemos plantar y regar, y el Señor, como premio a nuestra fidelidad, nos dará el crecimiento para que cosechemos.

Esperamos que los modelos y estructuras de las dos iglesias aquí presentadas puedan servir de guía para otros que necesitan ayuda. Son modelos y no métodos, tómelos como tales y utilice las ideas que se adapten a su situación local.

El pastor y la congregación deben querer que la iglesia crezca y estar dispuestos a pagar el precio. Es la clave para cumplir con la Gran Comisión.

Podemos ver muchos pastores e iglesias latinoamericanas que están trabajando arduamente y Dios les está bendiciendo con fruto, más fruto, y fruto que permanece.

En la mezcla y el uso de los dones espirituales de los creyentes encontraremos la fórmula para el desarrollo de un plan de Iglecrecimiento. Dios determinó que así fuese. Podría haberlo hecho El solo o de alguna otra manera, pero nos dio la oportunidad de ser partícipes de la obra más grande del mundo para el ser humano: *la redención de la humanidad.*

NOTAS BIBLIOGRAFICAS

[1] C. Peter Wagner, *Su iglesia puede crecer* (Barcelona, Editorial CLIE, 1980), pág. 155.
[2] Ibíd., págs. 59, 60.
[3] Paul Orjala, *Get Ready To Grow* (Kansas City, Mo. Beacon Hill Press, 1978), pág. 96.
[4] Ibíd., pág. 96.

[5] Wendell M. Belew, *Churches And How They Grow* (Nashville, Broadman Press, 1971), pág. 40.
[6] Paul Orjala, op. cit., pág. 97.
[7] C. Peter Wagner, op. cit., pág. 75.
[8] Billy Graham, citado en *Señor, ¡haz de mi vida un milagro!* Ray Ortlund (Barcelona, Editorial CLIE, 1977), pág. 68.
[9] Entrevista con el Dr. y la Sra. Marco Angulo, Noviembre de 1981, en Mexicali, México.
[10] Marcelino González, *Proyecto de Trabajo Anual del Centro Evangelístico La Hermosa, 1981*, Mexicali, México, manual mimeografiado.
[11] Plan de 7 años: julio de 1977 a julio de 1984. Material de promoción mimeografiado por la Iglesia Presbiteriana San Pablo.
[12] Informe anual sobre metas alcanzadas, julio de 1984.
[13] María Miranda, *El retrato de una gran iglesia* (Pasadena, California 1978), inédito.

CAPITULO 4

ADIESTRANDO LA IGLESIA LOCAL

En 1972 presenté mi tesis de graduación para obtener el doctorado en teología. El tema de esta fue: *Un análisis de algunas instituciones de educación teológica en América Latina.* Entre las muchas cosas interesantes que creo haber descubierto, hay una que me ha preocupado muchísimo: que por una parte las 360 instituciones teológicas de América Latina gradúan — como promedio — sólo unos 1.000 alumnos por año (y no todos entran al pastorado); cuando por la otra se forman aproximadamente unas 5.000 nuevas congregaciones cada año.

> "Estimamos que hay 75.000 congregaciones [información de 1970] evangélicas en América Latina. La mayor parte de estas no están bajo el cuidado pastoral de ministros que sean graduados de instituciones teológicas. Además, al ritmo actual de crecimiento, se forman aproximadamente 5.000 nuevas congregaciones cada año. Si todos los estudiantes de las 360 instituciones de preparación teológica existentes se convirtieran en pastores después de su graduación, habría todavía un insuficiente abastecimiento de pastores, tan sólo por las nuevas congregaciones, sin decir nada de las ya existentes. Como sólo una fracción de los graduados ingresan finalmente al ministerio, hay poca esperanza de que el sistema actual provea de suficientes líderes adiestrados que satisfagan la necesidad existente."[1]

A esto podemos agregar el pensamiento y análisis de un bautista (Donald R. Kammerdiener): "El caso de las iglesias bautistas es típico del problema. En América Latina hay aproximadamente 3.000 iglesias bautistas y 5.000 anexos o misiones. Para servir a estas congregaciones hay menos de 2.300 pastores. Esto significa que la mayor parte de las congregaciones o están sin pastor o tienen que compartir al suyo con otras iglesias."[2]

¿Problemas o soluciones?

¿Cómo solucionaremos este problema? Parece una meta inalcanzable. Este dilema nos presenta otros problemas. Surgen crisis que tienen que ver con el pastor, la congregación, las instituciones teológicas y por qué no decirlo, hasta las denominaciones mismas. En un artículo aparecido en la revista *World Vision* en 1969, Pedro Wagner escribió sobre las cuatro crisis que los protestantes evangélicos enfrentaban respecto a la educación teológica en América Latina:

"1. La crisis del adiestramiento a un alto nivel.
2. La crisis de la formulación teológica.
3. La crisis del problema de la 'ordenación ministerial'.
4. La crisis de las asociaciones internacionales de acreditación."[3]

Sin ir más lejos, estas últimas semanas he estado asesorando a dos denominaciones históricas que no saben qué hacer en cuanto a conferir credenciales ministeriales a sus pastores latinoamericanos que ahora ejercen el pastorado en los Estados Unidos. Los requisitos exigidos en Norteamérica no podrían ser alcanzados por ellos a menos que dedicaran muchos años al estudio. ¿Se les debe exigir a estos que lo hagan? ¿Qué sucedería si no lo hicieran? ¿Se molestarán los que tienen más estudios? ¿Cuáles son los requisitos de Dios para ser ordenado o para ministrar sin haberlo sido aún?

El doctor Donald McGavran escribió:

> "En muchos de los campos misioneros del mundo existe una demanda por tres clases de niveles de liderazgo: (1) líderes bien instruidos para las zonas en que los requisitos culturales y económicos sean elevados; (2) pastores a quienes su forma de vivir y educación los califica para trabajar con las masas; (3) laicos que sin percibir salario proporcionen un liderazgo vital en el programa de extensión de la iglesia local. Estas tres clases de líderes deben ser competentes en los campos de la cosecha."[4]

Todo esto debe hacernos pensar que si hemos de alcanzar la meta de la Gran Comisión, tendremos que buscar soluciones a este problema. Creemos que las instituciones teológicas han hecho todo lo que han podido para preparar a líderes que algunos llaman "profesionales" o "clericales". Pero es evidente que por mucha preparación y buenos deseos que estos puedan tener, no alcanzarán a completar la tarea. Estamos muy lejos de poder hacerlo. Debemos descubrir otras alternativas para poder suplir los que han de ocupar un púlpito. Este será el precio que habrá que pagar en aras del Iglecrecimiento. Trabajemos buscando solucionar este problema.

Cinco clases de líderes

El doctor McGavran en su libro *How To Grow a Church* (Cómo hacer que una iglesia crezca),[5] nos legó uno de los principios más claros de cómo la iglesia deberá trabajar para hacer la voluntad de Dios. Estas definiciones han sido presentadas y usadas — y lo seguirán siendo — por muchos alrededor del mundo. Son pocos los libros sobre el Iglecrecimiento que no planteen este postulado. Lástima que tan pocos de esos libros hayan sido vertidos al español. Con todo, estamos progresando al respecto (ver bibliografía general).

Estas cinco clases de líderes que la iglesia necesita se presentan desde un aspecto denominacional. Como veremos luego, la iglesia local no tendrá necesidad de líderes u obreros de clase 5, ya que ellos saldrán de las propias iglesias locales.

A. Clase 1

Estos son líderes no pagados cuyo trabajo se realiza dentro de la iglesia local ya existente. Aquí están incluidos la mayoría de los creyentes activos: maestros de Escuela Dominical, ancianos, diáconos, miembros del coro, ujieres, los que decoran la iglesia, los que visitan a los enfermos, etc.

La razón del esfuerzo y participación de este ejército de creyentes es que aman al Señor y a la familia de Dios aquí en la tierra. Podríamos decir que llevan a cabo un ministerio de ayuda de todos para todos. Al mismo tiempo, descubren, desarrollan y usan sus dones espirituales. Las iglesias no podrían subsistir sin tales líderes. Son esenciales a la vida de la iglesia.

B. Clase 2

Estos son líderes voluntarios que trabajan fuera de la iglesia. Trabajan arduamente para alcanzar a otros que necesitan a Cristo en la comunidad. Se los ve ir de dos en dos haciendo visitas, invitando a personas a asistir a un estudio bíblico, o haciendo un sinnúmero de cosas para guiar a otras personas al conocimiento de Cristo.

Nadie les paga; al contrario, gastan de su dinero en muchos casos. Visitan los hospitales y las cárceles. Poseen también dones especiales que usan de esta manera. Muchas veces ni se sabe lo que hacen ya que trabajan en silencio. Generalmente, hallamos que no sólo trabajan como obreros de clase 2 sino que también lo hacen como si fueran de clase 1, trayendo nuevas personas al seno de la iglesia.

Lamentablemente, el número es generalmente mucho menor que los de la clase 1. Ambas clases no son suficientes para dar abasto en una tarea como la que demanda el Señor.

C. Clase 3

Estos son los obreros que se dedican a trabajar fuera de la iglesia. En otras palabras, son los líderes de iglesias pequeñas. Tal vez cinco o seis familias que se reúnen regularmente. Tal vez sean remunerados financieramente, tal vez no. A veces es una ayuda parcial. Dirigen grupos pequeños de creyentes hasta que se organizan como misión y luego como iglesia. Quizá permanezcan como pastores de esas congregaciones — después de organizadas —, quizá no.

En algunos casos se les reconoce con determinado título: obrero, pastor local, anciano, etc., aunque generalmente no son ordenados como "clérigos". No son graduados de ningún seminario o instituto bíblico, pero generalmente han tomado algunos cursos que les capacitan para el trabajo que desempeñan. Su labor se desarrollará mayormente basada en los dones espirituales que ellos posean.

También estos líderes surgen de la misma cultura de la gente a quienes van a servir, y en la mayoría de los casos han surgido del mismo grupo de la iglesia que los enviará. La edad no tiene importancia y pueden ser personas jóvenes o adultas. Depende más de a qué edad conocieron a Cristo como su Salvador y cuán rápido se han desarrollado dentro de la iglesia y cuánta experiencia han tenido dentro de las clases 1 ó 2. Dependerá también de la actitud y planificación de los pastores que hayan tenido como líderes, y en qué medida estos practicaron el "perfeccionamiento de los santos" y el usar a las personas de acuerdo a sus dones espirituales.

D. Clase 4

Estos son los líderes "profesionales", a sueldo, de congregaciones numerosas o de las que por lo menos en alguna forma pueden sostener a un pastor de tiempo completo. El trabajo de ellos generalmente es para adentro. Los miembros esperan que él lo haga todo. "Para eso le pagamos", dicen.

A los de esta clase no sólo se les pide que pongan en funcionamiento sus dones sino que también parecería que tienen que cumplir las funciones de todos los demás, ya que nadie quiere hacer nada. En todo caso, si se cuenta con suficiente dinero, se emplea a otros pastores, y así ellos harán el trabajo.

Tanto en América Latina como en otros lugares del mundo encontramos que hay un sentido de competencia entre las iglesias para obtener los servicios de los que estén mejor preparados y que den su tiempo completo. De otro modo puede ser un desprestigio. Esto ha sido punto de conflicto en lugares donde la membresía de la iglesia es de la clase trabajadora y tal vez no puede pagar mejor que otras.

Los seminarios parecen dedicados a preparar obreros de esta clase. Hacen falta, pero se ven confrontados con la realidad de que no están preparados o capacitados para "equipar a los santos" — sobre todo de la clase 3 — y a la vez temen la competencia, no en la educación pero sí en la práctica y en el éxito.

Puedo tener toda la experiencia académica teológica requerida, pero si no estoy trabajando y llevando adelante mi ministerio de acuerdo al modelo bíblico, estoy fracasando. Si no logro la reproducción de otros que puedan a su vez realizar la tarea pastoral (si no tengo mis Timoteos) no estoy practicando lo que enseño y predico.

E. Clase 5

En este grupo encontramos por lo general a los líderes denominacionales, o líderes distritales. Supervisores, obispos, profesores de seminarios, personas que viajan (ya sea dando conferencias, o representando a sus iglesias en asuntos nacionales o internacionales).

En realidad, todas estas categorías son necesarias para el funcionamiento de una denominación. Lo importante es la relación proporcional que exista entre ellas.

Por supuesto, queremos concentrarnos en la iglesia local, así que nuestro interés está en las clases 1, 2 y 3. En la mayoría de las iglesias la clase 4, o sea, el pastor a sueldo, pueda ser que esté o no; la diferencia es que la iglesia puede funcionar con él o sin él. Todo depende de las clases 1, 2, y 3 y su preparación.

No estoy abogando para que las iglesias dejen de tener pastores bien preparados. ¡No! Creo que lo importante es que los que hemos tenido una educación formal la utilicemos para ayudar a otros y no para limitar el servicio de ellos.

En mi ministerio (y esto lo aprendí cuando tuve mi propio negocio de ventas de artículos del hogar) siempre busco la oportunidad de hacerme relevar. En otras palabras, cuando hay alguien que pueda realizar lo que yo estoy haciendo, ya es hora de que deje a esa persona y me ocupe en otra tarea que otros no pueden hacer. Esto permitirá que mi trabajo sea más fructífero y que otros usen sus dones espirituales.

Veamos en una forma gráfica lo que esta clasificación representaría comparándola con tres iglesias o denominaciones. Sólo que aquí hemos agregado una columna más, pero no es que sea otra clase de obreros. Al contrario, representan a la parte de la congregación que no hace nada, en Iglecrecimiento los llamamos "consumidores". Podríamos darles otros nombres, pero este es el más indicativo sin que nadie se ofenda. Sí, consumen, pero no hacen nada. Ni por ellos

VIDA EN EL CUERPO Y EL IGLECRECIMIENTO

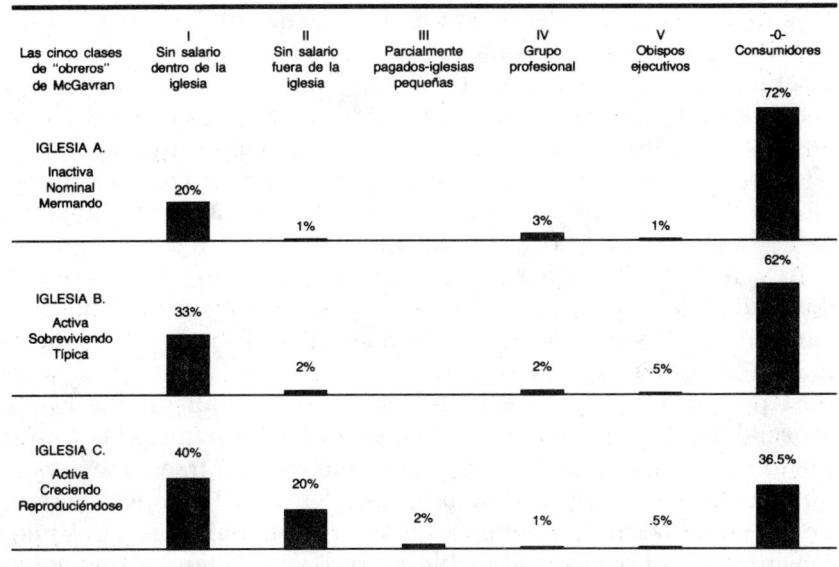

DIAGRAMA 13

ni por otros. Asisten a la iglesia, por lo regular a un solo servicio, tal vez sean miembros, pero su actitud no cambia.

Cuando miramos a la proporción de líderes, encontramos que en la iglesia "A", tenemos un gran número de líderes de clase 1, no hay nadie de clase 2 y menos de clase 3. Esto es lo que vemos en una iglesia inactiva, nominal, en merma. Esto hace que sea necesario tener personal de las clases 4 y 5 para que hagan el trabajo de mantenencia. En este grupo de iglesias tenemos, obviamente, una abundancia de "consumidores" que explica en parte el panorama general de esa iglesia.

En la iglesia "B", la situación es algo diferente. Es una iglesia que al menos está sobreviviendo, es típica de la mayoría y tiene cierta actividad; que al menos ha reducido el número de "consumidores". Un pequeño porcentaje de la iglesia está trabajando fuera y trayendo a algunos al seno de la iglesia. Esto ha hecho que a su vez la clase 1 aumente y se vuelva aun más activa.

Miremos ahora la iglesia "C", que podría ser un modelo que puede y debe mejorarse (y esperamos que así lo sea). Esta es una iglesia que crece. Más creyentes están activos en la clase 1. Muchos más están ocupados saliendo de la iglesia y finalmente encontramos un porcentaje que al aumentar reduce las clases 4 y 5, permitiendo un desarrollo de los creyentes en la obra del ministerio. Y tal vez lo más sorprendente es que nuestro grupo de "consumidores" ha comenzado a disminuir para pasar a ingresar a las filas de los "distribuidores", o en términos más evangélicos: "discípulos que están haciendo discípulos"; que están cumpliendo la Gran Comisión.

Evidentemente, existe una relación entre el crecimiento y el porcentaje de líderes de las clases 2 y 3. El doctor Eduardo Murphy cita al doctor Donald McGavran sobre este tema: "Una denominación que crece tendrá muchos líderes de la clase 3. Por cada iglesia de 150 miembros habrá 10 iglesias más pequeñas con una membresía entre 30 y 50 personas. Donde esto ocurre, se descubre una denominación creciente."[6] El mismo agrega, "La iglesia 'A' no logra cumplir su misión. La iglesia 'C' avanza en la realización de su misión".[7]

El pastor, si se quiere "profesional", tiene aquí un ministerio especial, más interesante, productivo y emocionante que lo que pueda haber realizado hasta ese momento. Su trabajo desde el púlpito y fuera de este es el de preparar ("equipar") líderes y obreros de clases 1, 2 y 3 y, por ende, reducir los "consumidores". Debemos fomentar un promedio saludable entre las tres clases. Algunos se irán graduando de una clase a la otra y otros estarán activos en más de una a la vez. "Perfeccionando ["equipando"] a los santos para la obra del ministerio" (Efesios 4:12).

Se habrán de efectuar ciertos cambios y se tendrá que hacer una reorganización de la iglesia local misma. En vez de un comité nominativo necesitaremos un comité selectivo. Este tendrá a su cargo el seleccionar y preparar a los creyentes, según sus dones espirituales, para que lleven a cabo la obra que Dios les ha capacitado a realizar dentro del cuerpo de Cristo (la iglesia).

La pregunta que ha surgido siempre es: ¿cómo hacerlo? Trataremos ahora de sugerir principios que nos ayuden en la tarea. Como hemos dicho en relación a otros principios: será necesario adaptarlos, ajustarlos, etc., de acuerdo a las circunstancias y recursos particulares y locales. Pero por algo tenemos que comenzar.

Sí, tenemos un desafío tremendo. Muchos tal vez critiquen el hecho de que tantos pastores no tengan una preparación adecuada. Necesitamos buscar soluciones, y las críticas no solucionan nada. Vayamos a lo concreto, es un problema mundial. "Si — como dice el doctor Ralph Winter — existen en América Latina unas 60.000 iglesias con líderes de preparación inadecuada, quiere decir que en el mundo tenemos 250.000 de tales iglesias."[8] El mismo escritor nos sacude con el desafío presentado para el futuro. "El problema de la crisis del liderazgo, que ya es muy seria, llegará a ser más crítica a medida que las iglesias comiencen a extenderse y crecer. Las iglesias de las Filipinas han establecido una meta de 50.000 nuevas congregaciones para el año 2000 (ahora hay 10.000). Clifton Holland sugiere una meta para Centroamérica de 1 iglesia por cada 1.000 habitantes."[9]

La solución es muy sencilla. ¿Cómo no se nos ocurrió antes? No plantemos más iglesias, no hagamos más discípulos, esto lo solucionaría todo. Hasta podríamos cerrar las que no tienen un liderazgo capacitado. Pero... ¿es esto lo que el Señor desea? ¿Es esto lo que nos ordena hacer la Gran Comisión? No creo que haga falta contestar estas preguntas. Usted y yo sabemos las respuestas. Tal vez nuestro problema sea que no hemos podido proveer la cantidad y calidad de obreros necesarios. Para llegar a tener obreros de las clases 1, 2 y 3 es necesario que nos ocupemos en prepararlos. También tendremos que utilizar todo lo que tenemos a mano para capacitar a los líderes laicos. Estos podrán realizar la tarea que nosotros (los "profesionales") no hemos podido llevar a cabo debido a que la demanda ha sido mayor que la oferta.

Adiestrando según el modelo de Cristo

A pesar de que los relatos en los cuatro evangelios son demasiado breves, podemos ver que el Señor Jesucristo elaboró y puso en práctica un sistema de capacitación mientras estuvo aquí en la tierra.

En primer lugar, El encontró personas a quienes ministrar. Dice la Escritura en Juan 1:43: "Halló a Felipe, y le dijo: Sígueme." El estaba siempre en disposición de buscar y encontrar a los que El pudiese servir. En segundo lugar, hubo otros a los que tuvo que desanimar a que lo siguieran, ya que no podían cumplir con los requisitos del trabajo que tendrían que realizar en el futuro (Lucas 9:57-62).

El Señor Jesucristo "equipó" a algunos manifestándoles su amor para que pudieran servir a los demás (Juan 13:1); a otros, enseñándolos (Mateo 5:2); orando por ellos (Lucas 22:39); y capacitándolos por medio del trabajo (Mateo 10:5 y Lucas 10:1). Nunca cejó en su empeño de capacitar a otros para que ministraran.

La misión de los doce y de los setenta nos dan ideas muy importantes. Mateo 10:5 dice: "A estos doce envió Jesús, y les dio instrucciones." Lucas escribe: "Después el Señor designó a otros setenta a quienes envió de dos en dos delante de El." Aquí los envió a hacer un ministerio por cuenta de ellos, luego El iría detrás.

Podemos observar junto con el doctor Bob Munger, cinco factores relacionados con la manera en que el Señor Jesús capacitó a los doce.

Factores que pueden darnos ideas de cómo capacitar discípulos hoy.
1. Jesucristo *confió* las responsabilidades más grandes a personas que no eran profesionales.
2. Jesucristo *enseñó* cuidadosamente a sus discípulos.
3. Jesucristo *adiestró* a sus discípulos.
   a. Habiendo enseñado cuidadosamente la substancia de la Palabra a Israel, les mostró la manera de hacerla conocer.
   b. Jesucristo reconoció la necesidad de una experiencia de laboratorio para adiestrar a los doce.
   c. Jesucristo sirvió como modelo en la conducta y actitudes que El deseaba desarrollar en ellos.
4. Jesucristo les dedicó gran parte de su tiempo.
5. Jesucristo les dio el don del Espíritu Santo.[10]

Podríamos decir que el Señor Jesucristo tuvo un instituto bíblico ambulante, sin notas mimeografiadas ni biblioteca de consulta. Recordemos que ambas cosas pertenecen más a nuestro sistema de vida que al de aquella época. Por lo tanto sus recursos eran diferentes, pero podemos aplicarlo en lo personal. Tal vez *Enseñanza teológica por extensión* se parezca más. Ya hablaremos de esto más adelante.

Un excelente libro es: "El plan supremo de la evangelización", por Robert E. Coleman. He aquí un bosquejo de sus capítulos que nos ayudarán a captar algunas ideas más de cómo Jesucristo adiestró a los suyos.

1. Selección:	Su método eran hombres	"Escogió a doce de ellos" (Lucas 6:13).
2. Asociación:	El se quedó con ellos	"Yo estoy con vosotros siempre" (Mateo 28:20).
3. Consagración:	El exigió obediencia	"Llevad mi yugo sobre vosotros" (Mateo 11:29).
4. Dádiva:	Se dio a sí mismo	"Recibid el Espíritu Santo" (Juan 20:22).
5. Demostración:	Les dijo cómo vivir	"Ejemplo os he dado" (Juan 13:15).
6. Delegación:	Les asignó las tareas	"Os haré pescadores de hombres" (Mateo 4:19).
7. Supervisión:	Los controlaba	"¿No entendéis ni comprendéis?" (Marcos 8:17).
8. Reproducción:	Esperaba que se reprodujeran.	"Id y llevad frutos" (Juan 15:16).[11]

Tenemos muchas lecciones que aprender de cómo los doce fueron adiestrados. El estudio nos permitirá ver la forma en que esos modelos se aplican a nuestra propia vida para adiestrar a otros; ya se trate de uno sólo o de doce.

Adiestrando según el modelo de Pablo

El apóstol no sólo escribió al respecto sino que él mismo practicó un ministerio de "equipar" a los creyentes. Siempre estuvo acompañado por los que después podrían hacer el trabajo por su cuenta. En Listra, encontró a Timoteo y lo invitó a que lo acompañara (Hechos 16:3). Luego también "le acompañaron hasta Asia, Sópater de Berea, Aristarco y Segundo de Tesalónica, Gayo de Derbe, y Timoteo; y de Asia, Tíquico y Trófimo".

Podríamos decir que aquí había una pequeña congregación que acompañaba a Pablo mientras viajaba. En este grupo también estaba incluido Lucas, según se infiere de la Escritura. Se agregaron luego al mismo Crescente y Demas. Este último abandonó a Pablo "amando las cosas del mundo" (2 Timoteo 4:10). Pablo no pudo retener a todos sus discípulos y sin duda este hecho lo entristecía. Marcos (quien había ido con él en su primer viaje) también lo abandonó por otros motivos que Demas, pero con el tiempo regresó a su maestro (2 Timoteo 4:11).

A medida que Pablo viajaba y predicaba los iba "perfeccionando" o "equipando" para la obra del ministerio. Aprendían mientras viajaban. Después los enviaba al (o dejaba en el) lugar donde servirían. Sus palabras a Timoteo nos dan evidencias de que él preparaba estos líderes en un seminario práctico "sobre la marcha".

¿Estoy yo acaso promoviendo un nuevo tipo de instrucción? ¡No! Es pues necesario que estemos alerta a las posibilidades y al potencial. La evidencia nos muestra que se debe adiestrar a muchas personas más y no sólo a las que habrán de dedicarse de tiempo completo al ministerio.

Podemos promover seminarios porque nos hemos graduado de un seminario. Pablo promovía el "equipar" a los discípulos porque él mismo tuvo en Bernabé a uno que lo discipulara y "equipara" a la hora en que dio sus primeros pasos, llegando incluso al punto de defenderlo cuando los demás discípulos desconfiaban de él por cuanto había perseguido a la iglesia.

La iglesia de Tesalónica es un ejemplo. El sistema de Pablo era predicar unos meses y luego seguir viaje. No era que los creyentes ya no tuvieran necesidad de instrucción, sino que ya eran capaces de crecer y desarrollarse por sí solos. El predicó en Listra durante seis meses y estuvo ausente de esa región dieciocho meses. Luego estuvo con ellos por un mes o dos por última vez (después de tres años de ausencia). Sin embargo, cuando les escribe dice: "A la iglesia de los

Tesalonicenses" (1 Tesalonicenses 1:1), y los pone al mismo nivel de "las iglesias en Judea" (1 Tesalonicenses 2:14).

¿Cómo pudo el apóstol Pablo adiestrar a sus convertidos y dejarlos solos después de tan poco tiempo? ¿Qué enseñaba el apóstol Pablo? ¿Cuál era su curso de estudio? ¿Cómo eran estas personas ordenadas al ministerio sólo después de haberse convertido de los ídolos? William Hendriksen nos dice que las cartas a los Tesalonicenses "son una guía indispensable para estudiar a Pablo como hombre y también constituyen un capítulo de un 'Manual para misioneros' ".[12] y William Neil dice: ". . .no hay mejor libro que estas epístolas para comprender la personalidad y métodos de Pablo."[13] Sugerimos al lector que desee explorar más respecto a los métodos de Pablo, que haga un estudio profundo de estas dos epístolas.

Consideraciones bíblicas sobre el ministerio del laico

La verdad es que no tenemos en el Nuevo Testamento una palabra que corresponda a nuestras palabras "clero" y "laico". En la "Enciclopedia de la lengua castellana" dice *Lego*: "Que no tiene órdenes sagradas."[14] Asimismo, el "Diccionario de sinónimos"[15] nos dice:

"Lego" y "laico":   sinónimos
"Lego" y "clérigo":
"Laico" y "clérigo":   antónimos

Aunque el término (clérigo) no se acepta muchas veces como refiriéndose a la función del ministerio, sin embargo, ha llegado a ser comúnmente usado de esta manera. Creo que podemos dejar el conflicto de terminología para ver el uso bíblico.

La palabra griega *laós* de la que obtenemos la transliteración "laicos" ha sido utilizada en una de tres maneras: ya (1) como gente en general, (2) el pueblo de Dios (Israel) o (3) para describir la iglesia en general. No hay mención de sacerdotes cristianos a menos que sea en relación al sacerdocio del creyente con Cristo, quien es el Sumo Sacerdote.

La otra palabra griega: *kleros* (de la cual viene la palabra "clero"), nunca estuvo identificada con un oficio en la iglesia. Lamentablemente hoy usamos erróneamente la palabra "laico" como una persona inexperta o incapaz en cuestiones eclesiásticas o como opuesto a "clérigo" que es el experto.

La universalidad del ministerio tal como lo expresa la Biblia es evidente en los dones del Espíritu que son dados a cada miembro de la iglesia para el ministerio (1 Corintios 12:7). Cada uno contribuye con su don al trabajo total de la iglesia.

Adiestrando la iglesia local 89

El movimiento cristiano es un movimiento laico. El mismo Señor Jesús —podemos decir— era un laico. No tuvo una herencia sacerdotal que lo calificase. No pertenecía a la tribu sacerdotal de Leví. La iglesia en sus comienzos fue guiada por laicos. En general, el pastorado del rebaño y la extensión del evangelio fue llevado adelante por personas que no eran profesionales; hombres y mujeres ocupados en trabajos seculares.

No existía ninguna diferencia en la meta del ministerio entre creyente y creyente. Había una meta común: sembrar las Buenas Nuevas. Todo creyente tenía la misma responsabilidad. La iglesia es un equipo de obreros dirigidos por Cristo (quien es la cabeza de esta). Alguien ha dicho algo así: "La única diferencia entre un laico y un ministro es la actividad profesional. No hay ninguna diferencia esencial entre estas dos personas. El laico podrá *hacer* menos, pero no debe *ser* menos."

Lamentablemente, "los laicos" en algún punto de la historia que es difícil señalar comenzaron a emplear clérigos que hiciesen el trabajo de ellos. Gracias a Dios, hoy el "poder laico" está creciendo dentro y fuera de la iglesia. Un laicado disciplinado y cristianamente dedicado constituye uno de los más grandes recursos de la iglesia. Por supuesto, debemos tener cuidado de que laicos cristianos indisciplinados no arruinen la iglesia. Los cristianos deben ser motivados a alcanzar unidad en sus propósitos. La iglesia llega a ser nuevamente una asamblea del "pueblo de Dios" y no de "clérigos y laicos". Al ser esto una realidad veremos la iglesia crecer.

Es evidente que tenemos que reconocer el lugar del laico en la iglesia. Cuando alguien acepta a Cristo como su Salvador, pasa a ser una parte inseparable de la Iglesia viviente de Cristo Jesús. Se convierte en un hijo de Dios. Se espera que realice una labor y nadie lo puede substituir. El Espíritu le da el poder para realizarla. La Iglesia de Cristo está compuesta de individuos como ellos. El testimonio de un laico es más eficaz que el de un ministro. La gente piensa acerca del pastor como de un profesional a quien se le paga. El testimonio del laico es voluntario. Mientras que un pastor tiene más oportunidad de estudiar las enseñanzas de la Biblia, el laico tiene más oportunidades de compartirlas.

Todo creyente tiene la responsabilidad de proclamar las Buenas Nuevas a los inconversos, ayudarlos a recibir a Cristo como su Salvador y Señor, e incorporarlos a la comunión de la iglesia local. Este trabajo no es monopolio de los pastores. Es trabajo de cada miembro de la iglesia. El apóstol Pablo reconoció su propio ministerio e importancia, pero nunca menoscabó el servicio de otros. El apóstol Pedro dijo: "Mas vosotros sois linaje escogido, real sacerdocio, nación santa, pueblo adquirido por Dios" (2 Pedro 2:9, 10).

Como vimos anteriormente, el Señor no se contentó con adiestrar a los doce. Al poco tiempo comenzó a adiestrar y envió a setenta más, que evidentemente aprendieron bien la lección: "Volvieron con gozo diciendo: 'Señor, aun los demonios se nos sujetan en tu nombre' " (Lucas 10:7). Eran hombres sencillos y simples que evangelizaban los pueblos.

Hoy Cristo está llamando a los laicos de la iglesia a predicar el evangelio. Por mucho tiempo los laicos han estado esperando que los "pastores" los llamen y les den una comisión especial. Generalmente, los pastores son considerados profesionales y los laicos *amateurs*. Los *amateurs* le dejan el campo libre a los profesionales. Pero hay un solo ministerio, y una sola misión y un solo Señor. Tanto los pastores como los laicos están ocupados en la misma tarea. Son colaboradores. El tiempo ha llegado — e Iglecrecimiento lo está enfatizando — en que el pastor y el laico deben trabajar juntos. Si un pastor sigue el ejemplo de Jesucristo, pasa a ser siervo de los demás. Si un laico sigue el ejemplo de Jesucristo, pasa a ser un esclavo de Jesucristo, y un siervo de los otros.

El primer mártir cristiano fue un "laico", un "diácono" (Esteban) "lleno de gracia y poder". Su testimonio sembró la semilla en el corazón de Pablo. Dios puso la salvación a nuestro alcance no para hacernos "pastores" o "laicos" sino para hacernos sus discípulos, siervos de Jesucristo.

La dádiva del Señor a su Iglesia es la de cristianos investidos con poder para servirle. Apóstoles, profetas, evangelistas, pastores y maestros, simples creyentes, fuimos todos llamados para "la obra del ministerio" (Efesios 4:12). La iglesia total es llamada para servir al Señor y servirse unos a otros. Somos el pueblo de Dios.

La base del evangelismo es la Biblia. El corazón del evangelismo es Jesucristo (Hechos 11:20). El poder del evangelismo es el Espíritu Santo (Hechos 1:8). El resultado del evangelismo es el crecimiento de la Iglesia (Hechos 11:21). Los heraldos del evangelismo son los laicos (Hechos 8:35).

El movimiento de Iglecrecimiento reconoce este proceso. Reconoce la necesidad de adiestrar a los laicos de forma que estén equipados para la obra del ministerio. Los laicos deben estar bien preparados. Tenemos que dar prioridad a este adiestramiento. Cada laico tendrá que saber cómo guiar un alma a Cristo y guiarle a la iglesia donde pueda madurar y ser dicipulada. Debe saber cómo organizar clases bíblicas y reuniones en los hogares, cómo plantar y organizar iglesias. ¿Podrán todos hacer esto? ¡No!, pero con los

Adiestrando la iglesia local 91

dones que Dios les ha dado podrán colaborar en el proceso. Los laicos pueden ser adiestrados por pastores o por otros laicos. Los pastores no podrán hacerlo solos. Evidentemente, esto sucedió en la iglesia primitiva; debe suceder hoy también. Lo importante es que la iglesia local sea el centro de todas estas actividades.

El doctor Fred Holland en su libro: *Discipling Disciplers* (Discipulando a los discipuladores) dice: "Una persona selecta (élite) sagradamente ordenada, no es apartada para hacer el trabajo del ministerio; sino que es ese clero el que debe equipar al *cuerpo* para ministrar... El propósito de la educación teológica es producir líderes, personas que muestren y emprendan el camino."[16] Luego nos presenta el siguiente diagrama y modelo, enfatizando la necesidad de que todo el cuerpo de creyentes participe en el ministerio.

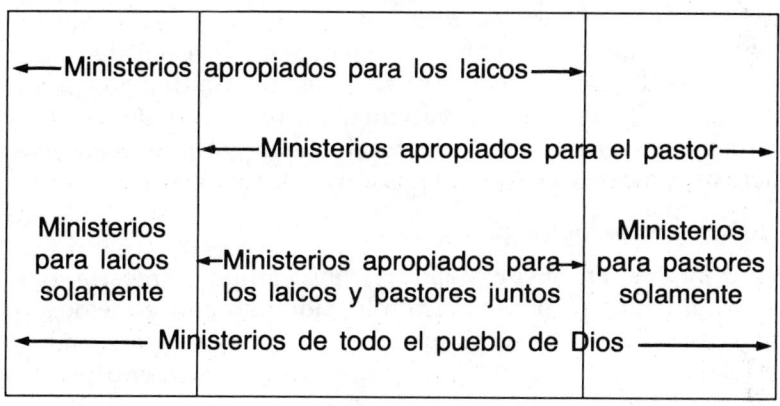

DIAGRAMA 14

¿Cómo lo haremos, aun después de que sepamos quién debe hacerlo? Vamos a tratar de analizar algunos recursos antiguos y algunos nuevos que podrían ayudarnos a cumplir la tarea tal como el Señor desea que la realicemos.

A. Instituciones teológicas

Necesitamos adiestrar a los laicos, tenemos que hacerlo pronto y de acuerdo a los modelos que nos han sido dados en el Nuevo Testamento. Tengamos en mente que hasta el presente el adiestramiento, tanto de pastores como de laicos ha estado en manos de seminarios, escuelas e institutos bíblicos. La situación presente requiere que hagamos todos los cambios que sean necesarios para que logremos alcanzar la meta de la Gran Comisión en el menor tiempo posible.

Estas instituciones son ya parte permanente de los programas misioneros y sin duda que permanecerán así. Las necesitamos para preparar lo que podríamos llamar líderes de alto nivel (o si lo prefieren: "pastores profesionales").

En la gran cantidad de instituciones teológicas tenemos la maquinaria, los recursos y el potencial para desarrollar un programa que se adapte a las necesidades de la iglesia local. En el pasado, los seminarios han sido la "cúspide" y su nivel de enseñanza ha estado muy por encima del nivel del laico que necesita preparación para desempeñar su ministerio.

No estoy proponiendo la eliminación de estas instituciones. Las amo. Son lo que llamaría "mi primer amor". He enseñado en varios y fui director de un seminario por muchos años. Sólo propongo que revisemos nuestros programas de estudio para que estos sirvan para "equipar" mejor al pastor para que él a su vez "equipe" a otros; y que se ofrezcan cursos, asesoramiento, y recursos que estén al alcance de los que nunca podrán dedicarse al ministerio de tiempo completo. Necesitamos flexibilidad y creatividad. Las cosas pueden ser hechas mucho mejor. "Necesitamos cientos de líderes y las escuelas bíblicas deben prepararse para producirlos."[17]

B. Educación teológica por extensión

Con puntos en favor y puntos en contra, parecería que la educación teológica por extensión ha sido uno de los métodos más recientes para ayudar especialmente al predicador laico y también al que luego ingresará en un seminario. El adiestramiento puede ser dado al mismo tiempo que se practica y usa lo aprendido. Existe abundante material sobre el tema, y gran cantidad de manuales para llevar a cabo la enseñanza.

Este sistema no debe competir sino complementar a los seminarios de alumnado interno. Muchos ya han tenido éxito al utilizar el sistema de extensión, logrando proporcionar estudios a alumnos tanto de la ciudad como del campo. Además, es una gran oportunidad para preparar a los laicos que por razones de trabajo, familia o distancia no podrían asistir a un seminario. Alcanza a satisfacer las necesidades de la iglesia local dentro de sus propias cuatro paredes. El alumno no va al seminario, el seminario va al alumno. Es mucho más económico pues adiestra al alumno a la par que este realiza el trabajo.

Necesitamos aprender de las experiencias del pasado para que este programa sea lo que deseamos que sea. Debemos considerar que este es un programa serio que requiere dedicación y seriedad. No debemos caer en los errores del pasado sino aprender de ellos para mejorar.

El movimiento de Iglecrecimiento está animando a los líderes de la educación teológica por extensión a que realicen el trabajo para el que este sistema educativo fue concebido: la preparación de buenos líderes, predicadores, maestros de la Palabra, etc. que puedan ayudar al cumplimiento de una comisión que no será alcanzada por el "profesional" únicamente. No debe ser considerado como un programa de educación cristiana sino como un programa teológico. No todos los miembros de la iglesia local, o los que pueden venir porque tienen tiempo, deben participar; sólo deben hacerlo quienes hayan recibido dones espirituales para llevar adelante la obra de Dios.

Si se estructura bien el programa de estudios, producirá el tipo de líderes que requiere el plan de Dios. Hoy tenemos muchas opciones para tener un buen programa. En las diferentes circunstancias donde este sistema sea utilizado habrá requisitos o limitaciones que deben considerarse. Seamos tan "pragmáticos" en cuanto a esto como lo somos en los programas de alumnado interno.

C. El ministro que adiestra a la vez que discipula

He deseado presentar esta alternativa por una razón muy simple. Encuentro en mis viajes por toda América Latina a muchos colegas que no están satisfechos con las instituciones teológicas existentes. No lo están tampoco con la educación teológica por extensión y, por lo tanto, no hacen nada. Ante tales sentimientos les recomiendo que comiencen su propio plan de discipulado. No quiere decir que cada uno de ellos vuelva a inventar la rueda; no hay necesidad de esto. De tal modo todo lo que lograrían sería una infinidad de pequeñas instituciones idénticas a las antes mencionadas con las que no habían estado de acuerdo.

Lo que recomiendo es que, dado el caso de que no estén satisfechos con ninguno de los modelos anteriores, igualmente puedan reproducirse al discipular a otros por medio de su propio programa. Que como el Señor Jesús y como Pablo, tengamos nuestros seguidores a quienes preparemos para hacer el trabajo de expansión y extensión. Que los preparemos basándonos en nuestra enseñanza y ejemplo. En grupos pequeños o individualmente. Con un plan estructurado y con dirección fija. Aunque aparentemente sea lo más fácil y seguro, nos sorprenderá las complicaciones que esto pueda tener.

En primer lugar, este pequeño grupo de preparación de laicos cambiará nuestras prioridades. Tendremos que dedicarles más de nuestro tiempo. Segundo, tendremos que compartir nuestro ministerio, pues a medida que vayan aprendiendo, tendrá que llevárseles en las visitas que se hagan. También tendrá que pedírseles que dirijan estudios bíblicos, tanto en hogares como en la iglesia. Vendrán a ser lo que alguien ha llamado "los pastorcitos" (en el buen sentido de la palabra). Tercero, tendrá que depositarse confianza en el Espíritu Santo para que El guíe a esta gente. Tomarán más y más responsabilidad; usted tendrá que delegarla y confiar en el resultado final. Cuarto, tendrá que remover el velo, y lo que antes solo usted estaba facultado para hacer, tendrá que permitir que ellos lo hagan. Los pequeños "secretos del oficio" tendrán que compartirse. Usted llegará a ser transparente con sus laicos. Pero como resultado tendrá un grupo que colabora y se preocupa por usted. Quinto, le hará a usted flexible en su horario. Su ministerio tendrá prioridades distintas, tanto en las responsabilidades como en la recompensa.

El pastor deberá orar por estas personas que Dios está llamando. Esto le permitirá seleccionar a hombres y mujeres que harán la obra del ministerio. Usted compartirá su vida con ellos, y ellos aprenderán por el ejemplo; usted será el modelo. Tendrá que pasar un tiempo específico con ellos cada semana. Compartirán primeramente de la Palabra, pero también necesitan que se les enseñe doctrina (teología), algo de homilética y otras asignaturas que sean apropiadas a cada individuo. En esta forma sus visitas serán más eficaces, compartirán el púlpito con resultados, y ellos también compartirán la responsabilidad de "equipar a otros para el ministerio". Algunos tal vez no puedan seguir adelante con este programa, será demasiado para ellos. No sobrevivirán y pedirán que se les relegue nuevamente al rango de simple miembros de la iglesia, pero a medida que la reproducción continúe, ellos crecerán y la iglesia también crecerá.

Cuando haya un grupo de líderes laicos, será necesario adoptar un plan evangelístico de extensión, estudios bíblicos en los hogares, de evangelismo por las calles y las plazas, y otros más de modo que estos líderes se vayan fogueando y practiquen lo aprendido. Muchos quieren aprender para ocupar el púlpito de la iglesia central desde el principio, pero no debe ser así, deben dar sus primeros pasos dentro de la estructura del programa.

Tenemos varios libros en español que pueden ayudar. *La iglesia resucita*, el *Plan supremo de evangelización* y otros que usted podrá encontrar en su librería denominacional. "Los Navegantes" tienen también buenos materiales. El *Manual para ministros laicos* (por F. Burleigh Willard, de publicaciones Luz y Vida), trata sobre un plan para adiestrar a laicos. Aunque está dirigido a los metodistas libres, tiene excelente material para cualquier denominación.

Me permitiré brevemente presentar lo que sucedió en la vida de un colega compatriota, Bruno Radzizevski. Tal vez este sea un caso extremo en el que esperamos no se encuentren muchos. Pero creo que ilustra y presenta un desafío que cualquiera de nosotros puede aceptar.

Su problema llegó a hacer crisis en 1973 y eso determinó el futuro de lo que he denominado el "Plan Bruno". En ese tiempo su iglesia había decaído hasta tener sólo una asistencia de 35 personas (de una membresía de 70). Pasó por lo que él llama "diez y ocho meses de crisis". Durante ese tiempo asistían a las reuniones sólo el 50% de los miembros y únicamente un 10% diezmaba. Debido a que los ingresos de la iglesia local eran tan bajos, la denominación le enviaba una ayuda pero esta no le alcanzaba para sostener a su familia y se vio en la necesidad de trabajar secularmente. Además, la casa pastoral necesitaba muchos arreglos. Una misión que había comenzado hacía 20 años todavía era de ladrillos de adobe. La iglesia tenía dos líderes, una hermana de 80 años y un hermano de 55. No tenía salones para la Escuela Dominical.

Como pastor, Bruno se sentía atado con una iglesia como la de Laodicea. La crisis estaba terminando con él. Pensaba en un cambio pastoral; se sentía desanimado. Trató con los miembros de la iglesia el asunto pero no hubo cambio alguno. No había entusiasmo. Hizo su carta de renuncia, pero algo impidió que la enviara y como el cuidador de la higuera de la Biblia, decidió esperar un año más.

El cambio comenzó cuando él habló a solas con dos líderes laicos. Comenzó a reunirse con ellos solos en oración. Luego les enseñó todo lo que pudo de homilética, teología, y demás asignaturas relacionadas. Les pedía que lo acompañaran cuando salía a visitar. Pasó muchas horas estudiando planes evangelísticos y absorbió todo de lo poco que existía en aquellos días sobre Iglecrecimiento. Se vinculó al Plan Rosario, asistiendo a seminarios y talleres. Allí le conocí y supe de su crisis y de su nuevo plan.

La iglesia local nombró a estos hermanos como "pastorcitos", o asistentes directos del pastor. Bruno pidió que se les considerara como tales cuando iban en misión o representación de la iglesia. Más tarde se reunieron con otras cuatro personas. La reproducción comenzó y la iglesia principió a crecer.

Al poco tiempo tenían 15 "pastorcitos". Los jóvenes comenzaron a colaborar. Se formó un grupo musical de 20 integrantes. Comenzaron a salir por las calles y plazas con su música. Enseguida dieron inicio a la construcción de salones para la Escuela Dominical. Una nueva capilla reemplazó la de adobe. El secreto más grande del crecimiento ha sido la organización de iglesias en los hogares.

Bruno aprendió el secreto de "perfeccionar a los santos para la obra del ministerio" (Efesios 4:12). Antes trató de hacerlo todo él solo (clericalismo). Luego tuvo quince en su grupo haciendo el trabajo y a su vez equipando a otros. Tienen un plan sistemático de plantar iglesias filiales a través de los grupos hogareños de oración.

Continúan trabajando fuertemente y están viendo cómo el Señor añade cada día los que han de ser salvos. En 1976, tres años después de la crisis, la iglesia central había llegado a tener más de 250 miembros. Esto continuó adelante. No tengo dudas de que el Señor continúa derramando sus bendiciones en ese lugar, aunque Bruno ha estado viajando compartiendo sus experiencias y enseñando a otros pastores y líderes en lo que podríamos llamar un ministerio aun más amplio que el de esa iglesia local.

Podemos resumir mucho de esto en la manera que lo expresa Chuck Miller:

Fases del desarrollo del liderazgo

1. Yo lo hago (Marcos 2).
2. Yo lo hago, ustedes están conmigo (Marcos 4).
3. Ustedes lo hacen, yo estoy con ustedes.
4. Ustedes lo hacen, yo les animo desde lejos (Marcos 9)

No permita que los líderes pasen a la fase 4 hasta que no estén completamente listos para llevar toda la responsabilidad ellos solos.[18]

Las posibilidades y alternativas son muchas. Sin duda hay otras que no hemos abordado en este capítulo. El Señor no tiene límites en los recursos que puede darnos si estamos dispuestos a cumplir su mandato y voluntad. En el programa de *Lima al encuentro con Dios* que veremos en el capítulo seis, ellos han desarrollado un esquema (ver diagrama 15) que lleva al nuevo convertido por distintas etapas. Combinan el ministerio de la enseñanza de la iglesia local, con el de la educación teológica por extensión y luego el seminario. Este último es nocturno y flexible, pero de esa combinación es la que están surgiendo los obreros para la extensión, los líderes para la expansión, y el crecimiento integral de las iglesias.

No debe dejar de lado el lector, la consideración de cómo pueden ayudarle personalmente y a sus líderes, los seminarios de Iglecrecimiento. El Instituto de Evangelismo e Iglecrecimiento Charles E. Fuller, está muy dispuesto a ayudar a grupos de denominaciones o grupos de iglesias que deseen auspiciar estos seminarios. Además en algunos de los cursos están disponibles los manuales del maestro y del alumno, y esto por supuesto elimina los gastos de llevar a un maestro de un extremo al otro. Tal vez no sea lo mismo, pero es un buen sustituto. Para mayor información deberá escribir a:

>Instituto de Evangelismo e Iglecrecimiento
>Charles E. Fuller
>P.O. Box 989
>Pasadena, California 91102, E.U.A.

Adiestrando la iglesia local 97

Lo importante no es encontrar qué hacer si no hacer lo que tenemos a nuestro alcance. Dios bendecirá lo que hagamos, siempre y cuando estemos de acuerdo con la meta evangelística de "Id y haced discípulos".

NOTAS BIBLIOGRAFICAS

1 William R. Read, Victor M. Monterroso y Harmon A. Johnson, *Avance Evangélico en América Latina* (El Paso, Texas. Casa Bautista de Publicaciones, 1971), pág. 302.
2 Donald R. Kammerdiener, *El Crecimiento de la Iglesia, ¿Qué es y cómo lograrlo?* (Casa Bautista de Publicaciones, 1975. El Paso, Texas), pág. 43.
3 C. Peter Wagner, *Latin American Evangelicals*, "World Vision" Magazine (November, 1969), pág. 12, 13.
4 Clark A. Scanlon, *Church Growth Through Theological Education* (Eugene, Oregon, Institute of Church Growth, 1962), pág. 33 citando a Donald McGavran, How Churches Grow (London: World Dominion Press, 1959), pág. 142.
5 Donald McGavran, *How to Grow a Church* (Regal Books, Glendale, California, 1974), pág. 89-97.
6 Edward Murphy, Citando al doctor McGavran en un bosquejo de una conferencia dictada en Rosario, Argentina en 1974.
7 Ibíd.
8 David Rambo, *Patterns of Bible Institute Training Overseas*, conferencias 3, 4 presentadas en el Seminario Teológico Fuller, en Pasadena, California, Nov. 1981, pág. 1.
9 Ibíd., pág. 1.
10 Robert Munger, "Training the Laity for Ministry," *Theology News and Notes* (Fuller Theological Seminary, Pasadena, California). June, 1973, pág. 1.
11 Robert Coleman *Plan supremo de la evangelización* (El Paso, Texas: Casa Bautista de Publicaciones), pág. 8.
12 William Hendriksen, *New Testament Commentary: Exposition of 1 and 2 Thesalonians* (Grand Rapids: Baker Book House, 1955).
13 William Neil, *The Epistle of Paul to the Thessalonians* (New York: Harper & Brothers., 1950), pág. XXVII.
14 *Diccionario enciclopédico ilustrado Mentor* (Editorial Sopena, Argentina, 1965).
15 *Diccionario de sinónimos y antónimos* (Editorial Teide, Barcelona, 1976).
16 Fred Holland, *Discipling the Discipler*, tal como fue citado por

98 Manual de Iglecrecimiento

Proceso de Adiestramiento
LIMA, PERU

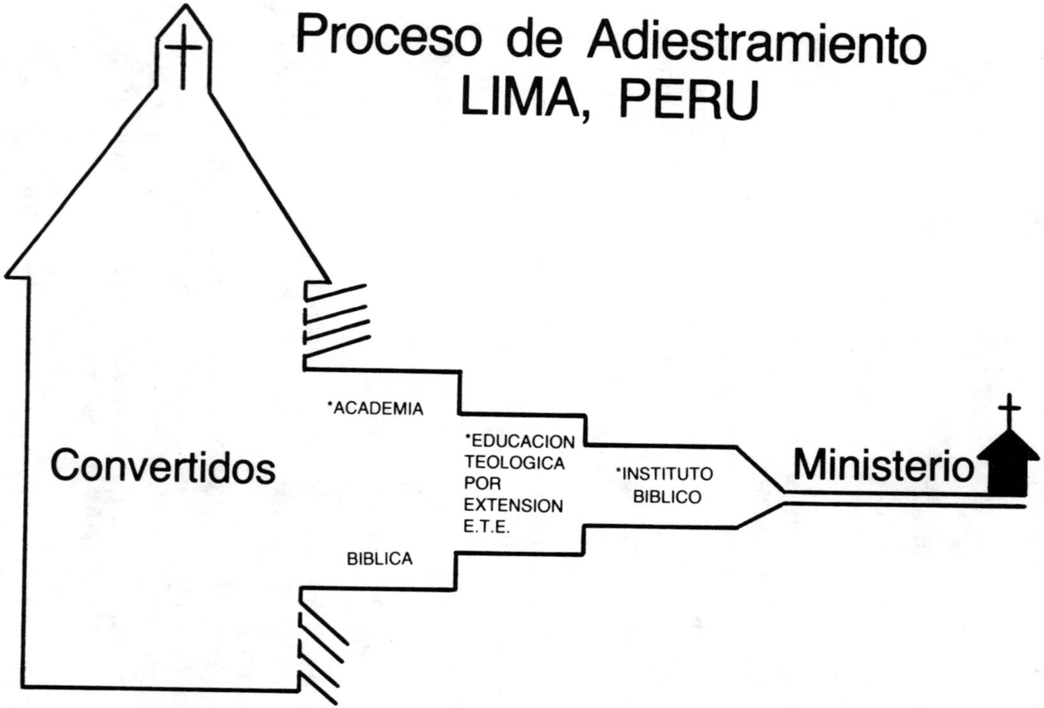

Ministerio

*INSTITUTO BIBLICO

*EDUCACION TEOLOGICA POR EXTENSION E.T.E.

*ACADEMIA BIBLICA

Convertidos

Tomado de: David Rambo. Conferencias sobre "Modelos de Adiestramiento en Institutos Bíblicos" Conferencias presentadas en el Seminario Teólogico Fuller. Nov. de 1981.

DIAGRAMA 15

David Rambo en una conferencia en el Seminario Fuller, noviembre de 1981.
[17] David Rambo, op. cit., pág. 16.
[18] Chuck Miller, Una conferencia sobre el discipulado en un Seminario de Renovación de la Iglesia en el Seminario Teológico Fuller, Pasadena, California, 1978.

CAPITULO 5

LOS DONES ESPIRITUALES PUEDEN AYUDARLE

No podemos hablar de Iglecrecimiento sin ocuparnos de los dones espirituales, tal como los menciona el apóstol Pablo. Sería lo mismo que pensar en construir un edificio de muchos pisos y no pensar en el cemento. Los hombres nos hemos propuesto muchas maneras de llevar adelante la obra de Dios, pero el Señor determinó que los dones fueran la manera por excelencia para llevar adelante el trabajo de la iglesia local.

¿Qué significa pertenecer a la iglesia? ¿Es la iglesia una mera organización o sociedad religiosa a la que las personas se unen? ¿Qué es lo que nos motiva a ayudar a las personas en sus necesidades? La única forma de poder contestar a estas preguntas es entendiendo las definiciones bíblicas.

En el Nuevo Testamento encontramos que se usan varias metáforas para describir la naturaleza y función de la iglesia. Algunas son simples, otras complejas. La metáfora del *cuerpo*, la del *edificio* y la de la *esposa* de Cristo, en los escritos del apóstol Pablo, son las mejores ilustraciones de la función y de la fidelidad de la iglesia. Veamos cómo el orden de Dios puede ayudarnos a crecer.

La iglesia como cuerpo de Cristo

Al leer la carta del apóstol Pablo a los Efesios encontramos que él al hablar de la iglesia lo hace como si se tratara esta de un organismo y no de una organización. Esto último es a lo que nosotros estamos más acostumbrados en nuestros días, pero las evidencias bíblicas no apoyan este concepto.

La iglesia es básicamente un organismo: el cuerpo de un Cristo vivo, del cual El es la cabeza (Efesios 1:22, 23). En ese cuerpo existe la unidad de un organismo, pues Cristo es el que le da dirección y unidad. El es la cabeza de ese cuerpo. Cristo es el centro (cerebro) que controla el cuerpo y por lo tanto es función del cuerpo (la iglesia) obedecer al Señor llevando adelante su obra en el mundo. El es Señor y ese señorío debe ser el estilo de vida del cuerpo.

Podemos ver todo lo que está implicado en la unidad del cuerpo. Pablo en Efesios 4:12 nos habla de que debemos tener unidad de propósito. Unidad en esperanza, fe, bautismo y creencia (Efesios 4:4-6). Aun en Hebreos 13:3 se nos habla de la unidad con los que sufren o con los que se gozan. En Romanos 8:23 la unidad en una esperanza futura de completa redención. Siendo que esta unidad dentro del cuerpo es tan importante, Pablo nos exhorta expresamente a que seamos "solícitos en guardar la unidad del Espíritu" (Efesios 4:3). Cuando les escribe a los Corintios les dice explícitamente que se cuiden de las divisiones (1 Corintios 12:13).

Aquí encontramos la doctrina de la unidad del cuerpo de Cristo. Nuestra unidad está en Cristo como cabeza, siendo el Espíritu Santo el que coloca a cada creyente dentro de ese cuerpo para unificarlos. "El propósito de los dones no se realiza definitivamente hasta que se logren los objetivos finales señalados en el versículo 13. Estos objetivos — según la construcción gramatical, en griego — son tres, introducidos cada uno de ellos por la preposición eis: (1) "la unidad de la fe y del conocimiento del Hijo de Dios"; (2) "a un varón perfecto"; (3) "a la medida de la estatura de la plenitud de Cristo". En otras palabras, hay tres metas que todo cristiano debe tratar de alcanzar sin cejar en su empeño jamás hasta que las mismas hayan sido logradas. Una de ellas es, la unidad de la fe y el conocimiento del Hijo de Dios; la otra es, un varón perfecto; y la última, la medida de la estatura de la plenitud de Cristo. Esto es lo que Dios espera de cada uno de sus hijos, de sus discípulos, los miembros responsables y reproductivos de cada iglesia local."[1]

La diversidad en el cuerpo

Cuando examinamos estos pasajes sobre la unidad en el cuerpo, encontramos que dentro de este hay tanto unidad como diversidad. Vamos a tratar de ver ahora como en la unidad todos nos pertenecemos y como en la diversidad todos nos necesitamos. En Efesios 4:4, 7 y 11-16 Pablo muestra cómo es que existe diversidad en la iglesia que es el cuerpo de Cristo. En el versículo 4 menciona "un cuerpo" pero luego en los versículos 7, 11 y 12 dice que Cristo suple a su cuerpo con una variedad de dones para que lleven adelante su ministerio: ". . .gracia fue dada a cada uno de nosotros conforme a la medida del don de Cristo . . . pastores y maestros para perfeccionar a los santos para la obra del ministerio, para la edificación del cuerpo de Cristo." Desde Pentecostés, todo el cuerpo de Cristo se ve como una unidad compuesta por personas que son iguales y con líderes que existen con el propósito de adiestrar y servir, y no para ser puestos por encima y aparte de los laicos. Quien gobierna y controla es Cristo y no el pastor. La responsabilidad de los líderes es la de perfeccionar (edificar) a los laicos para el trabajo que tienen que hacer en el ministerio.

Para llevar adelante este ministerio, cada creyente pasa a ser parte del cuerpo de Cristo y puede recibir uno o más dones con los que habrá de desempeñar su trabajo (1 Corintios 12:13). ¿Qué es un don? "Un don... es una capacidad o función específica. Un ministerio es la esfera en la que un don puede obrar entre cierto grupo de personas, o en una zona geográfica determinada."[2] Ya sea que tengamos uno o más dones, todos los dones son dados por el Espíritu Santo para edificar el cuerpo de Cristo.

A la vez que Pablo presenta la descripción de la variedad de dones disponibles para el ministerio, nos muestra que habrá diferencias en la forma de usar los dones y cuáles serán los resultados que podemos esperar al usarlos. En 1 Corintios 12:4-6 nos da tres diferentes divisiones de cómo cada miembro del cuerpo es afectado en relación a los dones espirituales. En primer lugar, porque existe la diversidad de dones, cada miembro del cuerpo de Cristo tiene que cumplir una función específica, aunque diferente (12:4). También hay diferencia en los ministerios (12:5). Esta diferencia no está en el don mismo, sino en el lugar en que será utilizado este. Por ejemplo un creyente puede tener el don de evangelismo para usarlo desde el púlpito. Otro creyente puede también tener el don de evangelismo y usarlo para la obra personal. Luego en (12:6) encontramos una diferencia en operaciones y esto tiene que ver con la variedad de resultados. Por eso es que dos creyentes con el mismo don y ministrando en la misma zona tendrán un impacto completamente diferente. Esta diferencia está propiciada por el Espíritu de Dios (1 Corintios 12:11) y por lo tanto ningún creyente debe sentirse superior o inferior a otro. Un buen libro para comprender todas estas implicaciones (y muchas otras más) es: *La iglesia resucita*, por el doctor Ray C. Stedman. Cada creyente haciendo su parte donde Dios quiere que esté.

"Las enseñanzas sobre los dones espirituales enfatizan el valor y las contribuciones de cada individuo, y en esta época donde somos constantemente despersonalizados, es imperativo que mantengamos ese énfasis."[3]

La razón de esto es que como mencionamos anteriormente, "nos necesitamos en la diversidad". En otras palabras, nos necesitamos en la relación que cada miembro tiene dentro del cuerpo de Cristo. Siendo que hay una variedad de dones espirituales, cada miembro necesita del otro para recibir estímulo, tener comunión, crecer y servir. En Efesios 4:16 Pablo lo pone en sus propias palabras: "De quien todo el cuerpo, bien concertado y unido entre sí por todas las coyunturas que se ayudan mutuamente, según la actividad propia de cada miembro, recibe su crecimiento para ir edificándose en amor."

"No sólo tienen los dones espirituales su fuente común en la soberanía del Espíritu, sino que también capacitan a los miembros del cuerpo para que puedan funcionar en este. Aquí sobresale una interdependencia magnífica. En el capítulo 12 de 1 Corintios, Pablo usa la analogía del cuerpo humano para pintar el cuadro. Por su propia naturaleza un cuerpo no es un agregado de las partes requeridas; sino que esas partes están relacionadas unas con otras como un organismo completo. La diversidad es esencial para mantener vida propia. Si todos los miembros cumplen sus funciones, el cuerpo prospera; si no, sufre o deja de existir."[4]

Como miembros del cuerpo debemos reconocer y aceptar esa interdependencia. Esto nos ayudará a ver la iglesia como un organismo vivo, que se va desarrollando por medio de un crecimiento desde adentro, y no como una organización estática. Una organización o institución perpetúa su tradición o influencia presente, pero un cuerpo vivo crece desde adentro por la multiplicación de sus células. Es por eso que la iglesia como organismo crece por la transformación desde adentro por medio de las nuevas criaturas que nacen en Cristo.

Siendo que Cristo es la cabeza, la iglesia debe buscar su sentido de dirección en El. Como líderes debemos estudiar las Escrituras para funcionar de acuerdo al modelo y directivas que encontramos en ellas. Como miembros de la iglesia, debemos reconocer que el Espíritu da los dones en diversidad. No todos los miembros pueden hacer todos los trabajos, pero cada miembro es de igual importancia en el cuerpo. Por eso los líderes deberán ayudar a los demás en el desarrollo de los dones espirituales, "equiparlos" para usarlos mejor y ayudarlos a llegar a una madurez en Cristo a medida que ejercitan sus dones como una parte de su ministerio al cuerpo total.

"No podemos funcionar como iglesia fructífera en el Espíritu Santo y la Palabra de Dios, si no nos ejercitamos en los dones que el Espíritu nos da..."[5]

Lo que son los dones espirituales y lo que no son

I. Si bien es cierto que en lo ya mencionado hemos inferido lo que son los dones espirituales, creo que necesitamos una definición que a la vez aclare con exactitud el modo en que el movimiento de Iglecrecimiento interpreta este asunto de los dones. A ese respecto, el libro de Pedro Wagner, *Sus dones espirituales pueden ayudar a su iglesia a crecer*, sirve como un estudio práctico y funcional. Wagner define un don espiritual así: "Un don espiritual es un atributo especial que el Espíritu Santo da a cada miembro del cuerpo de Cristo según la gracia de Dios para usarlo dentro del contexto de su cuerpo."[6]

No trataremos de presentar aquí una exégesis de la terminología griega ni de los pasajes que nos hablan al respecto. Ya tenemos varios libros que tratan exclusivamente del tema. Aun varios de ellos con distintos énfasis denominacionales. Pero sí queremos enfatizar el aspecto práctico de los dones y el lugar que les corresponde dentro del crecimiento cualitativo y cuantitativo de la Iglesia del Señor. Después de todo, el plan es del Señor y no nuestro.

Muchos creyentes desconocen lo que Dios quiere hacer a través de ellos porque no tienen buena información en cuanto a los dones. Esto era evidente aun en los días del apóstol Pablo, cuando los corintios tenían el mismo problema: "No quiero, hermanos, que ignoréis acerca de los dones espirituales" (1 Corintios 12:1). De aquí su importancia y que necesitemos comprender la naturaleza y función de los dones espirituales.

Es muy valioso comprender que los dones espirituales son dados "por el mismo Espíritu . . . como El quiere" (1 Corintios 12:11). Es su prerrogativa; El los distribuye de acuerdo a cómo serán usados en el cuerpo. El ve al cuerpo desde su perspectiva y sabe dónde deben ser usados los dones. Dice el doctor Wagner:

> "Ningún seminario teológico ni junta de iglesia o directores de misión tienen la facultad de otorgar dones. Ellos son responsables de ayudar a otros creyentes a descubrir sus dones, desarrollarlos en toda manera posible, y ver que se les presenten oportunidades para que los usen. Pero ellos no pueden decidir quién tendrá este o aquel otro don."[7]

En el proceso de la distribución de los dones encontramos la Trinidad en acción: En primer lugar el Padre proporciona el poder, el Hijo determina el servicio, y el Espíritu da los dones. ¡Qué maravilloso!

Un creyente puede desear tener un don particular (1 Timoteo 3:1), pero esto no le asegura que lo podrá obtener. Los pasajes que nos dicen "procurad los mejores dones" (1 Corintios 12:31) y "procurad los dones espirituales" (1 Corintios 14:1) son mandatos colectivos que se relacionan con la comunidad cristiana en total. En otras palabras, es correcto querer que el cuerpo tenga todas las partes necesarias para un desarrollo uniforme y suave. Lo importante es que cada creyente tenga en su corazón el deseo de recibir (o descubrir), desarrollar y usar los dones espirituales. Luego, cada parte del rompecabezas irá cayendo en su lugar.

II. Habiendo visto a grandes rasgos lo que son los dones, es muy importante ver "lo que no son". Lamentablemente hay mucha confusión y mala interpretación en este asunto. Hay intérpretes que tienen muy buena voluntad pero se equivocan a la hora de interpretar las Escrituras.

A. No debemos confundir los dones espirituales con los *talentos naturales*. Todas las personas nacen con talentos naturales, algunos los desarrollan, otros no. Algunos los usan para bien, otros para mal. La variedad de talentos es amplia. Podemos tener talentos sea que seamos creyentes redimidos o no. Pero no podemos tener los dones espirituales a menos que pertenezcamos a la familia de Dios.

Los talentos naturales y su uso dependen del individuo mismo, pero los dones espirituales dependen de la obra del Espíritu Santo. Los talentos son para beneficio del individuo o para quien este desee beneficiar. Los dones espirituales son para la edificación del cuerpo de Cristo.

B. En segundo lugar, no debemos confundir los dones espirituales con el *fruto del Espíritu* según lo encontramos en Gálatas 5:22, 23. Este fruto del Espíritu se refiere al carácter del cristiano — su madurez o crecimiento en Cristo —, mientras que los dones tienen que ver con el ministerio de Cristo; son dádivas de Dios. Hasta me atrevo a decir que usted mismo pudiera tener todos los dones que encontramos en Romanos 12, 1 Corintios 12 y Efesios 4, y sin embargo si no tiene el fruto del Espíritu eso no le valdría para nada. Sus dones estarían paralizados por la falta del fruto. El fruto es requisito indispensable para el ejercicio eficaz de los dones. Considere usted el problema de la iglesia de Corinto y me dará la razón.

C. En tercer lugar, no debemos confundir los dones espirituales con *la función del cristiano*. Esta es una diferencia muy importante. Las funciones del creyente son algo que se espera de cada uno de nosotros como nuestro estilo de vida. Mi función es la de tener fe para mi salvación, mi diario vivir: "Sin fe es imposible agradar a Dios" (Hebreos 11:6). Pero no es el don de fe que puede mover montañas. También hay quienes tienen el don de repartir, sin embargo todos tenemos la función de dar diezmos y ofrendas para el sostenimiento y avance de la obra de Dios. No todos tenemos el don de evangelistas pero todos tenemos la función de testigos. Lo mismo podríamos decir en cuanto a la oración, la hospitalidad y otros dones. Creo que podemos encontrar funciones correlativas a cada uno de los dones.

¿Es que acaso los líderes de las iglesias tienen todos los dones? ¡No! Unicamente tienen los dones que Dios les ha dado y son reconocidos por ellos. Sin embargo, debido a que son líderes muchas veces se les llama a que cumplan diversas funciones.

D. En cuarto lugar, creo que sin entrar a juzgar al individuo, porque Dios se encarga de eso, debemos tener cuidado de no confundir los dones legítimos con los *dones falsos*. Cada don dado por el Espíritu Santo puede ser falsificado por Satanás y puede influenciar a creyentes y a inconversos.

Hasta hay dones que son más faciles de falsificar que otros. Las Escrituras son muy explícitas en decir que en los últimos días abundaría lo falso. Pueden existir falsificaciones demoniacas y también humanas. ¡Cuidado!

La iglesia (el cuerpo de Cristo) tiene que estar muy consciente de esto y no permitir que las emociones o el sensacionalismo sean oportunidades para que el enemigo destruya la obra que se desea edificar. Hay que ejercitar discernimiento en cuanto al uso o abuso de los dones.

¿Cuáles son los dones espirituales?

Tal vez esta sección — más que cualquier otra parte del libro — sea motivo de críticas (de un bando) o de alabanzas (del contrario). Todo dependerá de cuánto concuerde (o disienta) usted conmigo. Quizás en vez de preguntar ¿cuáles son?, podríamos haber preguntado ¿cuántos son? No tendría yo más simpatizantes de todos modos. No deseo establecer pautas o defender mi pensar, tal es así que no me expresaré aquí de convicciones personales sino más bien en términos generales. La razón: deseo que usted lea esto con una mente abierta y un corazón dispuesto.

Hace poco, mientras daba un seminario sobre los dones y el Iglecrecimiento, había dos personas que estaban listas a devorarme tan pronto introduje el tema. Evidentemente, sus convicciones no eran iguales a las mías. Les pedí que por favor me permitieran continuar y que después que hubiesen pasado tres de las seis horas separadas para este tema, les preguntaría cómo se sentían al respecto. Aceptaron, lo hice y me dijeron al final: "Sí, ahora entendemos y vemos que hemos tenido una mente cerrada en cuanto al asunto." Ahora los hermanos de esa misma denominación acaban de pedirme que les envíe 25 manuales del maestro y 500 del alumno en esta misma semana. Esto por supuesto, además de los que recibieron hace unos meses. Esta es una experiencia que se repite en

Los dones espirituales pueden ayudarle 107

casi todos los seminarios que realizamos en América Latina.

Nuestra lista sobre los dones espirituales es abierta, o sea que no ponemos límites a lo que Dios puede dar como dones en diferentes etapas de la Iglesia, según las necesidades geográficas o de la época. Podemos encontrar diferentes clasificaciones y cantidades. El doctor Patricio Carter del Seminario Internacional Bautista de México, en su libro *Vivamos en el Espíritu cada día*, dice: "Eliminando los casos de repetición, llegamos a un total de veinte dones del Espíritu."[8] El doctor W. T. Purkiser, de la Iglesia del Nazareno, habla de dos listas (la de Romanos, y la de 1 Corintios) y cita quince dones aunque no les da un nombre específico sino que más bien los define.[9] También en el libro *Los dones del Espíritu* de Hiram Almirudis, encontramos una lista de 18.[10] El doctor Myer Pearlman de las Asambleas de Dios, en su libro *Teología bíblica y sistemática*, nos dice:

"Pablo enumera nueve de esos dones en 1 Corintios 12:8-10, los cuales pueden clasificarse en: 'Los que imparten poder para saber en forma sobrenatural', 'Los que imparten poder para actuar en forma sobrenatural', y 'Los que imparten poder para hablar en forma sobrenatural'."[11] Algunos los clasifican como "ministerios" y "operaciones". Otros, "espirituales" y "ministeriales". Otros, "ministerios" y "señales". Otros, "permanentes" y "temporales".' Otros, "motivacionales" (Romanos 12); "manifestaciones" (1 Corintios 12); y "ministerios" (Efesios 4).

Lo importante no es cómo usted los clasifique o cuántos tenga en la lista, el asunto es que usted use los que Dios le haya dado para el funcionamiento del cuerpo de Cristo.

Las tres listas que encontramos en Romanos 12, 1 Corintios 12 y Efesios 4, nos dan un total de 20 dones:

1. Profecía	Romanos 12:6
2. Servicio	12:7
3. Enseñanza	12:7
4. Exhortación	12:8
5. Distribución	12:8
6. Liderazgo	12:8
7. Misericordia	12:8
8. Palabra de sabiduría	1 Corintios 12:8
9. Palabra de ciencia	12:8
10. Fe	12:9
11. Sanidades	12:9
12. Milagros	12:10
13. Discernimiento de espíritus	12:10

14. Lenguas		12:10
15. Interpretación de lenguas		12:10
16. Apóstoles		12:28
17. Ayudas		12:28
18. Administración		12:28
19. Evangelistas		Efesios 4:11
20. Pastores y maestros		4:11

Estamos de acuerdo con otros autores que ninguna de estas tres listas está completa por sí sola. En nuestros seminarios de dones espirituales identificamos cinco más:

21. Celibato	1 Corintios 7:7
22. Hospitalidad	1 Pedro 4:9
23. Martirio	1 Corintios 13:3
24. Misionero	Efesios 3:1-8
25. Oración intercesora	Romanos 8:26, 27 y Efesios 6:18

Además, en los últimos tiempos se ha agregado a la lista los dones de: pobreza voluntaria y exorcismo. También hemos encontrado denominaciones que no aceptan ciertos dones, sin embargo reconocen otros que se ejercían en el tiempo del Antiguo Testamento, tales como el de la música y el de la artesanía especializada (Exodo 31:1-11). No me cabe la menor duda de que podríamos agregar más. ¿Quién soy yo para limitar los dones que Dios quiera agregar a esta lista?

Definiciones de los dones espirituales

Las siguientes páginas contienen definiciones sugeridas en cuanto a los dones espirituales. Mientras que no pretenden ser dogmáticas o finales, estas definiciones y los pasajes de la Escritura que las acompañan, corresponden a las características de los dones como está expresado en el *Cuestionario Modificado de Houts*.

A. PROFECIA. El don de profecía es una habilidad que Dios da a ciertos miembros del cuerpo de Cristo para recibir y comunicar un mensaje inmediato de Dios a su pueblo por medio de un pronunciamiento ungido divinamente.
    1 Corintios 12:10, 28
    Efesios 4:11-14
    Romanos 12:6
    Lucas 7:26
    Hechos 15:32
    Hechos 21:9-11

B. *PASTOR*. El don de pastor es una habilidad especial que Dios da a ciertos miembros del
    Efesios 4:11-14
    1 Timoteo 3:1-7

Los dones espirituales pueden ayudarle 109

cuerpo de Cristo para asumir una responsabilidad personal de largo alcance para bienestar espiritual de un grupo de creyentes.
Juan 10:1-18
1 Pedro 5:1-3

C. ENSEÑANZA. El don de enseñanza es una habilidad especial que Dios da a ciertos miembros del cuerpo de Cristo para comunicar importante información que tiene que ver con la salud y ministerio del cuerpo y sus miembros, en una forma que otros aprendan.
1 Corintios 12:28
Efesios 4:11-14
Romanos 12:7
Hechos 18:24-28; 20:20, 21

D. SABIDURIA. El don de sabiduría es una habilidad especial que Dios da a ciertos miembros del cuerpo de Cristo para percibir al Espíritu Santo en una forma que pueda recibirse conocimiento en profundidad, y poder dar "sabiduría", que pueda ser aplicada en la mejor manera en necesidades específicas del cuerpo de Cristo.
1 Corintios 2:1-13; 12:8
Hechos 6:3, 10
Santiago 1:5-6
2 Pedro 3:15

E. CIENCIA. El don de ciencia es una habilidad especial que Dios da a ciertos miembros del cuerpo de Cristo para descubrir, acumular, analizar y aclarar información e ideas relacionadas con el crecimiento y bienestar del cuerpo.
1 Corintios 2:14; 12:8
Hechos 5:1-11
Colosenses 2:2, 3
2 Corintios 11:6

F. EXHORTACION. El don de exhortación es una habilidad especial que Dios da a ciertos miembros del cuerpo de Cristo para ministrar palabras de ayuda, consuelo, ánimo y consejo a otros miembros del cuerpo, en tal manera que se sientan ayudados y sanados espiritualmente.
Romanos 12:8
1 Timoteo 4:13
Hebreos 10:25
Hechos 14:22

G. DISCERNIMIENTO DE ESPIRITUS. El don de discernimiento de espíritus es una habilidad especial que Dios da a ciertos miembros del cuerpo de Cristo para saber con seguridad si cierto comportamiento que se supone ser de Dios, es en realidad divino, humano o satánico.
1 Corintios 12:10
Hechos 5:1-11; 16:16-18
1 Juan 4:1-6
Mateo 16:21-23

H. REPARTIR. El don de repartir es una habilidad especial que Dios da a ciertos miembros del cuerpo de Cristo para contribuir de sus propios recursos materiales a la obra del Señor, haciéndolo con gozo y liberalidad.
Romanos 12:8
2 Corintios 8:1-7; 9:2-8
Marcos 12:41-44

I. AYUDAS. El don de ayudas es una habilidad
1 Corintios

110 Manual de Iglecrecimiento

especial que Dios da a ciertos miembros del cuerpo de Cristo para invertir los talentos que ellos tienen en la vida y ministerio de otros miembros del cuerpo, permitiendo así a las personas ayudadas a que aumenten la eficacia de su propio don espiritual.

J. *MISERICORDIA*. El don de misericordia es una habilidad especial que Dios da a ciertos miembros del cuerpo de Cristo para sentir una genuina compasión y simpatía por las personas, sean cristianos o no, que estén sufriendo dolor físico, mental o problemas emocionales, y el poder transferir esa compasión en obras de gozo que reflejen el amor de Cristo y alivien a los que sufren.

K. *MISIONERO*. El don de misionero es la habilidad especial que Dios da a ciertos miembros del cuerpo de Cristo para ministrar con otros dones que también puedan tener en una segunda cultura.

L. *EVANGELISTA*. El don de evangelista es una habilidad especial que Dios da a ciertos miembros del cuerpo de Cristo, para compartir el evangelio con los no creyentes, en una manera que hombres y mujeres lleguen a ser discípulos y miembros responsables de la iglesia local.

M. *HOSPITALIDAD*. El don de hospitalidad es una habilidad especial que Dios da a ciertos miembros del cuerpo de Cristo para proveer una casa abierta y una calurosa bienvenida para los que tiene necesidad de comida y alojamiento.

N. *FE*. El don de fe es una habilidad especial que Dios da a ciertos miembros del cuerpo de Cristo para discernir con extraordinaria confidencia la voluntad y el propósito de Dios con relación al futuro de su obra.

O. *LIDERAZGO*. El don de liderazgo es una habilidad especial que Dios da a ciertos miembros del cuerpo de Cristo para establecer metas de acuerdo con el propósito de Dios para el

12:28
Romanos 16:1, 2
Hechos 9:36
Lucas 8:2, 3
Marcos 15:40, 41

Romanos 12:8
Marcos 9:41
Hechos 16:33, 34
Lucas 10:33-35
Mateo 20:29-34; 25:34-40
Hechos 11:28-30

1 Corintios 9:19-23
Hechos 8:4; 13:2, 3; 22:21
Romanos 10:15

Efesios 4:11-14
2 Timoteo 4:5
Hechos 8:5, 6; 8:26-40; 14:21; 21:8

1 Pedro 4:9
Romanos 12:9-13; 16:23
Hechos 16:14, 15
Hebreos 13:1, 2

1 Corintios 12:9
Hechos 11:22-24; 27:21-25
Hebreos 11
Romanos 4:18-21

1 Timoteo 5:17
Hechos 7:10; 15:7-11
Romanos 12:8

Los dones espirituales pueden ayudarle   111

futuro, y el comunicar esas metas a otros de tal modo que ellos trabajen juntos voluntariamente y en armonía para alcanzar esas metas para la gloria de Dios.   Hebreos 13:17
Lucas 9:51

P. *ADMINISTRACION.* El don de administración es una habilidad especial que Dios da a ciertos miembros del cuerpo de Cristo para comprender claramente las metas de largo y corto plazo de una unidad específica del cuerpo de Cristo, y el diseñar y ejecutar los planes para alcanzar esas metas.   1 Corintios 12:28
Hechos 6:1-7; 27:11
Lucas 14:28-30

Q. *MILAGROS.* El don de milagros es una habilidad especial que Dios da a ciertos miembros del cuerpo de Cristo para servir como intermediarios humanos a través de quienes Dios se complace con hechos que cambian el curso ordinario de la naturaleza.   1 Corintios 12:10-28
Hechos 9:36-42; 19:11-20; 20:7-12
Romanos 15:18, 19
2 Corintios 12:12

R. *SANIDAD.* El don de sanidad es una habilidad especial que Dios da a ciertos miembros del cuerpo de Cristo para servir como intermediarios humanos a través de quienes Dios se complace en sanar enfermedades y restaurar la salud sin contar con la ayuda de medios naturales.   1 Corintios 12:9, 28
Hechos 3:1-10; 5:12-16; 9:32-35; 28:7-10

S. *LENGUAS.* El don de lenguas es una habilidad especial que Dios da a ciertos miembros del cuerpo de Cristo para: (1) hablar a Dios en un lenguaje que la persona nunca antes aprendió y, o (2) recibir y comunicar un mensaje de Dios a su pueblo, por medio de lenguaje divinamente inspirado, que nunca antes aprendió.   1 Corintios 12:10, 28; 14:13-19
Hechos 2:1-13; 10:44-46; 19:1-7
Marcos 16:17

T. *INTERPRETACION DE LENGUAS.* El don de interpretación de lenguas es una habilidad especial que Dios da a ciertos miembros del cuerpo de Cristo para dar a conocer en el idioma conocido por todos el mensaje del que habla en lenguas.   1 Corintios 12:10, 30; 14:13; 14:26-28

U. *APOSTOL.* El don de apóstol es una habilidad especial que Dios da a ciertos miembros del cuerpo de Cristo para asumir y ejercitar un   1 Corintios 12:28
2 Corintios

liderazgo general sobre un número de iglesias, con una extraordinaria autoridad en asuntos espirituales, la cual es espontáneamente reconocida y apreciada por esas iglesias.

V. *CELIBATO*. El don de celibato es una habilidad especial que Dios da a ciertos miembros del cuerpo de Cristo para permanecer sin casarse y no sufrir tentaciones sexuales a causa de ello.

W. *INTERCESION*. El don de intercesión es una habilidad especial que Dios da a ciertos miembros del cuerpo de Cristo para orar por períodos largos en forma regular y ver con frecuencia contestación específica a sus oraciones a un grado mucho más grande del que se espera de otros creyentes sin este don.

X. *MARTIRIO*. El don de martirio es una habilidad especial que Dios da a ciertos miembros del cuerpo de Cristo para soportar sufrimientos por la fe aun hasta la muerte, mostrando, no obstante, una actitud de gozo y victoria que traiga gloria a Dios.

Y. *SERVICIO*. El don de servicio es una habilidad especial que Dios da a ciertos miembros del cuerpo de Cristo para reconocer las necesidades no satisfechas, en una tarea relacionada con la obra de Dios, y el usar los recursos disponibles para satisfacer esas necesidades y ayudar a alcanzar las metas deseadas.

12:12
Efesios 3:1-9; 4:11, 14
Hechos 15:1, 2
Gálatas 2:7-10
1 Corintios 7:7, 8
Mateo 19:10-12

Santiago 5:14-16
1 Timoteo 2:1, 2
Colosenses 1:9-12; 4:12, 13
Hechos 12:12
Lucas 22:41-44
1 Corintios 13:3
Hechos 5:27-41; 7:54-60; 12:1-5
2 Corintios 11:21-30; 12:9, 10
2 Timoteo 1:16-18
Romanos 12:7
Hechos 6:1-7
Tito 3:14
Gálatas 6:2, 10

Descubriendo los dones espirituales

Queremos sugerir cinco pasos que le ayudarán a descubrir sus dones espirituales. Una vez más, debemos mucho de esto a la pluma del doctor Pedro Wagner. Antes de tomar estos pasos es importante asegurarnos de cuatro requisitos fundamentales: (a) la persona tiene que haber nacido de nuevo; (b) tiene que creer en los dones espirituales; (c) tiene que estar dispuesta a trabajar en el cuerpo de Cristo; (d) tiene que orar.

Ahora sí que estamos listos para comenzar con los cinco pasos.
1. *Explore las posibilidades.* Es bueno comenzar con una buena

Los dones espirituales pueden ayudarle

bibliografía además de su Biblia. Ya tenemos en español varios libros sobre el tema que deben formar parte de su biblioteca. Puede comenzar un estudio bíblico profundo y concienzudo. Si usted es persistente en el estudio de su Biblia, conoce la postura de su iglesia, lee extensamente, se relaciona con otras personas que saben cuáles son sus dones, y permite que los dones sean la base de su conversación, usted progresará al punto que se sorprenderá a sí mismo.

2. *Experimente con tantos como sea posible.* Debe exponerse a los diferentes dones. Por supuesto hay algunos que no recomendamos probarlos, especialmente el de martirio. Ese es un don que se puede usar una sola vez. El de milagros y el de exorcismo pueden resultar peligrosos. Necesitamos hacer un esfuerzo en oración para descubrir los dones que tenemos y los que no. Muchos podemos pensar que sabemos lo que queremos hacer, pero no sabemos si tenemos el don para hacerlo. Pero podemos comenzar a testificar, predicar, exhortar, enseñar, y trabajar en diferentes comisiones donde podamos poner en práctica nuestros posibles dones.

3. *Examine sus sentimientos.* Un buen punto para saber si tiene un don o no, es ver cómo se siente cuando hace tal o cuál cosa. Si se siente con gozo, es buen indicio; si se siente satisfecho, está en buen camino. Analice Romanos 12:2 y aplíquelo a lo que usted esté haciendo, le ayudará para comprender sus propios sentimientos. Personalmente, me siento contento, feliz, cuando estoy enseñando, pastoreando o administrando en la obra del Señor. Pero si usted me invita a que predique en una campaña evangelística, me hará sufrir. Lo he hecho algunas veces, el Señor me dio almas (resultados); tuve que hacerlo. Por circunstancias especiales tuve que esforzarme en cumplir la función o papel de evangelista, pero ese no es mi don. No se deje llevar por las emociones, no es cosa de un momento, es algo para toda la vida.

4. *Evalúe su eficiencia.* Lo que usted hace, ¿está dando resultados o es un fracaso? Si yo enseño y nadie aprende, eso debería ser un sistema de evaluación propia que me está diciendo la verdad. Dios nos da dones para que los pongamos en práctica y den resultados para la gloria y honra suya. Los que usan bien los dones que Dios les ha dado, traen resultados. El espera eso de usted y su trabajo. El cuerpo de Cristo, su iglesia, debe beneficiarse con lo que usted hace. A la vez, se verá en el crecimiento, madurez personal que usted tendrá. No compita para ser eficiente. Si es su don, será eficiente por naturaleza. Sentirá libertad y bendición en lo que está haciendo. El amor de Dios quitará lo ofensivo de usted para convertirlo en eficiencia.

5. *Espere confirmación del cuerpo.* Los dones no pueden ejercitarse por sí solos, son para el cuerpo. Otros deberán saber y reconocer sus dones. Si usted es el único en la iglesia que lo sabe, tenga cuidado. No sólo los hermanos lo confirmarán, también el Espíritu del Señor le dará la confirmación que usted necesita. Tal vez esta confirmación del Espíritu pudiera ser un sexto paso, pero asumo que todos los lectores sobreentienden esto. Tal vez no se sienta contento si los hermanos de la iglesia no creen que usted tiene los dones que dice tener. Aquí uno puede estar dejando que sus sentimientos o emociones estén tomando el lugar que no les corresponde. Por eso hablemos de cinco pasos. No permita que un solo paso sea el factor determinante. Los sentimientos son importantes pero no infalibles.

Desarrollando los dones espirituales

De acuerdo con el orden establecido en este capítulo, hemos estado hablando que lo importante es descubrir, desarrollar y usar los dones espirituales. Por lo tanto queremos ahora hablar de esta parte de "desarrollarlos", es lo lógico después de haberlos descubierto.

Este desarrollo no puede ser individual. Una vez más, es trabajo colectivo, en el cuerpo. De acuerdo a Efesios 4:12, el apóstol Pablo nos enseña que los líderes son las personas responsables de "equipar a los santos para la obra del ministerio". En otras palabras, el modelo indica un proceso por el que descubrimos que los santos deben ser equipados para hacer la obra del ministerio. Segundo, que la responsabilidad es que los pastores-maestros tienen que hacerlo. Nos presenta un panorama tan distinto a lo acostumbrado. Aquí no da lugar a un grupo profesional que sean los únicos que hagan el trabajo, sino que habla claramente de que cada miembro del cuerpo tiene la responsabilidad de hacerlo. Las definiciones del pasado sobre quienes debían trabajar en la iglesia han estado muy inclinadas hacia un "clericalismo", y por supuesto muy lejos del modelo de la carta a los Efesios. Los miembros de las iglesias han llegado con la idea de ¿en qué podemos ser servidos?, en vez de preguntar, ¿en qué podemos servir?

Los dones son dados por Dios para el ejercicio de nuestra vida cristiana. Al conocerle como nuestro Salvador y Señor, tenemos una visión de lo que necesitamos. Muchas veces nos hemos preguntado cómo pudiéramos servir al Señor, o tal vez: "¡Señor, muéstrame tu voluntad!" El mismo apóstol Pablo preguntó: "Señor, ¿qué quieres que haga?"

Algo que me ha ayudado mucho en los últimos años y sé que también a muchos colegas en el ministerio, es lo que el doctor Ray

Ortlund expresa en su libro *Señor, haz de mi vida un milagro*. El llegó al punto en que necesitaba establecer una filosofía del ministerio. Cuando examinamos estos tres puntos de consagración y los consideramos a la luz de los dones espirituales, vemos cómo Dios quiere usarlos para nuestra edificación personal y también en la del cuerpo de Cristo.

Su filosofía de ministerio la podemos resumir así: El nuevo creyente, al conocer a Cristo como su Salvador, se compromete con el cuerpo de Cristo en el trabajo que hay que realizar. En primer lugar, tenemos un *compromiso con Cristo*. Esta es nuestra fuente de madurez y proceso de discipulado o crecimiento interno. En segundo lugar tenemos un *compromiso con el cuerpo de Cristo*, o sea, con nuestros hermanos en todas esas cosas expresadas en el Nuevo Testamento con la frase "los unos a los otros", y la indicación que antecede sobre lo que hay que hacer. Somos responsables y tenemos un compromiso. En tercer lugar, tenemos un *compromiso con la obra de Cristo en el mundo*. Esto último incluye el mandato evangelístico y el mandato cultural. Para todo esto necesitamos desarrollar nuestros dones espirituales y ayudar a que otros desarrollen los suyos también.

Hará falta un ejercicio de todo el cuerpo para cumplir con este compromiso que nos corresponde, pero es la voluntad de Dios. No tenemos otra alternativa, pero sí tenemos los recursos de los dones en el cuerpo de Cristo (su iglesia) para realizarlo. Somos su familia. "Dios no está haciendo grandes espectáculos, amigo; no es eso lo que le interesa. Está interesado en hacer que cada cuál se ubique en la familia de Dios y haga que la obra del evangelio vaya adelante."[12]

La iglesia local y sus líderes podrán desarrollar sus dones con la ayuda de un programa de adiestramiento, como lo que hemos presentado en nuestro capítulo anterior. Quienes deseen desarrollar sus dones, estarán dispuestos a prepararse mejor para servir al Señor. El no quiere santos mediocres; quiere idóneos. Pero toda la responsabilidad no es del individuo; los otros miembros del cuerpo deberán hacer funcionar sus dones para que otros desarrollen los suyos. La responsabilidad es de la iglesia (el cuerpo) total.

Usando los dones espirituales

Esta ha sido una de las experiencias más gratas de mi ministerio de enseñanza: poder ver a los creyentes —de mi iglesia y de otras en las que he compartido las clases sobre dones espirituales— usar sus dones. En una ocasión en la ciudad de México tuve el privilegio de ser invitado a un retiro espiritual donde el taller principal sería sobre los dones. Para mi sorpresa, al llegar allí, entre el grupo de cien personas, había una buena cantidad de creyentes nuevecitos. Sólo hacía de tres a seis meses que habían escuchado y aceptado el mensaje de salvación. Le dije al pastor: "Hermano, yo creo que esta gente va a tener problemas para entender y seguir lo que estamos enseñando; son muy nuevos." El pastor con su conocida sonrisa, me dijo: "Ahora están acá; no hay más alternativa que seguir con el programa y orar para que todo salga bien."

Lo hicimos así. Tres meses después, al ver otra vez a mi colega, le pregunté y me dijo: "Los nuevos han recibido tus enseñanzas mejor que los creyentes de años; no tienen reservas y están dispuestos a todo; los antiguos ahora están comenzando a ver el potencial y entender la voluntad de Dios para ellos; y los líderes están pidiendo que ofrezcamos este curso cada cuatro meses y que sea requisito de todos los nuevos miembros cursarlo."

Por supuesto no puedo estar personalmente con ellos cada cuatro meses pero ellos pueden hacerlo después de haber tomado el curso. Ya tienen sus propios maestros y utilizan nuestros manuales para enseñar. Esto es reproducción. Yo creo en la propagación y mi meta es reproducirme en otras personas que enseñen lo que yo les he enseñado de lo que yo he aprendido de otros y de las Escrituras. Si yo uso mis dones, otros usarán los suyos.

Como resultado de aquel seminario, fue necesario diseñar un manual, que llamamos de "movilización", o sea el número tres en nuestra serie sobre los dones. El primero es un estudio bíblico; el segundo, un taller, y el tercero son sugerencias de cómo los líderes pueden desarrollar un programa que involucre a todos los creyentes. Si usted necesita maestros de Escuela Dominical, ¿no buscaría a los que tengan el don de enseñar? Si necesita un tesorero, ¿no sería mejor que tenga don de administrar? Y así podríamos seguir la lista. En la iglesia local necesitamos no una comisión nominativa sino una comisión selectiva. Esto puede funcionar cuando la selección es de acuerdo a los dones espirituales.

Los pastores y líderes deben cambiar su función de "hombres orquesta" para ser "directores técnicos". Ellos no deben jugar el partido de fútbol y ocupar el lugar de sus once jugadores; más bien necesitan saber quiénes deben estar en cada posición de acuerdo a los dones que los capacitan para ella y dirigirlos. En iglesias grandes, en las que se requiere tener más de un pastor, ya hemos visto el caso en que uno de esos pastores tiene el título de "pastor de dones espirituales".

Cuando los líderes tienen necesidad de hacer un trabajo, todo lo que tienen que hacer es mirar su planilla y saber a quién llamar. Mi buen amigo, el doctor Enrique Cepeda, tiene una lista así. Cuando yo llego a Ciudad México, él no me busca en el aeropuerto, él busca a quien tenga el "don de servicio" y le pide a ese hermano que me espere. Necesito hospedaje, él busca a quien tenga "don de hospitalidad". Necesito quién me ayude en los talleres, busca a quien tenga el "don de enseñanza" y así sucesivamente. Es su manera de tener a todos los hermanos y hermanas usando sus dones. El siente que su responsabilidad es la de crear trabajos para que su gente use sus dones espirituales. He aprendido mucho de este hermano y estoy usando esas enseñanzas en mi propia iglesia de Pasadena, California. Todavía es una iglesia joven, pero ya estamos operando bajo la estructura del cuerpo de Cristo, del cual El es la cabeza.

Dios nos está bendiciendo y puede bendecirle a usted también. Después de todo, es el plan de Dios.

NOTAS BIBLIOGRAFICAS

[1] Hiram Almirudis, *Los Dones del Espíritu* (San Antonio, Texas, Editorial Evangélica, 1978), pág. 76.
[2] Ray Stedman, *La Iglesia Resucita* (Barcelona, Editorial CLIE, 1975), páginas 40, 41.
[3] Elmer L. Towns, *The Complete Book of Church Growth* (Wheaton, Illinois, Tyndale House Publishers, Inc. 1981), pág. 204.
[4] J. W. MacGorman, *The Gifts of the Spirit* (Nashville, Tennessee, Broadman Press, 1974), pág. 46.
[5] Rolando Gutiérrez C., *América Latina y la evangelización en los años 80* (CLADE II, 1979), pág. 196.
[6] C. Peter Wagner, *Sus dones espirituales pueden ayudar a crecer a su iglesia* (Barcelona, CLIE, 1979), pág. 38.
[7] C. Peter Wagner, *Frontiers in Missionary Strategy* (Chicago, Illinois, Moody Press, 1971), pág. 72.
[8] Patricio Carter, *Vivamos en el Espíritu cada día* (El Paso, Texas, Casa Bautista de Publicaciones, 1975), pág. 60.
[9] W. J. Purkiser, *Los Dones del Espíritu* (Kansas City, Missouri, Casa Nazarena de Publicaciones, 1979), pág. 49, 50.
[10] Hiram Almirudis, op. cit., pág. 17, 18.
[11] Pearlman Myer, *Teología bíblica y sistemática* (Miami, Florida, Editorial Vida, 1981), pág. 372.
[12] Raymond Ortlund, *Señor, haz de mi vida un milagro* (Barcelona, Editorial CLIE, 1977), pág. 97.

CAPITULO 6
ESTRATEGIA DEL EVANGELISMO URBANO

Alguien ha dicho: "Se calcula que para el año 2000 la población del mundo alcanzará la cifra de siete mil millones de personas. Un 75% de estos vivirán en los países "en desarrollo". En tales naciones, para esa fecha, un 45% estará viviendo en áreas urbanas, en contraste con los países desarrollados que contarán con el 80% de su población residiendo en las ciudades. Un experto en población dice que para 1990 más del 50% de la población mundial vivirá en ciudades de más de 100.000 habitantes. Esta corriente ya ha producido serios problemas sociológicos: criminalidad, insuficiente sanidad pública, escasez de viviendas, y contaminación ambiental. Estos problemas, a su vez, crean la necesidad de que la gente que vive aquí hoy tomen una serie de medidas urgentes en cuanto a: el índice de nacimientos, los armamentos, el suministro energético, el aborto, la alimentación, la transportación, los impuestos, la inflación, el poder político, y el uso de las computadoras."[1]

Cuando leemos este tipo de estadísticas (que no creo sean de las más pesimistas sino por el contrario muy realistas), deben motivarnos a examinar a profundidad la necesidad y la estrategia que la Iglesia del Señor deberá utilizar para alcanzar a las multitudes que viven en las grandes ciudades. El desafío del portero eléctrico de los monobloques (edificios de gran cantidad de apartamentos) y la prisa con que la gente se mueve sin darles el tiempo para mucho más que trabajar, dormir, y comer crean una necesidad imperiosa de un evangelismo urbano.

¿Cómo llegar a estas personas? ¿Qué métodos utilizar? ¿Qué dará mejores resultados?

En este capítulo observaremos algunas cosas aprendidas de las experiencias de otros. El lector deberá examinar tanto las circunstancias mencionadas como los ejemplos que daremos como si fueran prototipos. ["Prototipo: ejemplar original, primer molde de una cosa."]²

Luego, cada iglesia o grupo de iglesias deberá adaptar estos modelos a sus circunstancias, recursos y objetivos. No estamos proponiendo métodos envasados, sino más bien queremos estimularlo a que examine estos principios a ver si puede ponerlos en práctica.

La necesidad

El desafío de las ciudades es cada vez mayor. Un informe estadístico nos muestra el cambio en el transcurso de los últimos doscientos años, con una proyección hacia el año 2000. Estos son los porcentajes de personas que viven en ciudades de más de 20.000 habitantes.

2,4% en 1800
9,2% en 1900
27,1% en 1960
50,0% en 2000

El doctor E. Luther Copeland, profesor de misiones del Seminario Teológico Bautista de Fort Worth, Texas, EE.UU., en una conferencia sobre las raíces de la urbanización, al citar estas cifras, no pasa por alto el hecho de que hay factores que han contribuido a la urbanización. En primer lugar, la *industrialización,* que provee el estímulo económico para edificar la ciudad. En segundo lugar, *el crecimiento de la población mundial,* que fue más o menos estable hasta el siglo dieciocho. Este, a partir del año 1945, ha sido dramático. En tercer lugar, *la tecnología* que proporciona el conocimiento de cómo mejorar la producción, el mercado y el aumento en la demanda de los consumidores. En cuarto lugar, *la secularización,* con la que el hombre trata de dominar el medio sin la ayuda de la religión. La religión no tiene un lugar central en la metrópoli tecnológica. Los templos se pierden en el panorama de los rascacielos comerciales y residenciales.³

Si agregamos a esto que se calcula que para el año 2000 la población del mundo alcanzará la cifra de siete mil millones, el desafío crece de día en día. En América Latina hoy hablamos del Gran Río de Janeiro, el Gran Buenos Aires y qué podríamos decir de Caracas, y aun más de Ciudad México con sus 17 millones de habitantes.

El autor de *Missions in Crisis* (Misiones en crisis) acusa a las iglesias de:

1. Falta de preparar a sus miembros para el movimiento hacia la ciudad.
2. Falta de hacer un verdadero impacto sobre los grandes centros urbanos.
3. Falta de tener una visión misionera de las áreas metropolitanas.[4]

La iglesia deberá doblar sus rodillas, y permitir que el Señor le dé la visión y la estrategia para poder alcanzar estas metrópolis. Habrá que usar todo método lícito, todo principio bíblico de Iglecrecimiento disponible, y concentrarse en el cumplimiento de la Gran Comisión. Habrá que usar la más reciente tecnología en los medios de comunicación que nos ayude a alcanzar a las masas y trasponer los porteros eléctricos. También habrá que usar los seminarios e instituciones de instrucción bíblica para preparar líderes u obreros que puedan alcanzar a los miles de millones de personas.

La iglesia debe actuar en todo el ámbito de su misión. Debemos tener cuidado —como escuché hace varios años— de que no permitamos que:

> Mientras que el mundo muere en
> sangrientas revoluciones
> la iglesia pierda su tiempo en santas
> resoluciones.

No deseamos en este manual duplicar lo que otros autores ya han presentado. Por eso recomendamos a nuestros lectores que agreguen a sus bibliotecas libros tales como, *Una estrategia urbana para evangelizar a América Latina*, por Rogelio S. Greenway; y, *Urbangelización*, por Guillermo Kratzig. Además de estos les sugerimos los que aparecen relacionados en la *Bibliografía del Iglecrecimiento* en las páginas finales de este libro.

Pongo a su consideración dos prototipos (o modelos, si prefieren) que se pueden adaptar a las circunstancias y recursos de los lectores. Estoy bien familiarizado con ellos ya que he participado personalmente en su puesta en marcha.

El primero que consideraremos será "Lima al encuentro con Dios", una experiencia urbana auspiciada por un grupo de hombres de Dios. Su punto de partida fue la iglesia local; su meta: toda la ciudad. El segundo, "Cruzadas de Iglecrecimiento" donde una denominación o un grupo de iglesias de varias denominaciones pueden trabajar unidas para alcanzar a la ciudad.

Lima al encuentro con Dios

El programa "Lima al encuentro con Dios" comenzó con una visión y no con dinero. Una visión compartida por líderes nacionales e internacionales. Un esfuerzo de equipo en el que pastores, misioneros y miembros de la iglesia trabajaron —y continúan haciéndolo— lado a lado.

La población del Perú es actualmente de unos 18 millones de habitantes. De estos, 5 millones viven en la ciudad de Lima. Se calcula que 1.000 personas llegan por día para radicarse en ella, además del crecimiento de los que ya viven allí. Podríamos ahora preguntarnos, ¿está la iglesia creciendo en la misma proporción?

Esta era una de las muchas preguntas que se hicieron estos líderes. Con una diferencia: decidieron dejar a un lado los problemas y se concentraron en las soluciones. Por dos años hubo un grupo de quince a veinte creyentes que tenían una carga por la ciudad de Lima. Estaban pidiendo que Dios trajera un movimiento a Lima que alcanzase los millares de perdidos.

Un misionero (el hermano Ken Opperman) y un industrial (Roy Le Tourneau) compartían una misma visión. Dios los juntó. Tenían la convicción de que Dios quería hacer algo. Esta convicción comenzó a contagiar al resto de la iglesia local. Y lo que llegaría a tener como meta 12 nuevas iglesias de por lo menos 1.000 miembros cada una en la ciudad de Lima, comenzó en una iglesia local. Para cuando este libro se publique ya estarán en camino de tener la iglesia número 10. Cada una se encuentra en un nivel diferente (en su alcance), pero están trabajando, como veremos más adelante.

Cuando el pastor Alfredo Smith llegó a Lima, se encontró con una congregación de unos 160 que se reunían en una vieja casona en la Avenida Arequipa. En 3 meses llegaron a los 180 y tuvieron que comenzar a tener 2 cultos cada domingo por la mañana. La membresía era de 117 personas. El grupo de creyentes estaba fortalecido por un fuerte ministerio centrado en la Biblia. Sesenta de ellos estaban estudiando el libro de Romanos. Cuando se comenzó a hablar de una tarea evangelística sólo unos 30 estuvieron dispuestos a unirse al esfuerzo y compartir la visión.

Desde los mismos comienzos Dios estaba amalgamando un equipo de trabajo. Los cuatro iniciadores fueron: Smith, Kelly, Lay y Abrams. Recordando el pasado nos dice Smith: "Aquí nunca ha habido jefes, todos hemos sido soldados." Un equipo de hombres de Dios, dispuestos a compartir una visión, una tarea, una meta.

Con el hermano Kelly hemos compartido largas horas conversando sobre "Lima al encuentro con Dios". De su amistad y de sus escritos inéditos aprovecho para que nuestros lectores conozcan un resumen práctico de este esfuerzo por alcanzar una gran ciudad, una forma de hacer "urbangelización". Esperamos que esto ayude a que como prototipo pueda ser usado en otras metrópolis, por lo menos en los conceptos y principios que sean transferibles.

Existen tres factores muy importantes en este proyecto. Estos son: personal, estrategia, y recursos financieros.

I. Personal

Esto es, el elemento humano. Desde el comienzo del proyecto de Lima hubo un esfuerzo de equipo en el que tanto los laicos como los pastores y misioneros trabajaron hombro con hombro. Humberto Lay, un laico de la iglesia de Lince (Avenida Arequipa), arquitecto de profesión, sirvió como consejero, maestro y predicador. Alfredo Smith, pastor de la iglesia de Lince, llegó a Lima contando con 20 años de experiencia pastoral (habiendo llegado a ser director del Instituto Bíblico Buenos Aires y presidente de la Iglesia Nacional Argentina). Francisco Pérez, sirvió durante 15 años como misionero argentino en el Uruguay. Fernando Lay, hermano de Humberto, regresó a Lima después de más de 10 años de experiencia de trabajo con la juventud, primero con Evangelismo a Fondo y luego con Juventud para Cristo. Los misioneros del Perú y Colombia que trabajaron junto a los nombrados anteriormente tenían de 10 a 19 años en el campo misionero. ¿Por qué este énfasis en un ministerio en equipo?

A. Está basado en las Escrituras. Sólo nos basta recordar que el apóstol Pablo trabajó con otros (Bernabé, Silas, Marcos y Lucas, para nombrar algunos entre muchos).

B. El ministerio en equipo reconoce y permite el completo funcionamiento de los distintos dones espirituales para alcanzar un objetivo común.

C. Divide las responsabilidades para así obtener una mayor eficiencia. Los cientos de personas que buscan al Señor traen infinidad de preguntas y problemas que deberán ser ventilados por personas de peso y que dispongan de un programa planificado de discipulado.

D. En un programa acelerado de evangelismo hace falta tener una fuente continua de literatura, de programación radial, de divulgación y de preparación de materiales de estudio para la consolidación, retención y preparación de líderes.

E. Los miembros del equipo que han tenido experiencia en uno de estos proyectos pueden ser los líderes en proyectos similares en otras regiones dentro y fuera del país.

F. Un equipo asegura la continuidad. Si por alguna razón uno o dos miembros del equipo tuvieran que dejar el trabajo, no se detendría el programa por ese motivo.

G. Un ministerio en equipo produce creatividad, además de una evaluación objetiva y de un crecimiento personal por medio de la comunión, oración y el compañerismo mutuo.

H. En un esfuerzo en equipo uno se puede movilizar más productivamente durante el tiempo de la cosecha.

En ciudades de 4, 5 o 10 millones de habitantes, es imperioso desarrollar un trabajo en equipo si es que vamos a llevar adelante un programa de Iglecrecimiento. Este concepto de equipo puede exportarse.

II. Estrategia

Mucho antes de que comenzara el proyecto de Lima a fines de 1973, la congregación de Lince sintió una gran carga por alcanzar a Lima para Cristo. Expresaron ese sentir por medio de la oración y la planificación. Otros también comenzaron a unirse a ellos en este deseo de extensión. Como resultado comenzaron a surgir: un *claro propósito, metas específicas* y una *estrategia flexible.* El propósito era evangelizar la ciudad de Lima. Para lograr ese objetivo se establecieron metas de corta y de larga duración. La meta de corto plazo era establecer siete grandes centros evangelísticos (iglesias), para el año 1985. La meta de largo alcance era establecer cinco iglesias más, como las anteriores, para el año 1990. Todavía hoy, aunque con algunas modificaciones, se mantienen esas metas.

A continuación, algunos factores que contribuyeron al éxito de la fundación de las iglesias de Lince, Pueblo Libre y Miraflores. (Estas fueron las primeras que se establecieron a corto plazo.)

A. *Ubicación:* Una ubicación prominente y atractiva era crucial. Damos gracias a Dios por la sabiduría en la selección que se hizo al adquirir la propiedad de la iglesia de Lince en uno de los bulevares más importantes de la ciudad de Lima. Asimismo, el moderno y atractivo edificio — construido en 1974, con una capacidad para mil personas sentadas — ha captado la atención no sólo de los vecinos cercanos sino también de residentes de otros distritos de Lima. Aun visitantes de otras ciudades y turistas de otros países asisten a los servicios de los domingos; todo esto porque la iglesia está convenientemente ubicada y es muy visible.

La iglesia de Pueblo Libre también está estratégicamente situada. La Avenida Brasil, con sus ocho carriles, se comunica con los principales distritos de la ciudad. Esto es muy importante cuando la mayoría de la gente depende del transporte público. Es difícil enfatizar todo lo que se debe lo importante que es la ubicación a la hora de planificar una iglesia.

B. *Las campañas:* Si tuviéramos que especificar cuál ha sido la estrategia que más ha contribuido al crecimiento acelerado, tendríamos que decir que fueron las extensas campañas. En la iglesia de

Lince, fue posible tener cada mes campañas de dos semanas, y esto sin interrupción. Durante dos semanas (comenzando un domingo y terminando el subsiguiente), los evangelistas invitados predicaban cada noche con la excepción de un lunes. El evangelista predicaba el primer domingo por la mañana; el pastor local los dos domingos siguientes. Este procedimiento permitía al pastor local ministrar a los nuevos convertidos, a la vez que ayudaba al evangelista invitado a no tener tanta carga. Cada período de dos semanas era más que una campaña evangelística, era un proceso total de aprendizaje y discipulado.

El doctor Arnoldo Cook, otro de los misioneros que trabajaron en el proyecto, comentó en el "Boletín de Iglecrecimiento" del tercer trimestre de 1978: "Uno de los pastores estuvo sentado en la plataforma de su iglesia y escuchó 225 sermones evangelísticos, de todo tipo, estilo y formato durante 15 meses de evangelismo."[5] "¡Qué aguante!", diríamos algunos. Es que los participantes de este proyecto tienen el compromiso de realizar grandes cosas para Dios. ¡Ellos creen en un Dios grande!

C. *La predicación*: Esta era de tipo expositivo, presentando las verdades bíblicas noche tras noche. La mayoría de los predicadores eran pastores de éxito provenientes de varios países de América Latina.

D. *Celebración*: Una atmósfera de celebración atrae al pueblo latinoamericano. Esta se consigue por medio de música vivaz, testimonios patentes y predicación dinámica. Tanto los visitantes como los nuevos convertidos se aprendían rápidamente los himnos y coritos que se cantaban noche tras noche, los que exaltaban al Señor Jesucristo, cantando de la experiencia que tuvieron "Cuando El vino a [su] corazón".

E. *Comunidad*: Noche tras noche, al haber personas que respondían al mensaje y aceptaban a Cristo, se desarrollaba un sentido de comunidad entre ellos. Algunas veces, los primeros en aceptar a Cristo eran los padres, luego los hijos, después los parientes y por último los amigos o compañeros de trabajo. Muchas veces durante una campaña, familias enteras recibían a Cristo. En América Latina las campañas extensas son muy efectivas en juntar a las unidades homogéneas de la sociedad. Tanto la familia como las relaciones sociales son factores muy importantes en producir un crecimiento acelerado de la iglesia.

F. *Visibilidad*: Un evangelismo extensivo proporciona muchas oportunidades para que la gente conozca al evangelista, a los consejeros y a otros miembros de la iglesia. Los nuevos convertidos que asistían a una campaña de dos semanas, y después a la

"Academia Bíblica" subsecuente, llegaban a tener una comprensión cabal de lo que realmente era una iglesia evangélica protestante. Habrían presenciado un bautismo, una Santa Cena, una dedicación de niños y posiblemente hasta una boda o un servicio fúnebre.

G. *Fraternidad evangélica*: No todo el evangelismo se llevó a cabo dentro del templo. En la calle, en los comercios, en la universidad, en los hogares, dondequiera que los miembros y recién convertidos compartían sus experiencias, allí se evangelizaba. Un alto porcentaje de los que venían a las campañas, mencionaban que habían sido invitados por algún amigo o pariente.

H. *Saturación*: Se utilizaron al máximo para evangelizar todos los medios de publicidad disponibles (literatura, radio y prensa). Todo tiene tanta mayor ventaja cuando lo comparamos con las cruzadas anuales de la iglesia local y aun con las cruzadas unidas de toda la ciudad de sólo una semana de duración. La ciudad de Lima llegó a conocer del alcance evangelístico de la iglesias de la Alianza Cristiana y Misionera (o sea, la denominación que auspició el proyecto). Cuando la ciudad es impactada de esta forma, se crea un precedente que en el futuro puede servir para la evangelización.

I. *Conservación y adiestramiento*: Durante las dos semanas siguientes a la campaña, se tuvieron clases bíblicas a las que se denominaron "Academia Bíblica". Las clases eran informales y daban amplia oportunidad para el diálogo. Las materias que se enseñaban iban cambiando a medida que las campañas continuaban y se suscitaban necesidades específicas. Los cursos cubrían la Doctrina Cristiana Básica, el Libro de los Hechos, Las Epístolas, el Hogar Cristiano, Evangelismo Personal, etc. Simultáneamente, se daban clases de instrucción a los que deseaban prepararse para el bautismo. Escribió Dardo Bruchez: "Las campañas evangelísticas han ganado almas, pero las campañas *educativas* han conservado y consolidado creyentes."[6]

Muchos de los que habían tomado los cursos de la "Academia Bíblica" se inscribían después en los programas de educación teológica por extensión, lo que les brindaba la oportunidad de profundizar en las Escrituras.

En 1976 había 160 personas matriculadas en estos cursos por extensión. En mi visita (en junio de 1981), la iglesia de Pueblo Libre — sin contar las demás — tenía un total de 400 inscritos en ellos.

El instituto bíblico nocturno que comenzó en 1976 ahora tiene un alumnado de 180 estudiantes. Casi el 100% son miembros de Lince y Pueblo Libre, pero ya comienzan a agregarse los de las otras iglesias que han sido fundadas en los últimos años. Muchos de los estudiantes sirven como maestros de las "Academias Bíblicas" y también de los programas de extensión. Las clases nocturnas, funcionan de martes a viernes. Algunas terminan a las 8:10 P.M., permitiendo así a los estudiantes avanzados no sólo que observen sino que participen también en las campañas evangelísticas.

Un Iglecrecimiento acelerado deberá tener un adecuado liderazgo nacional si es que aspira a conservar y mantener su ímpetu. Con más de 700 miembros que participan en esta fecha en los programas de discipulado y adiestramiento, el futuro de Lima es muy prometedor.

J. *Expansión:* Desde el comienzo del programa tanto la iglesia de Lince como la de Pueblo Libre sabían que en determinado momento parte de su membresía debería enjambrar y salir para formar el núcleo de una nueva congregación. En mayo de 1977 un grupo de Lince salió para comenzar servicios en el distrito de Miraflores. Ya se ha comprado la propiedad y las campañas comenzarán tan pronto como el lugar esté listo. La iglesia de Pueblo Libre todavía no ha enjambrado en la medida planeada pero no les falta entusiasmo en su programa de evangelización.

El modelo que ellos siguen es similar al de la iglesia madre y tiene metas similares.

III. Finanzas

Es muy costoso planificar y desarrollar un programa acelerado de Iglecrecimiento como este en un gran centro urbano de cualquier parte del mundo. Llevará más que seleccionar y juntar el personal y desarrollar la estrategia. *Debemos considerar seriamente las finanzas.* En Lima, los recursos financieros invertidos en los terrenos y edificios y el continuo evangelismo y adiestramiento ha dado como resultado un programa que está haciendo un impacto en esta ciudad de 5 millones de habitantes y — con el tiempo — en todo el país y el continente.

Tal vez esta sea una de las partes más difíciles de transferir de este modelo. ¿Cuánto costaría hoy una propiedad en las avenidas principales de Buenos Aires, o de Ciudad México, u otras metrópolis de la América Latina? Pero la verdad es... predicamos y enseñamos que nuestro Dios es el mismo Dios de Abraham, Isaac y Jacob. El mismo de "Lima al encuentro con Dios" y el de nuestra ciudad. ¿Es que no podrá ese mismo Dios darle a usted una solución, quizás diferente, pero con los mismos resultados?

IV. Resultados

Por lo que está sucediendo en el programa de evangelismo urbano, "Lima al encuentro con Dios", es muy difícil dar estadísticas sobre los resultados. Para cuando este libro se publique, ya serán añejas las cifras y pasados los acontecimientos. Me limitaré a lo que pude observar en junio de 1981 y verificar en abril de 1982. ¡Es tremendo! Para el resto usted deberá usar su imaginación o seguir investigando, y si fuese posible "vaya y vea".

Lince (ver diagrama 16). No tenemos gráficas de las otras iglesias, pero sirve de muestra un botón. Permítaseme compartir un pequeño detalle informativo de parte de las demás.

Miraflores: En este vecindario comenzaron en abril de 1977 en un parque con 50 hermanos de la iglesia de Lince. Hoy tienen edificio propio y una asistencia de 400. Cuentan con 4 pastores (3 de tiempo completo). De los asistentes, 226 ofrendan regularmente, con entradas mensuales que sobrepasan los 3.000 dólares. Ya celebran dos cultos cada domingo por la mañana.

El Agustino: Comenzaron con 13 personas de Lince en abril de 1978. Una asistencia de 250 a 300 en el presente y una membresía de 226. Ofrendas mensuales de 1.800 dólares. Las personas aquí son de medios económicos más reducidos. Tienen 2 pastores, y 2 estudiantes del instituto ayudan. Al ver el fervor evangelístico de "Lima al encuentro con Dios", una organización evangélica que se dedica a establecer escuelas, orfanatos y otras instituciones sociales ha cedido la capilla de su escuela como lugar permanente de reuniones.

Salamanca: Comenzó en noviembre de 1980. Otra vez 35 hermanos de Lince formaron este grupo. Están buscando un lugar permanente. Se reúnen en una casa prestada y han edificado en lo que es el patio de la casa y garaje, aunque esto será provisionalmente. Tienen un pastor que es graduado del instituto bíblico de Lima.

El Callao: Comenzaron en abril de 1981. Varios grupos hogareños se reunían en Lince y Pueblo Libre, sin conocer el uno la existencia del otro. Ahora se reúnen cada domingo de 100 a 150 hermanos en un club. Están comprando un lote pero mientras tanto continúan así los domingos y tienen además 13 grupos hogareños de crecimiento. Esto no deja de ser una bendicón en sí mismo.

El Rímac: Está en formación, se reúnen en un local alquilado. Cuando se organizó había unos 100 hermanos de entre las iglesias de Lince y Pueblo Libre. Por largo tiempo, los que asistían a la iglesia en Lince, pero vivían en la zona del Rímac, se reunían allí fuera del horario de reuniones y tenían sus propias vigilias de oración y actividades. No se apartaron ni dejaron de diezmar a la iglesia madre hasta que tuvieron su lugar y estructura propia. Tienen un equipo de dos pastores jóvenes, uno recientemente graduado del instituto bíblico y otro que es alumno del quinto año.

Ya tienen un terreno y con planes de construir un templo con

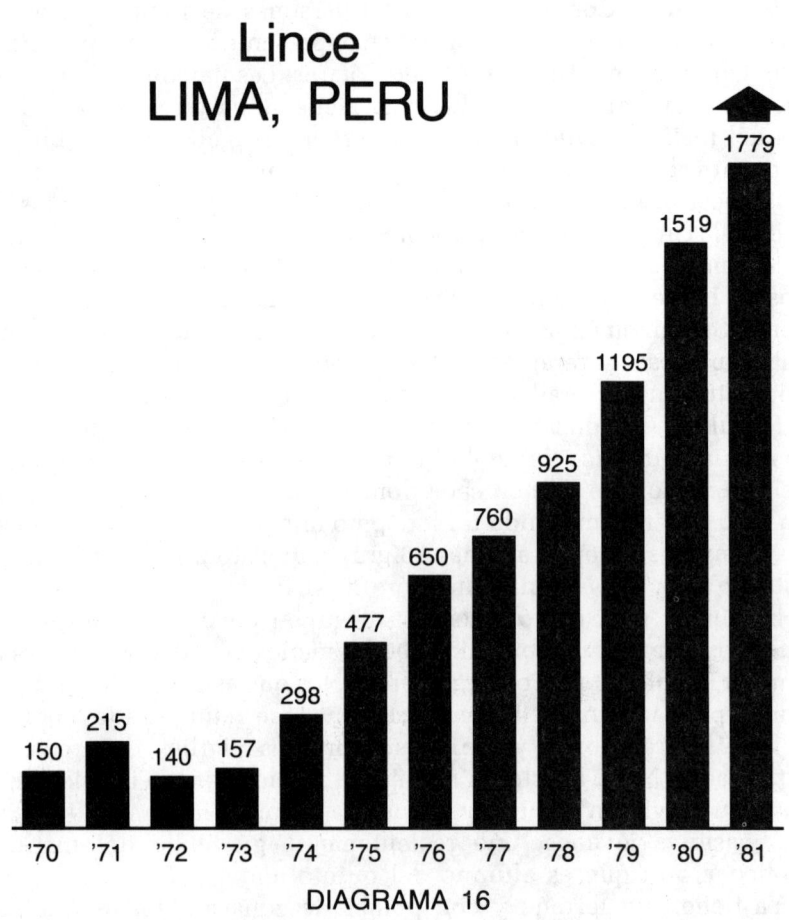

DIAGRAMA 16

capacidad para 1.000 personas. Este será otro esfuerzo en conjunto con la Iglesia Luterana Evangélica (semejante al del Agustino). Una diferencia es que esta unión está planificada desde el principio. La primera unión tuvo éxito aun cuando no habían existido planes anteriores de llevarla a cabo.

Había dificultades en conseguir el terreno, ya que había algunos litigios gubernamentales. Pero. . . el Señor Presidente del Perú, se enteró de la obra de estos hermanos, se sorprendió del nivel de enseñanza en esta institución y quiso conocer tan buena obra. Visitó personalmente la institución en El Agustino, y al enterarse de los problemas en el Rímac, dio orden de que se solucionara la situación y se comenzara a edificar inmediatamente. Dios premia la fidelidad de los que trabajan por el cumplimiento de la Gran Comisión y el crecimiento integral de los discípulos del Señor.

Pueblo Libre: En general podemos decir que la iglesia de Lince es la que ha estado "enjambrando" hasta este momento. Siendo que la iglesia en Pueblo Libre comenzó en 1975 y tuvo muchos obstáculos para conseguir la propiedad en la que ahora hay un hermoso templo con capacidad para 2.000, se ha preferido no debilitar a esa congregación. Aunque se reconoce que tiene un potencial dos veces mayor que el de Lince.

En junio de 1981 tuvieron un culto de adoración con una asistencia de 1.400 personas y un culto evangelístico de 1.800. La membresía era de 1.300. La Escuela Dominical por carecer de edificio adecuado (estaba en vías de construcción) sólo tenía una asistencia de 550. También tenían 22 grupos hogareños de oración, y 400 matriculados en la "Academia Bíblica". En 1981-82 tenían planes de organizar tres nuevas iglesias.

Un grupo de 40 médicos, enfermeras, y otros trabajadores del sector de la salud, miembros de la iglesia, han formado una clínica para atender las necesidades de los humildes, y lo hacen en varias partes de esa gran ciudad. Una vez más comprueban que cumpliendo con la prioridad del mandato evangelístico podemos también dar un buen cumplimiento al mandato cultural.

Cada una de las congregaciones está planificando poder servir a distintas personas necesitadas de esa gran metrópoli. Tanto los jóvenes universitarios como las personas que han alcanzado madurez están usando sus talentos naturales para ayudar a otros.

Algo que me preocupa desde el punto de vista de Iglecrecimiento, que a la vez podría servir de munición para los críticos, es el hecho que de 5.580 decisiones en las cuatro primeras iglesias del proyecto, sólo se bautizaron (o se afiliaron a esas iglesias locales) 995, o sea, un 17,8% del total. Algunos dirán: "Fue semilla que cayó en pedrega-

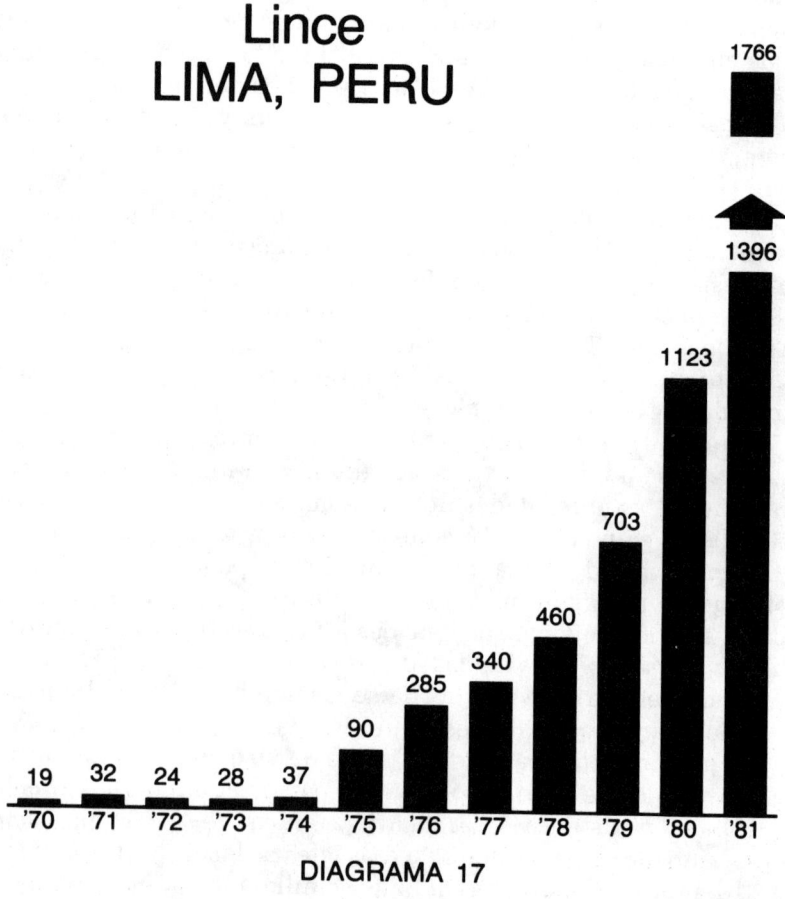

DIAGRAMA 17

les." No estoy conforme con esa respuesta. Por eso investigué el caso, y aunque no me satisface del todo, descubrí que mucha de la gente que conoció al Señor en las iglesias de Lince, Pueblo Libre, Miraflores y El Agustino —por razones de distancias— se han unido no sólo con iglesias de la Alianza Cristiana y Misionera sino también con otras denominaciones. La siembra no ha sido en vano, sólo que —en este caso— otros han cosechado lo que no sembraron.

Es cierto que muchas cosas han sido favorables para el crecimiento de las iglesias participantes y para el éxito de este proyecto. Hubo tres nacionales y tres misioneros que formaron un equipo que sólo Dios puede reunir. La Misión ayudó originalmente con edificios, evangelistas, literatura, radio, etc. (Ya esto se soluciona con un "fondo de reposición" donde las iglesias que han recibido fondos anteriormente, reintegran ahora mensualmente ciertas sumas y el dinero se sigue prestando a las nuevas iglesias en proceso de formación.)

Hasta podríamos decir que el terremoto del 10 de marzo de 1974 fue una ayuda para la iglesia de Lince, ya que una escuela de niñas que fue destruida en la zona, usó el edificio de la iglesia por un año. Este fue un contacto sumamente valioso con la comunidad.

También es cierto que la juventud universitaria está buscando solución a sus problemas y algo en qué creer. A los jóvenes que pasan frente a la iglesia de Pueblo Libre se les invita a entrar, aceptan en el momento y se quedan en la iglesia. Yo lo he visto con mis propios ojos. ¿Pasa esto en otros países? Tal vez no. Pero, ¿es que no podría Dios dar el crecimiento donde usted está de alguna forma maravillosa, aunque no idéntica a la de Lima? Yo creo que el secreto está en que estos hermanos, desde el principio, estuvieron dispuestos a plantar y se prepararon a cosechar, y Dios les ha dado el crecimiento. El quiere darlo, generalmente somos nosotros los que no estamos listos, pues gastamos nuestra energía trabajando en lo que no da fruto y nunca nos lanzamos a nada que presente un verdadero desafío.

No todo lo que sucede en Lima es transferible, pero tome usted este modelo, ore por él, colóquelo dentro de su marco de posibilidades y recursos, y deje que Dios obre.

Mucho de lo que ocurre en Lima sucede porque la población entera ve que allí está pasando algo. Los pastores tienen columnas evangelísticas en los periódicos (y encima les pagan por hacerlo). Las estaciones de radio les dan tiempo diario, les pasan los anuncios sin cobrar y aun los servicios de los domingos por la mañana, y así podríamos seguir mencionando cosas que algunos dirán: "¡Así cualquiera crece, miren todo lo que les dan!" Lo que reciben ellos y otros no, es porque "Lima al encuentro con Dios" ha probado que es un proyecto que crece para la honra y gloria de Dios, y Dios les premia con estos toques de bendiciones adicionales.

Si una iglesia quiere incorporarse a este proyecto debe de estar dispuesta a tener expansión y extensión. Deben de estar dispuestos a cambiar de ubicación. Se les debe enseñar a los miembros a no tomar una actitud de pioneros inamovibles sino una de movilización y crecimiento espiritual y numérico.

Cuando el pueblo de Dios se entusiasme con el trabajo, salga de las cuatro paredes del templo y de las aulas de los seminarios a cumplir con el mandato evangelístico veremos cómo Dios bendice y da un crecimiento tal como lo experimentó la Iglesia primitiva en el libro de Los Hechos.

En unos de sus escritos, don Eugenio Kelly hace estas preguntas: "¿Tenemos personas para hacer este trabajo? ¿Tenemos la estrategia? ¿Tenemos el dinero?" El cree (y yo también) que sí. Tenemos todo esto en cada país, en cada denominación, en cada iglesia. "Con un trabajo de equipo — agrega don Eugenio —, una estrategia clara, y el uso sabio de las finanzas podemos hacerlo en cualquier parte del mundo."[7]

Cruzadas para el crecimiento de la Iglesia

Nuestro objetivo aquí es presentar algunos principios que ayudarán a hacer y retener discípulos que serán miembros responsables y reproductivos de la iglesia local. Por supuesto, estas iglesias tendrán que enfocar sus metas en la de la Gran Comisión, "Id y haced discípulos de todas las naciones" (Mateo 28:29, 30).

Este es un proyecto que bajo la dirección y el poder de Dios producirá crecimiento en la iglesia local y el reino de Dios. Esto abarcará tres etapas: primera, *la precruzada*; segunda, *el evento evangelístico* o cruzada; y tercera, *la postcruzada*. Sugerimos que se piense en un período de dos años para alcanzar todo el proceso. Se necesitará tiempo para la preparación, el adiestramiento, la fundación de iglesias, tiempo para eventos evangelísticos especiales, y tiempo para consolidación, discipulado y evaluación.

Siendo que estos son *principios* y no *métodos*, sugerimos que sean considerados en esa forma y que sean adaptados o cambiados de acuerdo a las necesidades, circunstancias y recursos locales. Esto es únicamente un prototipo. Permitamos que las iglesias participantes determinen el modelo final. Algunos prototipos similares han sido probados en el Tercer Mundo, con resultados comprobados. El más conocido es el "Plan Rosario" que ha sido promocionado y estudiado en todos sus aspectos.

Estrategia del evangelismo urbano 133

El Departamento de Evangelismo e Iglecrecimiento del Instituto Charles E. Fuller, en su división hispana (que he tenido el privilegio de fundar y desarrollar) ha trabajado en diseñar modelos teóricos y un currículo práctico de evangelismo completo, lo cual es una nueva manera de pensar en cuanto al proceso de hacer discípulos. Presta atención cuidadosa a cómo aumentar la eficacia y resultados en todo tipo de estilo o metodología evangelísticos. Asimismo la Escuela de Misiones del Seminario Teológico Fuller ha trabajado en el pasado en un tipo similar al modelo que deseo presentar a mis lectores. También trataré de explicar el proceso tal como lo vi y experimenté en Rosario, Argentina, mientras estuve allí y también en Los Angeles, California desde 1977 a 1980, lugar en el que me tocó participar como coordinador general de un programa similar.

I. Metas de una ciudad para un proyecto de dos años

A. Para ser más eficientes en nuestro evangelismo, necesitamos establecer metas. El mismo Señor nos dio ejemplo al darnos la Gran Comisión. Nosotros no podemos hacer menos. Después de todo, las metas son expresiones de fe (Hebreos 11:1). Las metas nos ayudarán a enfocar nuestro objetivo y unir nuestros esfuerzos. Este es un ingrediente que no hemos tenido en el pasado. Las metas nos ayudarán también a rendir cuentas. Cuán fácil es tirar la flecha y después dibujar el blanco alrededor de ella. Mientras tanto no tenemos que preocuparnos. Pero el tener que rendir cuenta de nuestras metas llega a ser la motivación para el éxito. Las metas aumentan nuestra eficiencia. Siendo que tenemos metas, tenemos algo por lo cual trabajar y llegamos a tener más eficiencia en lo que hacemos.

¿Cuáles son algunas características de buenas metas? La primera característica es que deben de estar basadas en la investigación. Necesitamos conocernos a nosotros mismos y lo que nos rodea. Necesitamos realizar bastante investigación si es que deseamos tener eficiencia y ser realistas. El establecer una meta y orar que todos los que viven en la comunidad reciban a Cristo como su Salvador, no estará basada en investigación. Nuestras metas necesitan ser significativas y realistas. Necesitamos un desafío que nos motive, metas realistas que puedan ser alcanzadas y significativas para que determinen un cambio de paso.

Con esto en mente podemos establecer metas bien definidas. He aquí algunas sugerencias:

1. Que el 90% de las iglesias de la ciudad o la zona sean instruidas y pongan en práctica los principios del Iglecrecimiento como parte de su estilo de vida. Esta meta no se alcanzará de la noche a la

mañana. Demandará tiempo y trabajo. Sólo cuando la gente comprenda los principios del Iglecrecimiento, estarán capacitados para obtener los resultados.

2. Un aumento en el crecimiento (incluyendo un 50% en el crecimiento por conversión) en por lo menos la mitad de las iglesias participantes. ¿Por qué sólo la mitad de las iglesias? Se ha comprobado que muchas de las iglesias no ponen en práctica los principios de Iglecrecimiento aprendidos, o tal vez no los ponen en práctica correctamente o no han sido eficientes en la movilización.

3. Que se funden en la ciudad por lo menos un 10% del total del número de iglesias participantes. Por ejemplo: si hay 100 iglesias en la zona, que haya 10 nuevas iglesias hijas que sean plantadas y estén creciendo para cuando comience la cosecha. Estas serán los nuevos graneros para recibir la cosecha. La mayoría de nuestras iglesias no tienen la capacidad física para recibir los resultados posibles.

4. Establecer un modelo de reproducción continua de Iglecrecimiento (tanto de expansión como de extensión). No podemos detenernos después que el proyecto haya terminado. Necesitamos continuidad para tomar ventajas del máximo potencial evangelístico de los nuevos convertidos. Todo este proyecto no está diseñado para tener un impacto aislado o de una vez únicamente, sino para tener la continuidad que producirá resultados continuos.

II. Precruzada (Aproximadamente un año)

A. Propósito general

La voluntad de Dios es que la Iglesia crezca. El fue muy explícito cuando le dijo a Pedro y a los demás discípulos: "Edificaré mi iglesia" (Mateo 16:18). Nosotros, como líderes de la Iglesia necesitamos estar conscientes que esa es la voluntad de Dios. ¿Cómo podemos llamarnos ministros si no estamos haciendo nuestra parte en esta gran tarea? Ha llegado el momento en la historia de la Iglesia cristiana de que formemos parte de la brigada de construcción del Señor, de modo que su Iglesia pueda ser edificada.

La parte más interesante de nuestra tarea es que Dios desea que formemos parte de su brigada. Sin duda, Dios pudiera haberlo hecho todo por sí mismo, pero El prefirió elegirnos a nosotros para que seamos sus embajadores y los mensajeros de las Buenas Nuevas. Esto debiera ser suficiente motivación para que hagamos nuestra parte en cumplir con la Gran Comisión. ¡Sólo pensar que Dios quiere que yo participe! ¡Lo menos que puedo hacer es poner todo de mi parte!

Pero. . . ¿estoy dispuesto a pagar el precio? En la respuesta pueden radicar las razones de nuestro éxito o fracaso en la obra de Dios. Existe una dedicación involucrada en lo que hacemos para el Señor.

Nuestra buena voluntad en pagar el precio del Iglecrecimiento reflejará nuestra dedicación.

La concientización, motivación y dedicación son ingredientes básicos tanto para el individuo como para las iglesias locales que han de estar presentes en el período de preparación de las cruzadas. Estos ingredientes evidenciarán la diferencia entre lo que se ha hecho en el pasado y lo que el Señor está guiando a alcanzar ahora y hasta que El venga.

B. Estableciendo metas

¿Cómo podemos establecer metas para el Iglecrecimiento local? Nuestra experiencia de lo que ha sido hecho en años anteriores en el Tercer Mundo, nos ha enseñado que un taller de Iglecrecimiento es un trampolín desde el que se puede lanzar un proyecto de esta magnitud. Este taller será el primer evento público en que los líderes de las iglesias tendrán la oportunidad de establecer metas por el término del proyecto y el futuro inmediato al mismo. Los pastores harán una proyección de fe para sus congregaciones locales. Los líderes denominacionales se reunirán también y establecerán metas para sus denominaciones, basadas en las metas de las iglesias locales. Entonces los totales de las metas de los asistentes al taller de Iglecrecimiento serán las metas proyectadas para el esfuerzo global.

¿Quiénes deben asistir al taller? Se recomienda que los ministros de las iglesias participantes asistan y por lo menos un número igual de líderes laicos. La razón de esto es que los pastores hemos estimulado lo que pudiéramos llamar un "clericalismo". Actualmente podemos notar que existe una "liberación de los laicos", aunque más que liberación es la oportunidad de trabajar unidos. Por lo tanto, es necesario planificar y hacer juntos la proyección del crecimiento. Tanto los pastores como los líderes cuando regresen a sus iglesias locales deberán compartir lo aprendido con los hermanos de sus respectivas congregaciones. Los participantes del taller se han de ocupar de adiestrar y motivar al resto para la gran cosecha. Por eso es tan importante que asistan a ese primer taller tantos líderes como sea posible.

Los maestros del taller de Iglecrecimiento deberán ser expertos nacionales e internacionales de crecimiento de la iglesia, teniendo además ayudantes de la zona. Esto es muy importante, ya que lo que suceda en este taller determinará el futuro del proyecto. Lamentablemente, ocurre lo que nos indican las Escrituras: "Nadie es profeta en su tierra." Casi nunca se presta atención a los que son de la misma zona, aun cuando digan lo mismo que los que vienen de otros lugares.

Estos talleres deben tener un objetivo educacional definido que pueda sentar las bases del proyecto en cuestión. Será necesario que se establezcan definiciones específicas de Iglecrecimiento y que se describa el énfasis de este. Debemos recordar que la mayor parte de las personas posiblemente hayan escuchado algo acerca del Iglecrecimiento pero tal vez no entiendan el desafío y alcance de los principios que se enseñarán.

Para lograr esto, será necesario encontrar en la Palabra de Dios las bases del movimiento de Iglecrecimiento. Las personas asimilarán estos conceptos más fácilmente cuando se les confronte con los fundamentos bíblicos y la manera de aplicarlos a las necesidades y posibilidades locales. Las comisiones del proyecto y todos los demás participantes, al comenzar a planificar la estrategia, deberán comprender los elementos que se desprenden de estas enseñanzas y la forma en que estas pueden beneficiarlos a ellos.

Las iglesias necesitarán diagnosticar su propia salud antes de ponerse a trabajar. Hay instrumentos disponibles para que puedan someterse a un buen reconocimiento médico. Se deberá ayudar a las iglesias que no puedan realizar una *clínica de diagnóstico* por sí mismas, pero es importante que cada uno de los líderes esté consciente de la condición de su propia iglesia. Haciendo esto, el proceso permitirá el uso de estos instrumentos para establecer mejores metas, mejores resultados y la conservación o retención de esos resultados. De esta manera cerraremos la puerta de atrás por la que muchos de los resultados se pierden. (Se pueden obtener manuales de diagnóstico solicitándolos al Instituto de Evangelismo e Iglecrecimiento Charles E. Fuller.)

Naturalmente que habrá gastos que cubrir en los preparativos, pero si se planifican y se presupuestan las actividades, todo el costo se podrá cubrir con la cuota de los participantes del taller. Sería bueno considerar recaudar un poco más de dinero para cubrir los gastos inesperados o para contar con fondos para la futura campaña.

No sólo deberán los participantes estar satisfechos con su propio aprendizaje sino que se les debe exigir que compartan lo que han aprendido con sus propias congregaciones — o por lo menos con un grupo selecto de líderes en estas— de modo que puedan disfrutar del mismo espíritu de las enseñanzas. Los participantes deberán tener el objetivo claro de comunicar los principios del Iglecrecimiento e impulsar a otros hacia el mismo. Esto atraerá a más personas que concuerden con las metas que están bajo consideración.

La congregación local deberá proponer sus propias metas, tanto para la expansión de las iglesias existentes como también para la extensión que se hará al establecer (fundar) nuevas iglesias. Esto se podrá hacer por un período de cinco años o lo que las circunstancias permitan para la iglesia local, pero es imprescindible hacer una proyección de fe. Esta tomará en consideración cuántos líderes serán preparados para que se puedan establecer tantos nuevos lugares (iglesias hijas), y cuántos nuevos discípulos (y no sólo decisiones) serán incorporados al cuerpo de Cristo.

Sería muy beneficioso tener una sesión final para establecer metas con delegaciones de cada una de las iglesias participantes que informen sobre sus metas locales. No espere tener al 100% de las iglesias asistiendo a los talleres de Iglecrecimiento y también a esta sesión final. Con estas dos reuniones, los organizadores podrán tener una buena idea de la meta total. Sea lo que fuera el cómputo final de las metas, deben ser publicadas y distribuidas a todas las iglesias participantes.

Algo muy importante será la formación de grupos de personas comprometidas con el proyecto en cada iglesia. Necesitamos tener grupos que se comprometan a dedicarse a la oración, y dar de su energía, de su tiempo y de sus recursos para el evangelismo por un período de dos años. Una vez más, la clave es involucrar a la iglesia local para que tengan una visión de la cosecha.

El adiestramiento será una herramienta importante para esta tarea. Una recomendación es la organización de una escuela de Iglecrecimiento de 6 a 9 meses de duración. Habrá que tener un currículo formal, trabajo en las aulas y asignaturas en varios niveles académicos. Es posible que alguna institución teológica de la zona decida tomar esto como su participación en el proyecto. Por lo menos podrán ofrecer reconocimiento académico a los que cumplan con los requisitos del curso.

Sería excelente tener entre los maestros la participación de pastores del área cuyas iglesias hayan tenido un rápido crecimiento. No debe sorprendernos que esta clase de pastores no participe en el proyecto. Generalmente, hay un sentir de suficiencia propia en la mayoría de ellos que les impide hacerlo. No obstante, si se logra que participen como maestros pueden ser muy útiles para enseñar a los que vienen de iglesias pequeñas.

C. *Tarea*

Ninguna empresa puede realizarse a menos que se tenga una definición clara y formulada de sus tareas. El equipo de trabajo tendrá que laborar arduamente. Deseamos sugerir algunas partes que serán muy importantes para la totalidad del proyecto.

1. Conseguir personal para todas las comisiones necesarias. Esto no sólo requerirá buscar gente sino también seleccionarlos de modo que se pueda tener el mejor liderazgo posible para todas las comisiones. Es bueno tener voluntarios, pero recuerde que no

siempre se puede contar con ellos en el momento preciso en que hay que realizar un trabajo.

2. Crear una atmósfera favorable al crecimiento en cada iglesia, basada en intensa oración por los perdidos. "Donde no hay visión, el pueblo perece" (Proverbios 29:18). Esta visión deberá motivarse desde el púlpito y de cualquier otra manera posible.

3. Los miembros de las iglesias deberán entender la doctrina de los dones espirituales, para que cada uno conozca su don o dones espirituales y todos contribuyan al desarrollo de la vida en el cuerpo. Esto deberá hacerse antes y después de la cruzada.

4. Los pastores deberán descubrir a los que tienen el don de evangelista. Una vez descubiertos tendrán que ser adiestrados. Tal vez algunos ya sean conocidos debido a la manifestación de sus dones. El entusiasmo y potencial del proyecto servirá para que otros puedan también hacer que su don de evangelista se desarrolle.

5. Prepare a los que tienen otros dones para que puedan usarlos eficientemente durante el tiempo de Iglecrecimiento que se avecina. Muchos nuevos bebés espirituales mueren cada año en las iglesias porque no reciben el cuidado y alimento que necesitan para su supervivencia.

6. Implementar métodos evangelísticos aprendidos en la *Escuela de Iglecrecimiento*, tales como *Evangelismo explosivo*, *Las cuatro leyes espirituales*, el *Plan supremo para la evangelización*, u otros que se tengan a mano.

Un aspecto que muchas veces se pasa por alto es la ventaja de formar equipos de investigación que estudien e informen sobre los aspectos religioso, social, económico y político de la comunidad relacionados con el Iglecrecimiento. Tal vez esto no sea tan importante todavía en América Latina donde se carece de estadísticas actualizadas de algunos de estos aspectos, pero está cercano el día en que se podrá hacer este trabajo investigativo en la mayor parte de nuestras grandes metrópolis.

Será bueno identificar las unidades homogéneas (ver el capítulo 8) y localizarlas en un mapa si fuera posible. Tal vez sea necesario examinar los terrenos, medir el potencial de crecimiento, construir una escala de resistencia-receptividad para la comunidad que sea nuestro objetivo (ver el capítulo 1). Las iglesias locales tendrán más interés en estas cosas, siendo que ellas se beneficiarán más que nadie de esta investigación.

Tenemos en las Escrituras la parábola de los terrenos. Creo que el Señor quería enseñarnos una lección de cómo llevar adelante su obra, descubriendo dónde El ya ha preparado el terreno para que nosotros recojamos una gran cosecha. Algunos han considerado el hacer este tipo de investigación como que no es de Dios, sino del mundo de los negocios. Creo que están equivocados. Nuestro Señor desea que seamos sabios en el uso de nuestro tiempo, nuestros recursos, nuestras energías; pues son suyos y no nuestros.

D. *Escuela de Evangelismo*

Es muy importante que todo proyecto de Iglecrecimiento, tenga como parte de su preparación una "Escuela de Evangelismo". Varios equipos evangelísticos ya tienen este tipo de escuela como parte de la preparación de una ciudad para una cruzada. Entre ellas está la del doctor Billy Graham, que es famosa alrededor del mundo. Entre los evangelistas latinoamericanos, están la del equipo de Luis Palau, la de la Asociación Evangelística de Alberto Motessi, la de Francisco Fiorenza, y sin duda las de otros más que son de conocimiento del lector.

Los objetivos de tal escuela deben incluir una atmósfera de inspiración, celebración y motivación. Para que este proyecto no sea tarea de unos pocos sino de muchos, los participantes deberán poder compartir este sentir con sus congregaciones, de manera que otros quieran unirse a este esfuerzo.

En la "Escuela de Evangelismo", deberán darse las conocidas instrucciones de cómo llevar a una persona a Cristo y también de cómo consolidar los resultadoso obtenidos. Recordemos que no estamos buscando sólo decisiones sino que estamos buscando "discípulos" (miembros responsables y reproductivos de la iglesia local). Y esta no es simplemente la definición del doctor Donald McGavran sino que también es la de la Gran Comisión expresada en nuestra terminología.

Primero, será necesario que los que asistan a la "Escuela de Evangelismo" se familiaricen con los resultados obtenidos por el equipo de investigación. Esto permitirá una mejor comprensión de su tarea y posibilidades. Se abrirán ante sus ojos horizontes que antes jamás habían visto.

Segundo, necesitarán compartir las experiencias del éxito alcanzado al aplicar los principios de Iglecrecimiento de las iglesias participantes en años anteriores (mientras el proyecto se esté desarrollando).

Los que hayan asistido a los seminarios de Iglecrecimiento (que incluyen la "Escuela de Evangelismo") y hayan usado estos principios y recibido crecimiento en todos los aspectos de sus iglesias locales deben compartir sus experiencias con los demás.

III. **La cruzada**

La cruzada en este caso será el *evento evangelístico* de todo el proyecto. La fecha puede fijarse entre los 12 y los 24 meses de haberse comenzado el proyecto. La cruzada no está diseñada para ser el comienzo de un nuevo crecimiento, sino que viene al escenario ya cuando las gráficas de las iglesias participantes están yendo hacia arriba.

Será el tiempo de la cosecha. Ya se estarán ampliando las paredes de las iglesias (madres) participantes, y se estará trayendo nueva gente a la congregación. Se estará adoctrinando a los miembros antiguos y a los nuevos como nunca antes. El grado de madurez cristiana, el conocimiento doctrinal y teológico deberá ocupar un lugar de preponderancia. Habrá resultados positivos en cuanto al fortalecimiento de los creyentes y se les enseñará a sobreponerse a las religiones y sectas falsas. Una forma en que Satanás trabaja es confundiendo a los nuevos cristianos (y a los antiguos también) al convencerlos de que una vez que han aceptado al Señor ya no tienen que preocuparse por nada más. De modo que no se les enseña a orar, a leer sus Biblias y a crecer en la vida cristiana. Pero el discipulado cristiano es mucho más que levantar la mano en una reunión evangelística.

También, las iglesias (hijas) recién fundadas tendrán que ser organizadas y tener vida de por sí. Necesitan tener liderazgo, lugar y horario propio. Esto lo describe Edgardo Silvoso en su libro "Que toda la tierra escuche la voz de Dios" cuando dice que "la única manera que se puede considerar una nueva iglesia [es] como un granero listo para recibir los frutos de la cosecha. Necesitarán tener un grupo de maestros bíblicos, y otros que ayudarán en el crecimiento espiritual de los nuevos creyentes".[8]

Esta tal vez sea la razón más grande para recomendar plantar iglesias hijas en vez de comenzar una obra bajo el liderazgo de una sola persona, ya sea pastor o laico. Una iglesia madre normalmente suplirá suficiente liderazgo y apoyo. Hacerlo de otra forma llevaría más tiempo al tenerse que enseñar y preparar a los maestros, etc.

A. *Enfasis*

Una cruzada debe tener dos énfasis definidos.

1. Incorporar inmediatamente a las iglesias locales a las personas que se deciden por Cristo la primera vez. Algunos evangelistas promueven la importancia de la asistencia a la iglesia local, de modo que la gente asiste como algo que se espera de ellos. Si la cruzada dura un fin de semana o más, se instruye a los nuevos convertidos a que asistan a los servicios del domingo por la mañana en la iglesia local de su elección, o a que asistan acompañando a algunas de las personas que los han traído. Esta práctica ha dado muy buenos resultados en promover la necesidad de pertenecer a un grupo en vez

de promocionar únicamente a la cruzada o al evangelista. Al hacerlo así se ha conseguido una consolidación que no sería posible lograr sin la participación de los recién convertidos en la iglesia local.

2. Motivar a los creyentes a incluir en su estilo de vida cristiana el énfasis evangelístico. Muchos de ellos pueden llegar a ser "hermanos mayores" y consejeros de los nuevos bebés en Cristo. A medida que descubramos cómo el Espíritu proporciona a las iglesias los dones espirituales, podremos utilizar a los miembros de nuestra iglesias en una manera mucho mejor. Todos sirviendo al Señor en la manera que Dios quiere que se le sirva.

Varios métodos se han usado para reclutar miembros antiguos en esta tarea. Una de ellas ha sido que firmen tarjetas de compromiso. Los nuevos convertidos también deben ser entrenados e instruidos a la mayor brevedad posible, y que ellos también firmen una tarjeta de compromiso. Así ellos estarán listos para ayudar a sus amigos y familiares.

Debemos darnos cuenta de que los nuevos convertidos se integrarán a iglesias que ya están creciendo, cuyas congregaciones están entusiasmadas en cuanto al Iglecrecimiento. Esto aumenta el potencial que ellos tienen de alcanzar a sus amigos y familiares que todavía están en el mundo. No sólo esto sino que en el entusiasmo de su nueva experiencia, estarán testificando y compartiendo lo que Cristo ha hecho con ellos. Por supuesto, deberán aprender a dar los primeros pasos en la fe cristiana y la forma de enfrentarse a las tentaciones y aun a las burlas de los enemigos de la fe.

A medida que trabajábamos en el "Plan Rosario", hablábamos — mi buen amigo Edgardo Silvoso y yo — de qué interesante sería tener otro evento evangelístico igual inmediatamente después de terminado el primero, pero en esa otra ocasión, organizado y ejecutado por las personas que fueron salvas en la primera cruzada. ¿Daría resultados? No lo sabemos. Nunca se ha probado. Pero si consideramos el factor positivo que estas nuevas personas tienen (el entusiasmo de los nuevos cristianos), y ninguno de los malos hábitos religiosos de los que ya llevan años de estar en la iglesia, tal vez veremos algo diferente. El nuevo creyente todavía tiene la mayoría de sus amigos y familiares en el "estanque pagano", y todavía no han sido catalogados como "evangélicos de la Biblia y el himnario bajo su brazo". Es posible, como dice Silvoso, "que tal vez todavía tomen un poco y usen un poco de lenguaje profano", pero tienen el gozo del primer amor por Cristo, un deseo de contar su testimonio a otros y el potencial de los amigos no cristianos.

Después de cada cruzada, encontraremos un buen porcentaje de personas que han pasado adelante durante la cruzada y que ya son miembros o simpatizantes de alguna iglesia. Algunos de ellos pasarán al frente todas las noches. No se les puede culpar a ellos, ni a los organizadores. Tal vez estas personas deban firmar una tarjeta especial, y entonces pueden recibir ayuda y crecimiento espiritual de sus propias iglesias.

A estos hermanos —que han sido motivo de crítica para el evangelismo de masas— se les debe alimentar con la Palabra de Dios para que alcancen madurez en cuanto a doctrina y todos los demás aspectos de la vida cristiana. Ya están en una iglesia y deben ser nuestro primer blanco para el "crecimiento interno", o sea, el desarrollo de una base más fuerte desde la cual pueda operar la iglesia.

Estos, junto a los creyentes que ya estaban en la iglesia local, sumados a los que han hecho profesión de fe por primera vez, creará una fuente constante de nuevas personas, nuevos discípulos y un ciclo continuo de allí en adelante.

IV. La postcruzada

Este ha sido un punto muy crítico en todas las cruzadas. Hay muy pocos equipos evangelísticos que hagan lo que vamos a proponer aquí. Ha sido una de las cosas que más falta hacen en los esfuerzos en masa. Generalmente suceden dos cosas después de la cruzada: (1) El evangelista y su equipo se ausentan inmediatamente. En algunos casos (y yo los he visto) el mismo domingo que se termina la cruzada, todo el mundo se va. Y para no regresar jamás. (2) Los líderes y los creyentes locales sienten un gran alivio. "Al fin terminamos", dicen. Pero. . . ¿han terminado realmente o se trata en realidad del comienzo? Yo creo que es justamente el momento de comenzar.

Ahora las iglesias locales tienen en sus manos las tarjetas de decisión. Es muy posible que haya muchas con nombres y direcciones equivocados. Muchos ya son miembros de otras iglesias, o tal vez no estén exactamente en su zona; todo esto es cierto. Pero usted todavía tiene un potencial. Aunque no haya recibido ni una sola tarjeta. El evento evangelístico tiene que haber dado a su iglesia suficiente visibilidad y conmoción de modo que habrá bastante trabajo por hacer. Se puede alcanzar a muchas almas. Las personas deben ser adoctrinadas y los creyentes deben comenzar a trabajar, descubriendo sus dones espirituales, los cuales se deberán desarrollar por medio del uso.

Por lo tanto, ¿qué se puede hacer como esfuerzo de postcruzada? Primero, creo que se debe mantener una oficina por lo menos durante un año después de la cruzada. La mayor parte de los empleados de esta serán voluntarios de la comunidad. Naturalmente la descripción del trabajo de cada una de las personas cambiará en este momento; en vez de estar preocupados con juntar fondos o preocupados por la decoración del estadio y otros detalles que son necesarios de la fase anterior, habrá diferentes tareas para la oficina. Aquí tenemos algunas sugerencias:

1. Mantenga el entusiasmo bien alto en cuanto al evangelismo e *Iglecrecimiento* en las iglesias locales.

2. Mantenga las líneas de comunicación abiertas entre las iglesias participantes. Le ayudará usar las actividades interdenominacionales.

3. Organice una comisión permanente de *Evangelismo e Iglecrecimiento* para mantener regularidad en las metas y el informe sobre las mismas.

4. Tenga un *Festival de Iglecrecimiento* al cumplirse el primer año.

5. Haga una evaluación de las metas alcanzadas ese año.

6. Permita que se mantenga un modelo de Iglecrecimiento acelerado en toda la ciudad, incluyendo los posibles planes de un festival anual.

Por modelo queremos decir algo que incluya el crecimiento de la iglesia local y los creyentes en fe, en pureza, doctrina y en número. Las personas pueden y deben ser contadas. El crecimiento cristiano en madurez puede ser medido. "Por sus frutos los conoceréis" (Mateo 5:16). Por lo tanto eso debe ser contado también.

Personalmente, no creo que las iglesias puedan crecer en una sola forma, y el movimiento de Iglecrecimiento siempre ha pregonado el crecimiento de la iglesia en un círculo completo que nunca termina.

La columna vertebral de este plan, es el cumplimiento de la meta de la Gran Comisión: "hacer discípulos", y la incorporación de los nuevos creyentes a las iglesias establecidas (iglesias madres) y los nuevos "graneros" (iglesias hijas) que se establecerán para recoger la cosecha.

El crecimiento total de la Iglesia será la meta final. Por eso, el comienzo es marcado con un taller de Iglecrecimiento. En otros proyectos, este tipo de talleres ha sido incluido después de que el proceso estaba en marcha o poco antes de la cruzada o evento evangelístico. Demasiado tarde para servir de ayuda.

Hay una diferencia muy grande cuando todo el proyecto comienza con un taller de Iglecrecimiento. De ese punto en adelante, cualquier cosa que se haga será con un enfoque en la meta evangelística. Las comisiones ya no trabajan para una sola o exclusiva actividad o por un corto período de tiempo, ellos trabajan como una parte integral, con principios de Iglecrecimiento como procedimiento y objetivo general.

Todo el concepto para una estrategia como la sugerida en este proyecto puede verse ilustrado en el diagrama 18. Esta flecha con dos puntas, termina con los nuevos discípulos incorporados en uno de dos tipos de iglesias (iglesias madres o iglesias hijas), y todas las estructuras del proyecto tienen esta meta final y no sólo un evento evangelístico o fiesta cristiana.

Conclusión

Algunos equipos evangelísticos están muy entusiasmados con este modelo, pero desafortunadamente muchos no están dispuestos a pagar el precio. ¿Qué quiere decir? Hay un período de tiempo necesario para este proyecto. Los expertos sugieren dos años antes de la cruzada. El "Plan Rosario" llevó diez y ocho meses (con excepción del taller de Iglecrecimiento que fue un año antes de la cruzada). En la República Dominicana todo el proyecto llevó un año. Para tener éxito no se puede comenzar con menos de un año antes de la cruzada. Si dedicamos menos tiempo llamémoslo cualquier otra cosa, pero no una "Cruzada para Iglecrecimiento".

No podemos decir que estamos haciendo lo mismo por el mero hecho de que tengamos un taller de Iglecrecimiento, aun cuando este sea el principio del programa. Necesitamos dar tiempo a las iglesias para plantar nuevos graneros. Aunque sean iglesias en los hogares. Estas congregaciones necesitan estar creciendo para el tiempo de la cruzada, para que puedan recibir los frutos de la cosecha.

El pensamiento sobre el crecimiento de la iglesia debe penetrar la mente y el corazón de los líderes y de los creyentes en la iglesia local. Aun los nuevos convertidos deben entrar en las congregaciones y sentir esa atmósfera. Así será contagioso y ellos también comenzarán a reproducirse a sí mismos a medida que avanza el proyecto y ellos llegan a ser parte del proceso mismo.

Por lógica necesidad, algunos de los pasos en este diagrama deberán ser cambiados en parte, pero debemos tener cuidado de mantenernos dentro de la estructura general del proyecto. Por ejemplo: es posible que encontremos que una escuela de Iglecrecimiento por nueve meses genere "fatiga", como ha sucedido con otros esfuerzos del pasado. Debe acortarse entonces. Necesitamos generar ímpetu a medida que el tiempo pase, y las iglesias se animen con los resultados de los esfuerzos de la precruzada.

El ideal es que se presente este proyecto en un taller y se asegure de que los organizadores, los líderes y también los miembros de cualesquiera que sean los equipos participantes estén presentes en

Estrategia del evangelismo urbano 145

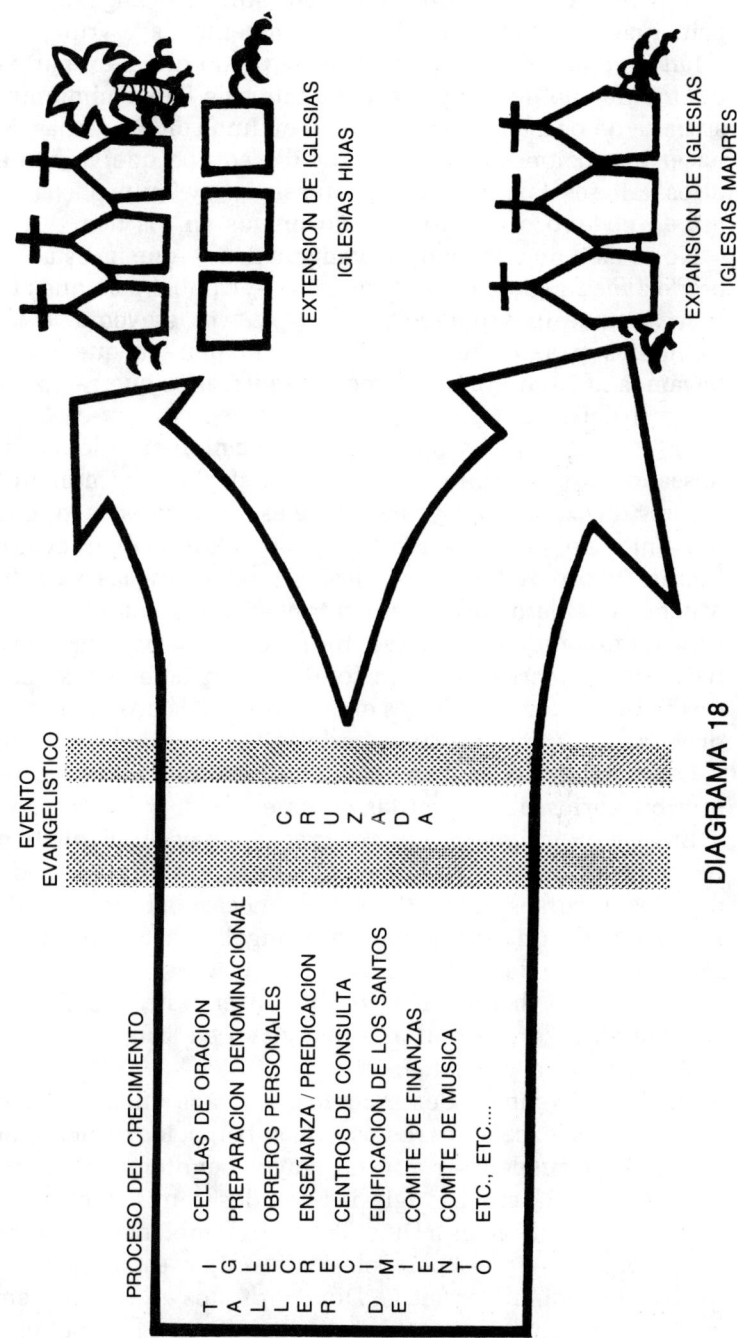

DIAGRAMA 18

esta actividad. Sería oportuno que aun el evangelista del evento principal esté presente. Es absolutamente necesario para los que están involucrados en alguna forma u otra que sean parte del taller de orientación del proyecto y del taller de Iglecrecimiento para que su onda de pensamiento y metas sean uno con los demás. Se pueden hacer excepciones con miembros del equipo que ya han estado en otros talleres (ambos). En el presente hay muy pocos que hayan estado en uno o el otro, mucho menos en los dos.

No es fácil que un equipo evangelístico — que ha estado acostumbrado a medir su éxito en decisiones — cambie para que el éxito esté basado en la incorporación de los nuevos creyentes a las iglesias existentes y a las nuevas. Esta es la manera que nos dice que hagamos la Gran Comisión, por lo tanto ellos querrán ser una parte integral del plan.

El "Plan Rosario" y otros más tal vez no fueron lo que se hubiera deseado. Mucha gente no estuvo satisfecha. Los números pueden haber sido exagerados, yo admitiría eso, aun quienes los computaron lo admitirían, pero la verdad es que una hueste de nuevos cristianos fueron incorporados a las iglesias nuevas y a las ya establecidas. Muchos recibieron adiestramiento y madurez como nunca antes. Un espíritu de unidad se hizo sentir en todos los participantes: iglesias, pastores y líderes. Muy poco de eso existía antes. Las iglesias crecieron como nunca antes en los 50 años de evangelio en la ciudad de Rosario. Y yo debería saberlo, allí nací y viví por 25 años.

Otros esfuerzos se han realizado en otras ciudades; se podrían escribir varios libros con las cosas en favor y las cosas en contra.

En este prototipo presentado, creo que hay suficiente libertad para hacer cambios, adaptaciones, adiciones y quitar cosas de acuerdo con los recursos específicos y la necesidad de los que desean participar de una estrategia de evangelismo urbano para el crecimiento de la iglesia.

Quiera Dios bendecir a los que usen este prototipo para que puedan alcanzar los millones que viven en las grandes ciudades de America Latina y España.

Hemos presentado dos modelos. No cabe duda que deben haber muchos más, excelentes. Estos, sin embargo, los hemos comprobado. Han sido y pueden ser aún de mayor bendición. Tenemos hoy en América Latina muchas iglesias grandes, tanto en enseñanza como en membresía. Gracias a Dios. Tenemos también equipos evangelísticos y organizaciones paraeclesiásticas que están trabajando en la "urbangelización", gracias a Dios por todos ellos. Pero también hay muchos que ni hacen ni dejan hacer. Oremos por ellos.

NOTAS BIBLIOGRÁFICAS

1 Luther E. Copeland, Conferencia sobre evangelismo urbano, Las raíces de la urbanización (Agosto 13-20, 1974, Bello Horizonte, Brasil), pág. 6.
2 Nuevo diccionario enciclopédico ilustrado (Editorial Sopena, Buenos Aires, Argentina, 1965).
3 Luther E. Copeland, Conferencia sobre evangelismo urbano, La urbanización: ¿hacia dónde va? (Agosto 13-20, 1974, Bello Horizonte, Brasil), pág. 9.
4 Ronald Boswell, citando Missions in Crisis en la Conferencia sobre evangelismo urbano (Agosto 13-20, 1974, Bello Horizonte, Brasil), pág. 54.
5 Arnoldo Cook, "Lima al encuentro con Dios", Boletín de Iglecrecimiento (Pasadena, California, 3er. trimestre de 1978), pág. 206.
6 Dardo Bruchez, "Lima al encuentro con Dios", Boletín de Iglecrecimiento (Pasadena, California, 4to. trimestre de 1976), pág. 88.
7 Eugenio Kelly, Conferencias sobre "Lima al encuentro con Dios", material mimeografiado.
8 Edgardo Silvoso, Que toda la tierra escuche la voz de Dios (Buenos Aires, Argentina, 1978).

CAPITULO 7

EL MINISTERIO SOCIAL Y EL IGLECRECIMIENTO

En el capítulo 2 hablamos de la misión de la iglesia. Vimos cómo el mandato evangelístico tiene prioridad, y cómo podemos desarrollar un ministerio eficiente, estando ocupados en "edificar la Iglesia del Señor", y en velar por todas las responsabilidades del creyente, la que incluye el ministerio social, del que queremos hablar en este capítulo.

El movimiento de Iglecrecimiento ha sido acusado de no poner énfasis en el ministerio social de la Iglesia. Si bien es cierto que en el pasado este énfasis no fue expresamente articulado, hoy más que nunca tenemos libros y escritos que demuestran que Iglecrecimiento está apoyando todo el evangelio, del cual el ministerio social es sólo una parte. Indudablemente, será muy difícil satisfacer a todo el mundo, pero a medida que las bases del Iglecrecimiento sean más estudiadas, mayor será el conocimiento y reconocimiento que recibirán. No podemos polarizar el mandato cultural y el mandato evangelístico, sino que más bien debemos reconocer lo que diferencia a ambos.

Ya lo hemos dicho: "Cuantas más iglesias haya y cuantos más creyentes seamos, no sólo tendremos un evangelismo más agresivo y las iglesias serán más reconocidas, sino que también podremos participar tanto más activamente y con peso en las necesidades físicas y políticas de este mundo. Entonces se nos escuchará cuando hablemos de liberación, justicia y paz."

Dividiremos nuestro estudio en tres partes principales: (1) el mandato cultural, (2) el servicio social, y (3) la acción social. Estos temas han sido y continuarán siendo considerados seriamente en consultas internacionales. Ultimamente hemos tenido dos de ellas.

La primera en Grand Rapids, Michigan, del 19 al 25 de junio de 1982, auspiciada por el Comité para la Evangelización Mundial de Lausana y la Confraternidad Evangélica Conservadora Mundial. Poco antes de que se realizara esta, Leighton Ford escribió: "Los auspiciadores tienen la esperanza de que la consulta contribuya grandemente a clarificar la visión evangélica en esta relación crucial entre el evangelismo y la responsabilidad social."[1]

Durante la consulta se analizaron los aspectos histórico y bíblico a la luz de casos y estudios contemporáneos. No deseando ser repetidores y siendo que ya hay un resumen publicado sobre esa consulta, sugerimos al lector que desee profundizar en este tema, que solicite el "Informe de Grand Rapids: 'El Evangelismo y la Responsabilidad Social' " (Ver la bibliografía al final del libro).

La segunda fue la Consulta Teológica sobre la Responsabilidad Social, auspiciada por CONELA (Confraternidad Evangélica Latinoamericana) en Panamá, del 2 al 4 de septiembre de 1983. Naturalmente allí se habló en términos más específicamente latinoamericanos.

En este capítulo trataremos de presentar el pensamiento de los que estamos en Iglecrecimiento.

El mandato cultural

Este término ha sido popularizado por Arturo Glasser, quien fue decano de la *Escuela de Misiones del Seminario Teológico Fuller* hasta 1980, y quien substituyó al doctor Donald McGavran. Es posible que algunas personas no estén de acuerdo con el término, pero cada día parece ser más utilizado, especialmente con su paralelo "el mandato evangelístico". Estos términos ayudan a comprender más profundamente el total de la misión de la iglesia.

Pedro Wagner dice: "A medida que se reflexiona sobre el significado del mandato cultural, y la relación que tiene este con el crecimiento de la iglesia, tres aspectos sobresalen: su origen, sus demandas y su alcance."[2] Examinemos estos tres aspectos.

El origen del mandato cultural está en Dios. Adán y Eva recibieron este mandato antes de la caída: "Fructificad y multiplicaos; llenad la tierra y sojuzgadla, y señoread en los peces del mar, en las aves de los cielos, y en todas las bestias que se mueven sobre la tierra" (Génesis 1:28). Dios puso en sus manos que realizasen ese trabajo tal como El mismo lo haría. Este era el primer mandato cultural. Más tarde Dios dio a su pueblo muchas instrucciones específicas acerca de las relaciones humanas. Se resumen en las palabras que el Señor Jesucristo citó del Antiguo Testamento al indicar cuáles eran los dos mandamientos más importantes de la Ley: "Amarás al Señor tu Dios con todo tu corazón, y con toda tu mente. Este es el primero y grande mandamiento. Y el segundo es semejante: Amarás a tu prójimo como a ti mismo" (Mateo 22:37-39; Deuteronomio 6:5; Levítico 19:18). Como broche final les explica que estos dos mandamientos resumen todas las enseñanzas de la ley y los profetas.

Como creyentes tenemos la obligación (no la opción) de cumplir con el mandato cultural. No podemos amar a Dios y no amar a nuestro prójimo.

Las demandas del mandato cultural son tremendas. Dios espera mucho de nosotros a quienes El ha confiado la administración de todo el aspecto cultural; todo lo que atañe a la familia, la integridad cultural, la liberación del oprimido y el mantenimiento de la paz. Sí, la voluntad de Dios es que vivamos en paz. Los que hemos conocido a Cristo como nuestro Salvador tenemos la responsabilidad de promover la paz, aun en medio de un mundo que parece predispuesto a la guerra.

En las Escrituras encontramos lo que algunos podrían llamar un "idealismo", pero Dios nunca pide que hagamos más de lo El nos da fuerzas para soportar. Alguien ha dicho: "Dios nos prueba en nuestras fuerzas; el diablo nos tienta en nuestras debilidades." El Sermón del Monte, en especial las Bienaventuranzas, nos muestra lo que Dios espera de nosotros.

El alcance del mandato cultural nunca ha sido restringido. Desde el comienzo — en la creación — hasta el final — cuando el Señor recoja a los suyos —, Dios nos ha llamado para que seamos sus instrumentos para que las cosas se lleven a cabo. Todos tenemos una parte que cumplir. "Los creyentes son los agentes escogidos por Dios para hacer que las cosas sucedan."[3]

Es una labor en la que todos participamos (o debiéramos hacerlo) de una forma u otra. La tarea no es fácil, y se deberá enseñar a los nuevos creyentes antes de que comiencen a hacer su parte para transformar la sociedad. Habrá que enseñarles, animarles y tratar de que participen junto a los demás hermanos.

El libro Paz con Dios, escrito por Billy Graham, ayuda a entender este concepto de ayudar a otros, aunque sea con un vaso de agua. Donald McGavran agrega su parecer al mandato evangelístico:

> "En este día cuando la perversidad del orden social ofende a todo creyente . . . la gran desigualdad de riquezas entre los que tienen y los que no tienen, y el trato que se da a las minorías oprimidas, son claramente contrarios a la voluntad del Dios y Padre de nuestro Señor Jesucristo. Los creyentes de cualquier opinión teológica reconocen esto, y en diversas maneras tratan de rectificarlo en lo que corresponde a su responsabilidad."[4]

Aun con esto McGavran prefiere llamarlo "deber cristiano" en vez de "mandato cultural".

Tenemos un mensaje que es muy representativo del sentir evangélico, o sea, el Pacto de Lausana que dice en su artículo 5:

"El mensaje de salvación incluye también un mensaje de juicio a toda forma de alienación, opresión y discriminación, y no debemos tener temor de denunciar lo pernicioso y la injusticia dondequiera que exista. Cuando la gente recibe a Cristo nace de nuevo y pasa a formar parte de su reino. Estos deben esforzarse no sólo en exhibir sino también en proclamar su justicia en medio de este mundo que no tiene ninguna."

Sí, el movimiento de Iglecrecimiento afirma el mandato cultural y proclama el significado y valor del reino de Dios, sin olvidar que los cambios sociales más grandes vendrán como resultado del cambio operado en el corazón de los hombres y mujeres que se conviertan en discípulos de Cristo. Creemos que el mandato cultural es parte de la voluntad de Dios para los súbditos de su reino. Si usted y yo nos llamamos hijos del Rey tenemos que obedecer el mandato cultural a la luz de lo que ya hemos dicho sobre la misión de la iglesia. "Cuando argumento que el mandato evangelístico tiene prioridad sobre el mandato cultural, ello no significa que tenga intenciones de descuidar este último."[5]

Si no nos ocupamos de llevar a cabo el mandato evangelístico no podremos ser la luz de este mundo. Sin desarrollar y ocuparnos con el mandato cultural no seremos la sal de la tierra.

Parte del dilema presente es que los creyentes han tenido diferentes ideas y han llegado a diferentes conclusiones en cuanto a cómo la iglesia debe relacionarse con el mundo.

Una vez más Wagner nos ayuda con cuatro opciones que él ha visto y que opina nos ayudarán a nosotros a comprender la relación:

1. *La iglesia está separada del mundo.* Los que mantienen y practican este punto de vista tienden a llegar a ser cristianos contraculturales. Esta ha sido la posición tradicional de algunos grupos de anabaptistas y menonitas. Sienten que es su responsabilidad fundar comunidades separadas en las que puedan sentirse libres para demostrar lo que ellos interpretan ser las señales del reino de Dios.

2. *La iglesia controla al mundo.* Este fue el punto de vista papal de la Edad Media que comenzó con el emperador Constantino. Hasta no hace mucho algunas naciones latinoamericanas mantenían esta actitud, heredada de España. Esta posición mantiene que las señales del reino deben ser legisladas por los gobiernos que controlan el mundo.

3. *La iglesia es sirviente del mundo.* Esta es la posición adoptada por los teólogos de la liberación contemporáneos. Mantienen que la iglesia debe planificar su acción de acuerdo con las necesidades del mundo y participar de movimientos que liberen y humanicen al mayor número de individuos. Esta posición generalmente mantiene que las señales del reino se pueden ver en movimientos sociopolíticos seculares.

4. *La iglesia y el mundo están en una tensión creativa.* La iglesia debe de ir al mundo, no mantenerse apartada. El Señor Jesús mandó a sus discípulos a que así lo hicieran. La iglesia no intenta controlar al mundo, porque no tiene orden de hacerlo. En todo caso es lo contrario. Se nos dice que el mundo está controlado por principados y potestades. Satanás es el dios de la edad presente y lo seguirá siendo hasta la segunda venida de Cristo. Por eso, la iglesia debe ir adelante con su propio programa del reino de Dios y debe proclamar ese programa al mundo.

La tensión creativa existe porque la iglesia reconoce que está separada del mundo y, además, que su estilo de vida es diferente al de este. Entiende que debe influenciar a los gobiernos hasta el grado que sea posible, por ejemplo, para que se apruebe una legislación que promueva los principios del reino, tal como ayudar al pobre y al oprimido, y garantice la libertad de predicar el evangelio y fundar iglesias. No puede la iglesia dejar de prestarles atención a esos programas que son programas del mundo, ya que estos informan a la iglesia de las necesidades y el dolor de un mundo que Jesucristo quiere sanar y atender.[6]

Este último modelo es el que sería más aceptable para el movimiento de Iglecrecimiento como lo que Dios espera de nosotros al enviar a su Iglesia al mundo.

Dentro de este concepto, encontramos dos canales a través de los que podemos cumplir con el mandato cultural. No pienso que sean canales optativos necesariamente, sino más bien de prioridades, o de posibilidades. Creo que uno es más factible de realizar que el otro. Me estoy refiriendo a lo que llamamos el "servicio social" y la "acción social". Considerémoslos por separado.

El servicio social

Este es un tipo de ministerio que satisface las necesidades, tanto de individuos como de grupos de personas, de una forma directa e inmediata. Esto no es nada nuevo para la Iglesia, ya que lo hemos venido haciendo por largo tiempo en una medida u otra. Ya mencioné anteriormente que cuando nací mis padres pertenecían al Ejército de Salvación. Allí conocí muy de cerca lo que significa "hacer servicio social". Aprendí a solicitar ayuda para los necesitados, ya fuera en forma de alimentos, abrigo y aun dinero. Recuerdo que cuando hablaba con comerciantes, jefes de casas cerealistas, la municipalidad, etc., volvía siempre cargado con donativos con los que esta gente cooperaba. Me pregunto, ¿cómo era que me escuchaban?. . . ¿cómo era que me daban algo?. . . Mas lo hacían. Mi sorpresa radica en que yo sé que en esa época no tendría yo más de nueve años de edad, ya que en ese tiempo nos trasladamos de lugar y comenzamos a asistir a la Iglesia de los Hermanos (con la que trabajo en la actualidad).

Por supuesto, el servicio social no se limita a lo que yo realizaba cuando niño. Es mucho más que proporcionarle comida al necesitado y abrigo al que tiene frío. Habrá épocas de hambre en las que será necesario proveer alimento a los necesitados. Los terremotos y otras catástrofes pueden requerir que la iglesia haga algo. Habrá epidemias en las que la iglesia podrá proporcionar medicamentos y atención médica a los enfermos. Mucho del evangelio que se conoce hoy en América Latina y la manera en que muchas iglesias se establecieron fue por medio de las escuelas, orfanatorios, y dispensarios que se abrieron en nuestros países. Allí el evangelismo de presencia (1-P), sembró y luego cuando el evangelio fue predicado (2-P), la gente escuchó y aceptó, para luego ser incorporados a las iglesias como miembros responsables y reproductivos (3-P).

No sólo los países desarrollados tienen hoy agencias y organizaciones que realizan este servicio social sino que también vemos que en nuestros países latinoamericanos hay la disposición de ayudar. Lo vemos dentro de las mismas iglesias en las que se está tratando de suplir las necesidades del ser humano.

Contamos con organizaciones tales como Visión Mundial que trabajan específicamente para suplir estas necesidades. Muchas de estas organizaciones trabajan con dos metas en mente. La primera es la de brindar "auxilio de emergencia" a los pueblos o individuos que han sido azotados por alguna catástrofe. La segunda es la de ayudar al desarrollo. Por medio de la enseñanza (teórica y práctica) se puede preparar a personas de tal o cual región para que sepan cómo obtener mejores cosechas, mejor agua, mejor alimento, etc. Como tales, estas organizaciones son muy productivas, aunque a veces mal entendidas.

La mayoría de los creyentes están involucrados en el servicio social de una forma u otra. En nuestra iglesia hay hermanos a los que, sin hacer mucho ruido ni andar pregonándolo demasiado, los veo llegar a los cultos con una bolsa de alimentos o de ropa. Al terminar el servicio otra persona sale con la misma bolsa. Alguien supo de una necesidad y la suplió. A veces llegan y me dicen: "Pastor, ¿qué le parece si entre algunos de nosotros, o de los fondos de la iglesia ayudamos a fulano o mengano?" Sin llamar a una sesión plenaria o esperar semanas para resolver, la comisión correspondiente se reúne y decide. Todavía no sé de ningún caso legítimo al que se le haya negado ayuda.

Aun más, nos vamos a encontrar en situaciones donde el mandato cultural tomará prioridad sobre el mandato evangelístico. El doctor McGavran considera esto y enseña: "Bajo algunas circunstancias, y sin duda por un tiempo limitado, podrá cristianizarse algún aspecto de orden social, se le otorgará prioridad y recibirá más atención que el evangelismo."[7] Un ejemplo clásico es el del Buen Samaritano. Allí la prioridad era auxiliar al herido; curar sus lesiones. La situación de este hombre no parecía muy conducente a que se le presentara un mensaje evangelístico. Wagner dice: "Si un edificio se está quemando no será muy apropiado tener una reunión al aire libre. Será más importante ayudar a apagar el fuego y ayudar a las víctimas a escapar."[8] Nuestra propia lógica nos ayudará a tomar resoluciones correctas en casos como estos.

Me permito repetir lo que hemos dicho antes: cuantos más seamos, tanto más ese hecho nos ayudará y multiplicará nuestra eficiencia. El impacto será mayor. Cuanto más grande la membresía de la iglesia, más gente habrá para hacer el trabajo. Además en una iglesia "suficientemente grande" como hemos visto en el capítulo 5, habrá quienes tengan dones específicos para el servicio social. Esto permitirá también que mientras unos estén ocupados en el aspecto del mandato evangelístico, otros podrán desarrollar y usar sus dones espirituales en el cumplimiento del mandato cultural. McGavran ha dicho también que en las causas sociales, los creyentes "no triunfaremos a menos que contemos con un gran número de cristianos".[9] No necesitamos ser muy eruditos para darnos cuenta de esto. El obispo Stephen Neil dice que está convencido de que "el orden de prioridad debe ser siempre el de conversión primero y luego el de transformación social".[10]

Hace tres años, en la iglesia que hoy pastoreamos, cuando comenzamos con cero de asistencia era muy limitado lo que podíamos hacer en cuanto al servicio social. Hoy podemos hacer mucho más. Predicamos el evangelio y enseñamos a nuestra congregación tanto como el tiempo y las energías nos lo permiten. Estamos

El ministerio social y el iglecrecimiento 155

reclutando la ayuda de otras personas que puedan constituir un equipo de trabajo pastoral. El Señor añade cada día los que han de ser salvos. Creo que estamos cumpliendo con la prioridad del mandato evangelístico. Sin embargo, mi esposa, quien es mi mano derecha en todo mi trabajo, acaba de preparar un proyecto de "servicio social" que complementa todo lo que se ha hecho hasta aquí. Pronto presentaremos esto a la iglesia para su aprobación e implementación.

En el sur de California tenemos algunos problemas sociales muy especiales y particulares. La misma invasión de personas de todos nuestros países latinoamericanos crea una situación compleja que la iglesia debe considerar. Tal vez sea muy distinta a la que usted tiene en el lugar que usted se encuentra, pero donde nosotros estamos consideramos éstas "necesidades reales" de nuestra comunidad y a esas necesidades son las que estamos tratando de suplir.

Nuestro plan incluye los siguientes proyectos, algunos de los cuales ya están en marcha:

1. Clase
2. Fondo de emergencia
3. Banco de alimentos y ropa para personas necesitadas o recién llegadas al país.
4. Programa de ayuda a alcohólicos, drogadictos, etc.
5. Programa de instrucción para la familia. En conjunto y cada miembro por separado.
6. Conferencias sobre los temas de:
   Atrasados mentales
   Salud e higiene mental
7. Oficina de consejería (pre y post) matrimonial.
8. Canastas de comidas, juguetes, etc. para días especiales como Navidad, Año Nuevo, etc.
9. Clases de instrumentos musicales.
10. Actividades sociales y deportivas para la juventud hispana.

Cuanto más crezca nuestra iglesia, tanto en número como en lo espiritual, tanto más fácil — creemos — nos será poner en funcionamiento estos programas. Ellos harán, a su vez, que la congregación esté estructurada para llevar a cabo un mayor esfuerzo, obteniendo mejores resultados. Creemos que los programas de servicio social nos ayudarán a crecer, además de satisfacer las necesidades humanas. J. Edwin Orr dice: "El derramamiento del Espíritu Santo al avivar las iglesias y despertar las masas no sólo promueve el evangelismo y la enseñanza de la Palabra sino que también acelera la acción social."[11] Puede ser un círculo constructivo.

La acción social

Veamos un segundo aspecto del mandato cultural: la clase de ministerio que tiene que ver con el concepto de cambiar las estructuras sociales. Entra en el aspecto de los cambios sociopolíticos. No es que necesariamente tenga que terminar en revolución, violencia o desobediencia civil, en mayor o menor grado.

En muchas partes del mundo existen gobiernos que se aprovechan, sacan ventajas, y cometen toda clase de injusticias sociales. ¿Cuál será o debe ser la actitud de la iglesia en estas cosas? Entendemos que la meta de la acción social es la de modificar o substituir las estructuras políticas que obran así. ¿Y la iglesia?

Una respuesta que cada uno deberá contestar personalmente y que no intentaré contestar en este libro, es la siguiente: Cuando la iglesia se involucra en acción social, ¿está evangelizando y podrá traer salvación en el sentido bíblico? Wagner dice: "La acción social es tan compleja que muy pocas iglesias están capacitadas para tomar una decisión inteligente en el asunto."[12] Como si esto fuera poco, en nuestros países surgen constantemente problemas sociales que demandan sabiduría de lo alto. "Cada nueva estructuración social que surge en nuestros países en transformación, demanda unciones nuevas del Espíritu para cumplir nuevas tareas."[13]

Los problemas sociales son difíciles y complejos aun para los especialistas, cuanto más para la mayoría de los miembros de nuestras iglesias. Muchas de las personas que han pretendido ser líderes y expertos en estos asuntos, no han demostrado poder hacer mucho en concreto. Hasta me animaría a decir que, por los resultados, han empeorado las cosas. Por lo menos han confundido a otros más tiernos en la fe. Si hubieran empleado su tiempo y energías en cumplir con el mandato evangelístico hubiesen tenido más éxito al tener más creyentes que apoyaran sus empresas de cambios sociales.

Necesitamos tener cuidado, recordemos que la acción social puede obstaculizar nuestro crecimiento. Wagner nos da seis razones para ello. Podemos resumirlas así:

1. *El peligro de lo selecto.* Los líderes de las congregaciones o denominaciones pierden contacto con la base, con la gente en las bancas que son sinceras en querer servir a Dios, pero cuyas convicciones en cuanto a involucrarse en los asuntos sociales no están de acuerdo con las actitudes y acciones de sus líderes.

2. *El peligro de las divisiones.* La acción social es controversial. Es casi seguro que dejará caer semillas de división en la iglesia, a menos que la congregación se convenza que el punto es claramente bíblico.

3. *El peligro de la deshumanización.* No siempre nos damos cuenta de que al usar la congregación como instrumento de poder político, algunos miembros de la misma pueden ser oprimidos. Ellos se han unido por razones espirituales y descubren que su dinero es usado con fines políticos. Cuando una congregación o denominación toma una plataforma política, lo hace en nombre de sus miembros, sea que estos estén de acuerdo o no. Esto puede ser deshumanizante.

4. *El peligro de la impotencia social.* Las iglesias evangélicas son conservadoras en su naturaleza básica social. Esto no es del agrado de los pregoneros de la acción social que desearían usar las congregaciones para llevar adelante sus intereses propios. Por ello los que se involucran en estos asuntos tan controversiales, terminan perdiendo fuerzas. Dean Kelley dice: "No debemos esperar que las congregaciones sean cuarteles donde tropas reformistas militantes estén listas para incursionar en los cambios sociales."[14] "El mismo Papa hablando sobre la Teología de la Liberación en América Latina, les dijo a los sacerdotes que predicaran el evangelio, cuidasen a los pobres, pero que no se metieran en política."[15]

5. *El peligro de la imperfección.* O sea, que al fin no seamos ni una cosa ni la otra. Las experiencias y resultados de las iglesias que se han involucrado en la acción social, no han sido muy positivos. Esto ocurre por el hecho de que los pronunciamientos de la iglesia en esta materia no han llevado mucho peso. Pocas veces tienen los líderes eclesiásticos la pericia que hace falta en el campo de la acción social.

6. *El peligro del constantinismo.* Nos referimos aquí a la decadencia espiritual de la iglesia que empezó cuando el emperador romano Constantino se convirtió y luego obligó a sus súbditos a hacerse cristianos. Supongamos que la estructura congregacional tome una postura política y gane. ¿Es acaso la meta de las iglesias controlar la política o la sociedad? Los que hayan leído historia, no tomarán esta opción. No es una meta recomendable. Cuando la iglesia controla al mundo, tiene la tendencia de perder el poder profético.

Uno de los problemas más graves que confrontamos en América Latina es el de tener que decidir sobre opciones políticas. Cada país es distinto. En muchos lugares la iglesia se ha dividido por cuestiones políticas complejas, difíciles. La justicia social, por ejemplo, tiene varias caras. Los derechos humanos pueden interpretarse según de qué lado se estén mirando las cosas.

Admito que desde mi niñez en mi iglesia y en mi hogar me enseñaron que la política no era para los evangélicos. En mi ciudad natal un pastor hasta estuvo preso por estar involucrado con un partido político y hablar públicamente contra los otros partidos. El era la "mosca blanca" entre los demás pastores. Muy querido y muy buscado para reuniones especiales, etc., pero en cuanto a la política, ¡ni hablar! Por estas razones y debido a otras experiencias, admito mi subjetividad en el asunto. Me siento muy cómodo con el mandato evangelístico y con el aspecto del servicio social, pero tengo problemas en relación con la acción social. No deseo prejuiciar al lector; prefiero que cada uno haga lo que Dios ponga en su corazón después de evaluar este capítulo.

Recordemos que, en todo caso, es en las urnas donde podemos y debemos definir nuestra posición. Si no participamos de una elección de cualquier índole no estaremos ejerciendo el derecho y poder del voto. Por supuesto, de esta manera todo permanece en el secreto de la cabina electoral. Algunos prefieren la política fuera de las urnas, donde puedan hablar públicamente y ser conocidos por todos; pasar a ser parte del espectáculo. Esto puede llevarnos a formar un nuevo partido o comenzar a unirnos a la revolución. ¿Cómo elegiremos? ¿Cuál es la ordenanza divina? ¿Cuáles son nuestras prioridades como creyentes en Cristo Jesús como nuestro Salvador?

Un problema que nunca he podido resolver. En todo pleito político hay creyentes en ambas partes. ¿Qué hacer? En mi patria lo viví al verlo en varias iglesias en las que la congregación estaba dividida. Había dos iglesias de la misma denominación, en la misma ciudad, una a favor de una opción y la otra en contra. Realmente en toda situación hay tres posturas: a favor, en contra, o neutral. ¿Es permanecer neutral la respuesta? ¿Qué influencia tendrá esto en la iglesia local? ¿Cumple con la gran comisión?

Una cosa muy importante a considerar es que la mayoría de nuestras iglesias tienen más capacidad y conocimiento para desarrollar un programa de servicio social que para desarrollar un programa de acción social. Hemos tenido más éxito con el servicio social, tanto a nivel de iglesia local, como denominación, y aun interdenominacionalmente que con la acción social. La razón es muy simple, muy pocas iglesias tienen los recursos humanos, financieros o la estructura apropiada para tal ministerio.

Un fenómeno reconocido y que lo hemos encontrado en nuestra investigación es que cumplir con el mandato cultural no ejerce ninguna influencia considerable en el promedio de crecimiento de la iglesia, pero si hay un principio de Iglecrecimiento "cuando las iglesias se involucran con los ministerios sociales, las iglesias que se especializan en el servicio social (ayudando a satisfacer las necesidades humanas) tienden a atraer más nuevos miembros que las que se especializan en la acción social (o sea cambiando las estructuras sociales)".[16]

Necesitamos sabiduría divina. Esperemos que las próximas consultas sobre el evangelismo y los principios sociales nos ayuden. El dilema todavía subsiste. En las palabras de Leighton Ford: "Esperar que el evangelismo solo cambie la sociedad puede ser muy ingenuo. Esperar cambiar la sociedad sin cambiar a la gente por medio del evangelio, será esperar en vano."[17]

Un representante de América Latina le dijo a Pedro Wagner que "la iglesia a la que él representa quiere únicamente misioneros que estén dispuestos a participar en cambiar las estructuras sociales de América Latina y en lograr la liberación de los latinoamericanos. El quiere revolucionarios sociales y no evangelistas".[18] ¿Será esta la solución?

Que Dios nos ayude a distinguir entre la liberación socio-política y la salvación. El pacto de Lausana dice: "Reconciliación con el hombre no es reconciliación con Dios, ni la acción social es evangelismo, ni la liberación política es salvación." (Art. 5).

Mi preocupación es sobre el daño que puede traer a la obra de Dios si no usamos de sabiduría divina. ¿Podremos llegar a un acuerdo y entendimiento que nos ayude a cumplir con ambos: el mandato evangelístico y el mandato cultural?

"Hijitos míos, no amemos de palabra ni de lengua, sino de hecho y en verdad" (1 Juan 3:17, 18).

NOTAS BIBLIOGRAFICAS

[1] Leighton Ford, It's Time We Discussed Evangelism and Social Issues, en *Global Church Growth Bulletin*, Vol. XIX, N° 2, marzo-abril de 1982, pág. 178.
[2] C. Peter Wagner, *Church Growth and The Whole Gospel* (San Francisco, Harper & Row, 1981), pág. 12.
[3] Ibíd., pág. 13.
[4] Donald McGavran, *Understanding Church Growth* (Grand Rapids, Eerdmans, rev. ed., 1980), pág. 25.
[5] C. Peter Wagner, op. cit., pág. 87.
[6] Ibíd., op. cit., págs. 34, 35.
[7] Donald McGavran, op. cit., pág. 25.
[8] C. Peter Wagner, op. cit., pág. 111.
[9] Donald McGavran, op. cit., pág. 26.
[10] Stephen Neil, *Call to Mission* (Filadelfia: Fortress Press, 1970), pág. 56.
[11] J. Edwin Orr, "Revival and Social Change" *(Fides et Historia* 6, N° 2, primavera de 1974), págs. 1-12.

[12] C. Peter Wagner, op. cit., pág. 38.
[13] Rolando Gutiérrez C., "Espíritu y palabra en la comunidad evangelizadora" en: *América Latina y la evangelización en los años 80*, CLADE II (noviembre de 1979), pág. 185.
[14] Dean M. Kelley, *Why Conservative Churches Are Growing* (New York: Harper & Row, 1972), pág. 152.
[15] Leighton Ford (citando al Papa en *Global Church Growth Bulletin*, Vol. XIX N° 2, marzo-abril de 1982), pág. 177.
[16] C. Peter Wagner, op. cit., pág. 37.
[17] Leighton Ford, op. cit., pág. 177.
[18] C. Peter Wagner, "Mission and Church in Four Worlds". Arthur Glasser, et. al. eds. *Crucial Dimensions in World Evangelization* (Pasadena, California, William Carey Library, 1976), pág. 288.

CAPITULO 8

EL PRINCIPIO DE LAS UNIDADES HOMOGENEAS

No cabe la menor duda de que el principio de las unidades homogéneas es el principio más controversial del Iglecrecimiento. En este capítulo trataremos de aclarar algunos de los malentendidos y de que el lector tenga un concepto claro de este principio y que con esa base pueda hacer una evaluación del mismo y usarlo.

El principio debe ser estudiado con mente abierta y con pasión por las almas perdidas. Esta pasión por las almas perdidas, el anhelo por lograr más eficientemente el cumplimiento de la Gran Comisión ha llevado al movimiento de Iglecrecimiento a tratar de descubrir los principios que afectan la conducta humana. Si podemos descubrirlos, ello nos permitirá alcanzar a personas que por las circunstancias que las rodean, las unen y les son comunes, están más dispuestas a seguir una tras otra en pos del Señor.

Debemos tener una clara definición de este principio, de cómo y cuándo opera, no sólo para entenderlo sino también para aplicarlo en la extensión y la expansión de la iglesia.

Definiendo las unidades homogéneas

La Enciclopedia de la Lengua Castellana dice de la palabra homogéneo: "Aplícase al compuesto en que todos los elementos son de igual naturaleza o condición."

Siendo que el doctor Donald McGavran fue quien comenzó y divulgó el uso del principio de las unidades homogéneas, nada mejor que ir a sus escritos y sacar nuestra definición de ellos.

"A las personas les gusta llegar a ser cristianos sin tener que cruzar barreras raciales, lingüísticas o de clase." Y continúa explicando: "Este principio es una verdad que no podemos negar. Los seres humanos construyen barreras alrededor de sus propias sociedades. Aun más exactamente, podemos decir que la forma en que cada sociedad vive y habla, se viste, y trabaja de por sí la hace diferente a otras sociedades de la especie humana. Es un mosaico y cada pieza tiene vida propia."[1]

Sobre esta definición, dice Pedro Wagner: "Una década y media de estudios e investigación en diferentes culturas y prácticamente en todos los rincones del mundo confirma que las iglesias que tienen más probabilidades de crecer son las que juntan en un compañerismo común a los que pertenecen a una unidad homogénea."[2]

En cada sociedad existen diferentes grupos que tienen características particulares. Se les reconoce por ellas, ellos lo saben, lo pregonan y están orgullosos de ellas. Negar la existencia de las unidades homogéneas y de su influencia en el crecimiento de la Iglesia sería hacer como el avestruz. Sin ir más lejos, podemos encontrar un grupo homogéneo que es el del movimiento de Iglecrecimiento, y otro integrado por los que no lo aceptan. Unos que creen en las unidades homogéneas y otros que no. No me cabe duda de que si no hubieran otras en el mundo, por lo menos existen estas dos. Tenemos algo en común que nos une en cada uno de los grupos.

Siendo que en este capítulo sólo podemos presentar el tema a grandes rasgos, queremos sugerir que el lector que desee profundizar sus conocimientos (si puede leer inglés), consulte el libro de Donald McGavran, *Ethnic Realities and the Church*, así como también el libro de Pedro Wagner, *Our Kind of People*. Ambos libros han suscitado tanto críticas como elogios. Por ambas razones se los recomendamos.

La discusión y la aclaración

Como ya hemos mencionado antes, este principio ha sido muy atacado. Ayudó muchísimo que en 1977 el Grupo de Trabajo Teológico del Comité de Evangelización Mundial de Lausana decidió tener una consulta sobre el principio de las unidades homogéneas. Tuve el privilegio de participar en esa consulta donde se evidenciaba claramente que existen por lo menos estas dos clases homogéneas: los que están en contra y los que están a favor. Sin embargo, aun en lo tenso de la atmósfera, ayudó a aclarar mucho la situación. Fue positivo que se pudo discutir un punto controversial como este con honestidad y amor. Ninguno de los dos lados hizo concesiones, pero por lo menos se aclaró que este principio no es el total del enfoque del movimiento de Iglecrecimiento. Algunos parecían pensar que Iglecrecimiento era sinónimo de unidades homogéneas. Sería lamentable que alguien pensara así.

El concepto de las unidades homogéneas es una herramienta que nos ayuda en nuestra eficiencia evangelística. Dice Wagner: "No es un decimoprimer mandamiento, ni el libro número sesenta y siete de la Biblia, ni una anotación al Credo de los Apóstoles... El propósito esencial del movimiento de Iglecrecimiento no es cumplir con el principio de las unidades homogéneas sino cumplir con el mandato evangelístico."[3]

El problema del debate está en que a las personas les cuesta trabajo admitir que hay iglesias homogéneas y aunque las ven, les es difícil aceptarlo. La mayoría de nosotros vivimos en una sociedad pluralista y esto es muy probable que aumente. La misma urbanización está fomentando el pluralismo. Debemos darnos cuenta de que los recién llegados no cambiarán para ser como nosotros. En los Estados Unidos de Norteamérica siempre se ha hablado del "Gran Crisol", cuando se esperaba que en una o dos generaciones todos los que llegasen, serían asimilados y transformados para ser como cualquier otro norteamericano común y corriente. Bueno... el "Gran Crisol" no ha llegado a ser más que "el gran guisado", donde el arroz sigue siendo arroz, la carne, carne y así cada uno de los ingredientes mantienen su individualidad.

Veamos el concepto ya citado de McGavran: "Las personas prefieren llegar a ser cristianos sin tener que cruzar barreras raciales, lingüísticas o de clase."[4] Debemos entenderlo de dos maneras, dice Wagner:

"Primero, es una presuposición descriptiva y no normativa. Es fenomenológica [manifestación o apariencia sorprendente y extraordinaria] y no teológica. No dice 'Los hombres deben llegar a ser cristianos', sino que 'los hombres prefieren llegar a ser cristianos'.

"Segundo, se refiere al discipular y no al perfeccionar. Es un principio de evangelismo, no de nutrición cristiana... Se refiere a los inconversos. No están en el reino de Dios. Jesús no es su Señor. No saben nada del fruto del Espíritu Santo."[5]

Este es el concepto más importante que debemos comprender. En cada oportunidad que he conversado sobre este tema, las personas argumentan que lo bíblico es que todos debemos "ser uno" en el Señor, sin hacer distinciones. Otra vez, el movimiento de Iglecrecimiento no hace diferencias, no se trata de racismo, segregación, discriminación, ni nada parecido. Una vez que la persona ha conocido a Cristo como su Salvador, no debe tener prejuicios, pero sí los tiene antes de convertirse. Si no es la única, la manera más posible de que acepte al Señor será en un medio ambiente que le sea común o donde se sienta cómodo; ya sea éste geográfico, étnico, lingüístico, social, educativo, económico, o de otra índole. De tanto en tanto encontramos alguna excepción, pero sigue siendo excepción y no regla. Aunque algunos tratan de demostrar lo contrario, no lo han conseguido.

"El principio de las unidades homogéneas no se debe interpreta como uno que propaga la manera ideal en que los creyentes deban relacionarse unos con otros, sino como la forma en que los inconversos llegan a ser seguidores de Jesucristo y miembros responsables de su Iglesia."[6]

Al hablar de unidades homogéneas estamos en el campo del discipulado. La persona no ha llegado tal vez ni siquiera a eschuchar el mensaje. Allí está en el estanque pagano. La única alternativa para que esa persona conozca y reciba el mensaje puede ser por medio de una iglesia en la que ella se sienta cómoda, o sea, donde los miembros son del mismo fondo cultural. "Debemos estar dispuestos a comenzar iglesias que sean homogéneas en naturaleza si ésta es la mejor forma de alcanzar a las personas y ayudarles a comenzar el camino en la comunión con otros creyentes", dice Palmer.[7]

"Las barreras para no seguir a Cristo a veces son más bien sociales que teológicas. Muchos rechazan el evangelio no por pensar que sea falso sino porque es extranjero y no para 'mi gente'. Se imaginan que al seguir a Cristo uno tiene que renunciar a su propia cultura, perder su identidad cultural y traicionar a su gente."[8] Así lo dice Pedro Larson, del Seminario Teológico Bautista Mexicano.

Necesitamos analizar la situación de nuestras iglesias. Al hacerlo nos daremos cuenta de que hay grupos específicos a los que estamos alcanzando. Algunos grupos han escuchado nuestro mensaje; otros no. Nuestra predicación y nuestro discipulado ha sido eficiente en ciertos grupos; otros han permanecido desinteresados.

El pluralismo social

Esto no es nada nuevo. Lo encontramos por primera vez mencionado en Génesis 10. Aquí tenemos la "tabla de las naciones". Algunos piensan que fue una maldición, pero la verdad es que al ver cómo los hijos de Noé se esparcieron por el mundo, podemos darnos cuenta de que Dios quiso esta diversidad, este pluralismo.

En el capítulo 11 de Génesis encontramos el relato de la Torre de Babel. Dios les confundió su lengua y los esparció (11:6-7). Dios mismo lo determinó para interrumpir el plan de ellos, pues no estaba de acuerdo con el plan de Dios.

Sin embargo, Dios ama a todos. En Génesis 12:3, encontramos que Dios establece un pacto con Abraham, elige a Israel para bendecirlo, y en esa bendición ellos serían bendición a todas las familias de la tierra. El plan de Dios no era que todos volvieran a hablar el mismo idioma o que habitaran en un mismo territorio, sino que fueran bendecidos en la pluralidad que los separaba.

En la Gran Comisión (Mateo 28:19, 20) también encontramos que el mandato incluye a todas las naciones. No para cambiarlos exteriormente sino para cambiarlos interiormente. Dice la Escritura: "Haced discípulos... bautizándolos... enseñándoles...", pero no propone que debemos hacer que se parezcan a nosotros ya sea en idioma, vestimenta, o costumbres. Más bien nos da a entender que debemos reconocer las diferencias culturales y aceptarlas.

El mismo problema de la "urbanización" hace que cada día veamos más y más este pluralismo. Las grandes metrópolis son conglomeraciones de unidades homogéneas diversas. De acuerdo a un informe dado por Ray Bakke, del 48 al 59% de las personas en este mundo viven en las ciudades. América Latina ya está urbanizada en más de un 65%, mientras que en países como Argentina, Chile y Uruguay el 82% ya vive en ciudades.[9] Se calcula que este año llegarán a Ciudad México 980.000 nuevos habitantes. ¿De dónde vienen? De todas partes. Habrá europeos, asiáticos, americanos (de las tres Américas). La mayoría de estos nuevos residentes provendrán de las demás poblaciones mexicanas. En el periódico *Novedades* de marzo de 1979, el titular decía: "Más de cien mil indígenas llegan al Distrito Federal", y agregaba: "La procedencia de estos grupos es de todos los rincones del país... Muchos de ellos hablan sólo su dialecto y traen como única arma de trabajo el deseo de sobrevivir, al que nos aferramos todos los mortales."[10]

Esto se repite en otras metrópolis (Buenos Aires, Caracas, Los Angeles...) Las iglesias deben estar preparadas para trabajar dentro de este pluralismo. La Iglesia primitiva trabajó y se extendió sobre esta base.

He tenido la oportunidad de ver muy de cerca el resultado del trabajo entre las unidades homogéneas de la capital mexicana. Uno, entre profesionales; el otro, entre un grupo de gente que podríamos llamar indígena. Los consideraremos muy brevemente; el lector sin duda conoce otros casos similares.

En el primero, siete familias dejaron su iglesia en el centro y comenzaron a trabajar entre familias profesionales como ellos. Su visión era la de alcanzar esa clase profesional o alta a la que no se había tenido muy en cuenta en el pasado. Posiblemente tal negligencia de la iglesia en general para con esa clase social se excusa teológicamente en que "Muy difícilmente entrará un rico en el reino de los cielos" (Mateo 19:23).

Trabajaron arduamente. Después de siete años tienen una asistencia de 350, casi todos de esa clase a la que ellos pertenecen. Los hay doctores, dentistas, abogados, hombres de negocio, y así por el estilo. Tuve el privilegio de darles cursos de Iglecrecimiento cuando todavía se reunían en los hogares (en salas o comedores tan grandes como una de nuestras capillas regulares).

Un asunto curioso fue que al llegar a cierto punto de su crecimiento y mientras edificaban su propio santuario, pidieron el uso de una capilla que pertenecía a un grupo compuesto por personas humildes. Algunos de ellos eran empleados de estos profesionales. Los humildes prefirieron que cada grupo tuviera servicios por separado. ¡Clásico caso de diferencias homogéneas! Por último les permitieron a los profesionales que terminaran y arreglasen la unidad educacional que había estado paralizada por años, y que se reunieran allí.

En el segundo caso, vemos una iglesia compuesta mayormente por personas del Estado de Oaxaca, al sur de la República Mexicana. Estos habían llegado al Distrito Federal, instalándose junto a gente en una zona de esa gran ciudad que, como ellos, pertenecían a una de las trece tribus de Oaxaca. Pronto se organizó una iglesia, con un pastor de esa misma región y tribu. La iglesia crecía, aumentando su número cada semana.

Dado lo que podríamos llamar el "éxito" de este pastor, su organización decidió trasladarlo a otra iglesia. Creían que su ayuda —con la experiencia de esta última iglesia— sería fabulosa. Bueno... la iglesia que dejó y que era como él, dejó de crecer. Prácticamente comenzó a marchitarse. Y en la iglesia a la que fue no pasaba nada. Lo que él hacía, y que había hecho antes, allí no daba resultados. Finalmente, los líderes se dieron cuenta; lo enviaron de vuelta a la iglesia donde él había ministrado a los que eran como él, y otra vez comenzó el crecimiento y se recuperó lo perdido. Muchas veces creo que hemos dañado a pastores o congregaciones porque los hemos quitado de su medio ambiente (las unidades homogéneas).

No es sinónimo de racismo

Se ha dicho, y sin duda que se seguirá diciendo, que el principio de las unidades homogéneas es poner en práctica el racismo, o hacer discriminación. No lo es. El racismo es pecado. Aunque debemos admitir que hay iglesias racistas, estas no son producto del movimiento de Iglecrecimiento. Al contrario, nunca se ha excluido a nadie por el color de su piel o el idioma que hable. La iglesia puede pertenecer a una unidad homogénea y sin embargo no ser racista.

Como hemos mencionada ya, algunos opinan que el principio de las unidades homogéneas crea o promueve el racismo o segregación. ¡Lejos estamos de ello! Si las personas son ganadas dentro del grupo a que pertenecen, lo más lógico es que seguirán ganando a personas que son como ellos. Después de todo, son sus amistades, sus compañeros de profesión, se mueven dentro del mismo ambiente y lo más lógico es que sean alcanzados por el evangelio dentro de ese círculo. Y así seguirá el ciclo. Sin planearlo esa iglesia tendrá una mayoría de personas de esa misma clase o cultura.

Otras personas que se alleguen, permanecerán si se adaptan al medio ambiente. Si no, buscarán otra iglesia donde se sientan cómodos en todo el sentido de la palabra. En América Latina he observado con tristeza que, especialmente en campañas evangelísticas de masas, muchas personas de clase alta o profesional se pierden aun después de haber hecho profesión de fe porque no encuentran una iglesia donde se sientan cómodos. Esto no es siempre porque ellos quieran estar con "los de su clase" sino porque las congregaciones de otras clases homogéneas prácticamente les cierran las puertas y los miran como diciendo: "¿Por qué viene este a meterse con nosotros?, ¿qué se traerá entre manos?"

El racismo en las iglesias parece ser del humilde al rico, del trabajador al profesional, y no como se supondría que fuese: al revés. Estas personas necesitan a Cristo tanto como usted y yo. Son pecadores que necesitan obtener la salvación. No debemos mirar el dinero o las posesiones como si fueran una pared racial. En todo caso esos pueden ser elementos, recursos que Dios puede usar para la extensión de su obra.

En lo práctico

Aquí en Los Angeles tenemos una "ensalada rusa" por así llamar a todas las culturas representadas. Por esa razón vemos iglesias de distintos grupos: coreanos, chinos, japoneses, alemanes, vietnamitas. Cada uno funciona como departamento de una iglesia de habla inglesa, y se reúne fuera de los horarios de los otros grupos. Es interesante los domingos recorrer las calles principales del Gran Los Angeles y ver los distintos grupos entrar o salir de los templos.

Si bien sería fructífero estudiar estos grupos, creo que nos interesa más el "mosaico" hispano. Hay barrios de chicanos (hijos de mexicanos nacidos en los Estados Unidos) y estos todavía pueden ser divididos en subgrupos. Otros barrios son de mexicanos, otros de guatemaltecos, otros de salvadoreños, y así de casi cada país latinoamericano. También hay barrios donde están todos mezclados. Y hay barrios de los que han pasado la primera etapa en este país y ya son dueños de casas y tienen empleos de buena categoría y buenos sueldos. Todos hablan el español, pero hay otras cosas que los une además del idioma.

Tenemos iglesias que han pasado un proceso de cambio en cuanto a unidades homogéneas se refiere (aunque todos los grupos hablan castellano). Una que viene a mi mente comenzó con un grupo de bolivianos. Luego cuando el éxodo cubano, cambió poco a poco hasta llegar a ser cubana. Después vino la influencia salvadoreña y hace pocos días me confirmaron que del 80 al 85% de la membresía son personas de la República de El Salvador. El liderazgo, no obstante, está en manos de una minoría, o sea, de ese 10 ó 15% que permanece desde antes. Dentro del grupo anglo, que esa iglesia también tiene, existe un grupo mexicano-americano que en realidad no tiene homogeneidad con ninguno de los otros dos grupos (ni con el que habla español, ni con el que habla inglés). Y sobre esa base funcionan en la iglesia. ¿Qué pasará en el futuro?

En la iglesia que pastoreamos (en Pasadena, California), tenemos otro fenómeno de unidades homogéneas. En nuestra congregación tenemos representados a catorce países latinoamericanos. No hay mayoría de ninguno todavía, todo está balanceado. Creo que mientras se mantenga equilibrado, no tendremos problemas. Si hubiese un aumento muy grande de una nacionalidad, tal vez tengamos que formar otras iglesias por nacionalidad específica. Todos hablamos español y somos latinoamericanos, pero llegado el momento, tenemos otras cosas que nos diferencian. "Mientras que la mayoría de las iglesias cristianas son homogéneas, algunas son heterogéneas y mezclan distintas clases de personas en grado significativo."[11] El problema permanece en la mente de los que niegan, sea que deba ser o que no, que la mayoría de iglesias son homogéneas.

Un pastor amigo, cuando me escuchó hablar de unidades homogéneas, me dijo que él no creía en eso, y que el nacionalismo no tenía nada que ver. En su iglesia, como en la mía, ahora tienen muchas nacionalidades representadas. Existe un predominio argentino y mexicano. En un día patrio tuvieron un picnic; jugaron al fútbol. La final fue entre argentinos y mexicanos. Se suscitaron diferencias, salió a relucir el patriotismo mezclado con otros sentimientos. El partido no terminó, más bien parecería que cambiaron de deporte; del fútbol pasaron al box y la cosa no terminó muy bien. No quiero comentar el asunto; no estoy seguro de cómo relacionarlo para bien, pero parecería un caso agudo de unidades homogéneas.

En esta misma zona se han dividido (por buena causa) convenciones o agrupaciones que antes eran 100% anglos. Luego se incorporaron otros grupos étnicos. Con el tiempo se dieron cuenta de que para trabajar más eficientemente cada uno debía tener su propia estructura. Todos se han beneficiado y conservan una relación fraternal unos con otros.

Esto se aplica también a los países latinoamericanos. En mayor o menor grado existe esta realidad. ¡Cuánto más en las grandes urbes!

El porqué de los resultados

La base del énfasis del movimiento de Iglecrecimiento, está en que las iglesias crecen mejor cuando están constituidas por una sola clase o tipo de gente. Ya hemos dicho que:

1. Las personas pueden ser ganadas más fácilmente cuando no tienen que cruzar ninguna barrera.

2. Se sobreentiende que una vez que conocemos al Señor, esas barreras serán quitadas de nuestra vida y la congregación será una.

Sin embargo, el hecho que las personas prefieran llegar a ser cristianos sin cruzar barreras culturales hará que cada congregación permanezca homogénea. Lo más lógico es que si continuamos un ciclo completo de "miembros responsables y reproductivos" esa reproducción hará que atraigamos a personas que serán iguales que nosotros. Son nuestros amigos, nuestros parientes; personas que son como nosotros y el círculo continuará. Esta es la razón que no me sorprende el ver en las iglesias personas que tienen tanto parecido unas con otras. Otra vez podemos recordar que el enfoque está en el evangelismo, no en un crecimiento de madurez espiritual. En una iglesia con un evangelismo continuo, el ciclo continuará y la probabilidad con mayores posibilidades será la de "gente que se parecen a otros". Aun así se debe mantener una base bíblica sólida de que en Cristo no hay judío ni gentil, no hay rico ni hay pobre, no hay profesional ni sirviente.

En los tiempos del libro de los Hechos encontramos que había un grupo llamado "judaizantes" que eran los que exigían a las personas que cambiaran su cultura para poder ser "cristianos". No se podían imaginar un buen cristiano que comiera cerdo y (o) que no fuese circuncidado. La mayoría de nosotros nos rebelaríamos si se nos exigiese cambiar nuestra cultura para ser cristianos hoy. Cuando leemos de las exigencias que algunos estaban poniendo no lo podemos entender. Sin embargo, hoy cuando se convierte un judío, nosotros queremos hacerle dejar todas sus costumbres y tradiciones. El fenómeno que encontramos hoy es que las iglesias "cristianas-judías", o sea, las que se dedican a trabajar entre el pueblo escogido por Dios están creciendo tanto cualitativa como cuantitativamente. ¿La razón? Predican a Cristo muerto y resucitado, tal como cualquiera de nosotros. Los judíos escuchan, se convierten y son incorporados a la iglesia, pero no tienen que dejar sus costumbres judías ni la celebración de sus fiestas. Permanecen dentro de lo que les hace una unidad homogénea, pero con Cristo en el corazón. Este grupo lo conocemos como judaísmo mesiánico. ¡Gracias a Dios por esta unidad homogénea! Evangelísticamente está teniendo éxito. En la nutrición del nuevo creyente creo tienen aun más éxito, ya que los judíos siempre nos han dado ejemplo por la calidad en la educación doctrinal y bíblica que imparten. Un ejemplo digno de ser imitado.

En una ocasión tuve la oportunidad de tener un encuentro con un rabino. Mientras comíamos, me preguntó: "¿Cómo esperan ustedes, los evangélicos, educar cristianamente a sus hijos con una hora a lo sumo de Escuela Dominical por semana?" Se me atragantó la comida. Más bien parecía un cuchillo entre las costillas. Cuando le pregunté qué hacían ellos con sus niños, me contestó que la instrucción incluía unas 12 a 15 horas por semana de educación religiosa, incluso el leer Hebreo. Tengo que admitir que me sonrojé. Este mismo concepto de educación se está poniendo en práctica en las "sinagogas mesiánicas"; sin duda, los resultados serán evidentes.

¿Otra terminología?

Es posible que algunas personas se sientan más cómodas usando otra terminología, y en vez de llamarlo unidades homogéneas, lo llamen "grupo de gente" y den la siguiente definición: "Un grupo significativamente grande de individuos que sienten que tienen una afinidad común el uno con el otro."[12] Esta definición sigue muy de cerca la presentada por el Grupo de Trabajo de Estrategia del Comité de Lausana para la Evangelización Mundial. Es más específico que "grupos societarios" (identidad similar), y más definido que "grupos asociados" (organizados por un interés común: clubes, sindicatos).

Aquí el énfasis está en que las personas mismas sienten que tienen afinidad el uno con el otro. En otras palabras, la definición de McGavran pone el énfasis en las características que comparten. La definición de Dayton y Fraser lo hace en el sentir de la misma gente de que son diferentes.

"Afinidad" significa que tienen un potencial de interacción y que por lo tanto hay algo que les atrae porque tienen algo en común. Y "suficientemente grande" indica que el grupo deberá serlo para poder encontrar su identidad en él.

Además Dayton y Fraser creen que el término "unidades homogéneas" puede ser engañador porque indicaría una homogeneidad que quizá no exista, y que lo esencial es que haya un sentir de identidad de grupo. Ya que algunos podrían ser muy homogéneos y sin embargo, no sentir ellos que pertenecen a un grupo social.

Agregan que el término "unidades homogéneas" es un concepto científico mal usado ya que es tan amplio y elástico que no existe ningún grupo al que no pueda ser aplicado. Y también que sólo se

El principio de las unidades homogéneas 171

aplica a posteriori, o sea, que notamos un grupo homogéneo después de que se ve un gran crecimiento en él.

Basado en esto, se está tratando de identificar a los "grupos menos alcanzados" del mundo. Tanto en cuanto a su identidad, las cosas que los unen o los distinguen. Su idioma, religión, necesidades, etc. Con este propósito se han escrito manuales y guías, tanto por escritores cristianos como seculares. Por supuesto, estos últimos tienen un interés y enfoque sociológico y psicológico. Entre los primeros encontramos materiales publicados por William Carey Library en Pasadena, California. Otros por MARC, rama de investigaciones de Visión Mundial, y por supuesto otros materiales de distintos grupos y organizaciones.

El estudiante que desee profundizar en esto, hará bien en estudiar el libro *Planning Strategies for World Evangelization* por Dayton y Fraser. No sólo lo ayudará en este tema, sino que también en muchos otros. Uno de sus autores, Ed Dayton, es el presidente del Comité de Trabajo sobre Estrategia del Evangelismo Mundial del Congreso de Lausana. Está trabajando con un grupo que tiene mucho que ver con lo que la mayoría de los evangélicos acepta en todos sus puntos de vista.

Estos autores consideran que hay ventajas en mirar las cosas cambiando el énfasis y enfocando a los "grupos de gente".

1. Trata de ver al mundo tal cual Dios lo ve. Dios no sólo se interesa en las fronteras políticas trazadas por los hombres, sino en las relaciones de los unos con los otros.
2. Moviliza a la iglesia en todo el mundo. Esto porque la iglesia se ve responsable no sólo por otros países del mundo, sino también por los "grupos de gente" dentro de su propio país.
3. Es una respuesta a la Gran Comisión. El Señor nos dice que vayamos a todas las naciones.
4. Permite que entendamos nuestra tarea. Cuando los "grupos de gentes" están bien definidos, es fácil comprender la tarea de nuestra misión.
5. Define una meta que podemos alcanzar. Conducir todo un país a los pies de Cristo parece imposible. Al definir a estos grupos numéricamente y que la meta sea de alcanzar, digamos un 20%, la meta es alcanzable.
6. Afina el sentir del llamamiento de Dios.
7. Define la preparación que necesitamos. No preparación misionera para servir un país, sino para cumplir con una tarea.
8. Ayuda a comunicar la tarea de misión. Otra vez enfocando el esfuerzo como un ministerio.

9. Cambia el énfasis de enviar a alcanzar. La iglesia no está para enviar misioneros sino para alcanzar a la gente y hacer discípulos.
10. Ayuda a reclutar. Cuando está definido, se puede atraer a los que Dios ha preparado para una tarea.
11. Evita que surjan fronteras nacionales artificiales.
12. Presenta a las iglesias más jóvenes con un modelo de misión transcultural. Funda iglesias con "grupos de gente".
13. Ayuda en la coordinación entre agencias misioneras y las iglesias.
14. Hace que la estrategia sea específica. En vez de tratar de alcanzar a toda la gente y no conseguirlo, se concentra en un grupo.
15. Define la tarea de la misión transcultural. La tarea no es alcanzar los tres mil millones de habitantes, sino el establecer una iglesia vigorosa en cada grupo de gente en el mundo.
16. Su fuerza es el apoyo en oración. La oración específica para que Dios derrame de su misericordia sobre un grupo específico de personas.[13]

Finalmente

Recordemos que las unidades homogéneas son una herramienta útil para ayudar a evangelizar. Otra cosa será cuando el individuo ya esté incorporado en la iglesia local.

Recomendamos que el lector interesado haga estudios más profundos sobre este tema. Que investigue lo que sucede en iglesias que están creciendo y en aquellas que no; que analice el potencial de las unidades homogéneas que rodean a la iglesia en su comunidad y veamos cómo podemos beneficiarnos.

"El principio de las unidades homogéneas no es por cierto el corazón del Iglecrecimiento, sin embargo, se puede aplicar muy bien a muchas situaciones ... alrededor del mundo. La regla es usar el sentido común."[14]

NOTAS BIBLIOGRAFICAS

[1] Donald McGavran, *Understanding Church Growth*, rev. ed. (Grand Rapids: Eerdmans, 1980), pág. 223.
[2] C. Peter Wagner, *Su Iglesia Puede Crecer* (Terrassa, España, CLIE, 1980), pág. 138.
[3] C. Peter Wagner, *Church Growth and the Whole Gospel* (Harper & Row Publishers, San Francisco, 1981), pág. 167.

4 Donald McGavran, op. cit., pág. 223.
5 C. Peter Wagner, op. cit., pág. 167.
6 Ibíd., pág. 168.
7 Gerald Palmer, "An Unqualified, it Depends...", Home Missions Notebook (Southern Baptist, Summer 1980), pág. 8.
8 Pedro Larson, Bosquejos didácticos de Iglecrecimiento (México, Centro de Estudios de Crecimiento de las Iglesias y Misionología del Seminario Bautista Mexicano, 1981), pág. 53.
9 Ray Bakke, Citado en el Informe de David Rambo en el Seminario Teológico Fuller, noviembre de 1981.
10 Diario Novedades, de la Ciudad de México, 17 de marzo de 1979.
11 C. Peter Wagner, Our Kind of People (Atlanta, John Knox Press, 1979), pág. 13.
12 Edward Dayton & David Fraser, Planning Strategies for World Evangelization (Grand Rapids, Michigan, Eerdmans 1980), pág. 135.
13 Ibíd., pág. 143-145.
14 Donald McGavran, op. cit., pág. 243.

CAPITULO 9

PLANTANDO NUEVAS IGLESIAS

En el capítulo uno hablamos de "Las Escrituras y la voluntad de Dios." Vimos cómo El quiere ver a su iglesia crecer. Esta tiene no sólo un crecimiento en personas (miembros responsables y reproductivos) sino también será necesario que haya un crecimiento en el número de iglesias locales que se extiendan por todos lados.

No cabe la menor duda de que Dios tiene un criterio muy enfático sobre el asunto de plantar iglesias. El Señor demanda obediencia y que hagamos su voluntad. Si bien no es una tarea fácil, es tanto importante como factible que conozcamos la voluntad de Dios en cuanto al tema que nos ocupa. En el pasado ha sido una tarea aparentemente muy limitada. Ahora el desafío se nos presenta de que hagamos algo y cumplamos con el mandato divino.

"Pueden existir muchas razones por la falta de plantar iglesias, pero no son razones suficientes para contradecir la voluntad de Dios. Si Dios desea que su Iglesia crezca, nuestro trabajo es estar a tono con su voluntad para que seamos parte del hacer que su Iglesia crezca. No tiene mucho sentido andar buscando excusas por la falta de crecimiento, cuando podríamos estar buscando los secretos que favorezcan el mismo."[1]

Melvin L. Hodges de las Asambleas de Dios, dice: "Mantenga la visión constantemente con la predicación y la oración, y . . . con una acción adecuada. Dios nos ha encomendado una tarea. No nos sintamos satisfechos con nada menos que el total cumplimiento de su voluntad. El desea que cada criatura oiga. Su plan es edificar una iglesia, no como un monumento a un hombre o a una organización, sino como un medio de llevar la redención a todo el mundo."[2]

Reconociendo que es la voluntad de Dios podemos darnos a la tarea gloriosa de plantar iglesias. El Nuevo Testamento nos muestra la importancia de la iglesia local desde el punto de vista de Dios: "Porque donde están dos o tres congregados en mi nombre, allí estoy yo en medio de ellos" (Mateo 18:20).

La iglesia primitiva nos da el ejemplo de cómo se reunían ellos y se organizaban en congregaciones. Evidentemente no tenían templos suntuosos, ni siquiera parece que tenían tiempo para edificarlos; por eso se reunían primordialmente en casas de familia. El secreto estaba en formar las congregaciones, el edificio era algo secundario.

Pero... ¿por qué comenzar nuevas iglesias? ¿No tenemos suficientes, y muchas sin pastores? ¿No deberíamos mejor concentrarnos en hacer que las que tenemos sean más eficientes? Raymond W. Hurn de la Iglesia del Nazareno contesta esas preguntas así: "Tenemos dentro de nosotros el poder y la habilidad de ayudar a los hombres a que conozcan a Cristo. La multiplicación de iglesias es el método más eficaz para alcanzar al mayor número de estas personas."[3]

Otras preguntas surgen: "¿Cómo comenzaremos?" "¿Dónde comenzar?" "¿Dónde conseguimos obreros?" "¿Cómo establecemos contacto con la comunidad?", y así muchas preguntas más. Trataremos de contestarlas a medida que estudiemos el tema.

"El plantar iglesias demanda la presencia, poder y dirección del Espíritu Santo, si es que las iglesias han de comenzar, crecer y florecer... el plantar iglesias es una de las tareas más difíciles que el ser humano puede intentar... si hemos de tener éxito... debemos buscar Su ayuda y continuar buscando su liderazgo en el resto del camino. El Espíritu Santo abre puertas para que se puedan comenzar iglesias."[4]

Requisitos básicos para plantar iglesias

Seríamos muy ingenuos si pensáramos que podemos levantarnos una mañana y mientras nos desperezamos decir: "Hoy no tengo otra cosa mejor que hacer...Voy a plantar (fundar) una iglesia." Lleva mucho más que un buen deseo o el querer hacer algo diferente. Consideremos cinco requisitos que creemos son básicos para comenzar a plantar iglesias.

1. La gente. La mejor manera de comenzar una iglesia es con gente creyente. Puede ser un núcleo que pertenezca a la iglesia madre que auspicia el esfuerzo, gente tal vez que esté en un pueblo o barrio donde no haya iglesia. Quizá vayan a alguna iglesia lejana, o tal vez hayan dejado de asistir debido a la distancia; pero siguen fieles al Señor aunque les falta la confraternidad cristiana con otros hermanos. Estos puede que sean de la misma denominación o no, pero son creyentes.

Algunas iglesias comienzan con gente nueva, incrédulos, pero es más difícil, lleva más esfuerzo y energías. Así comenzamos nuestra iglesia aquí en Pasadena, California. Lo hicimos sin gente, sin dinero y sin edificio. Ya comentaremos sobre esto. Pero no es fácil, es la forma más difícil.

2. La *motivación* del pueblo de Dios para hacerlo. Debe ser una motivación directa del Espíritu Santo, de otro modo fracasará. El

Espíritu Santo es la divina fuerza dinámica que actúa en este mundo, a través de la iglesia, para la redención del hombre. No es como decir, voy a abrir una sucursal de panadería o un restaurante. Necesitamos un "llamamiento" específico. Dios quiere que encontremos a los perdidos y los incorporemos a la iglesia local. El es quien nos mueve a hacerlo; la obra misionera bajo la cual califica este esfuerzo es de Dios.

Podemos citar cinco elementos en el ministerio de Jesús que sirvieron para motivar a sus discípulos.

   a. El demostró su compasión por los perdidos (Mateo 9:36).
   b. Dio un ejemplo misionero (Mateo 9:35).
   c. Les enseño sobre la necesidad misionera (Mateo 9:37).
   d. Les enseñó a orar por la obra misionera (Mateo 9:38).
   e. Les envió a hacer el trabajo misionero (Mateo 10:1 y 5a).

Recordemos que esto fue antes de que les diese la "Gran Comisión". Les estaba adiestrando y motivando para la meta que El les fijaría.

3. La *fe*, es un requisito indispensable. Toda nueva aventura requiere fe y más cuando se trata de la obra de Dios. Nuestra lucha es contra "principados y potestades". Además, plantar nuevas iglesias va a sacudir a muchos que preferirían "dejar las cosas como están". Todo creará adversidades y obstáculos; habrá que estar dispuestos a moverse contra la marea.

No será una fe por sólo unas semanas o unos meses, puede ser que haya que ejercerla por mucho tiempo. En cuanto a nuestra experiencia personal en Pasadena, por lo menos pasó un año antes que viéramos los resultados. Cuando la asistencia se componía de nuestra familia y tal vez dos o tres familias más, hacía falta fe para seguir adelante. Ahora después de tres años, es más fácil ejercitar la fe. Cuando ahora vemos la capilla llena, es otra cosa. ¡Qué gozo trae poder hacer algo bueno para la obra de Dios!

4. Una *filosofía de ministerio* nos ayudará a planificar y determinar qué clase de iglesia queremos comenzar. No todas las iglesias son iguales. Tienen diferente clase de necesidades y la gente es diferente de un lugar a otro. Como hemos mencionado en otros aspectos del Iglecrecimiento, no podemos hacer un modelo que sirva de molde. Las circunstancias cambiarán de lugar en lugar y se deben seguir los principios de una manera que se ajusten con esas circunstancias.

Aquí necesitamos tener una filosofía de ministerio pues esta nos ayudará también a suplir la necesidad de la comunidad en cuestión; recordando, no obstante, que no podremos suplir las necesidades de toda la gente, mas sólo de una parte de ellos.

5. Una *investigación* de la zona en que queremos comenzar.

Debemos hacer un estudio intensivo antes de comenzar. Sin duda que no podrá obtenerse el 100% de la información deseada, pero la que pueda obtenerse será valiosa. Será muy importante descubrir si es terreno fértil antes de plantar la semilla. ¿Tiene usted creyentes de su denominación en ese lugar? ¿Cómo es el testimonio de ellos? ¿Qué tipo de vecindario es? ¿Está la comunidad en aumento o en merma? ¿Qué está sucediendo en las otras iglesias? ¿Habrá hogares o edificios disponibles para reunirse?

Todas estas son preguntas que la investigación nos ayudará a contestar. Pero es parte elemental y necesaria en todo plan de plantar iglesias.

Estos cinco requisitos son básicos — como mínimo — para plantar iglesias. Debemos ajustarnos a los recursos y limitaciones a nuestra disposición. Nuestros sentimientos al ver una nueva iglesia plantada que germina y da frutos es como cuando nace un niño.

Sí, cuando una nueva iglesia nace eso implica toda la anticipación y cuidado de los padres que han estado por meses esperando ese nuevo vástago. Habrá dolores ... y médicos o especialistas que tendrán que ayudar en la tarea, desde la concepción hasta el parto y de allí en adelante. Habrá problemas, enfermedades, accidentes, biberones que preparar y pañales que lavar. Aun encontraremos las posibilidades de defectos de nacimiento, muerte y cuentas que pagar. Esto puede suceder con la iglesia naciente también.

Cuando todo esto es comparado con la iglesia nos damos cuenta que hay mucho en común, entre el nacimiento de un bebé y el de una iglesia. La iglesia también nace pequeña. Hay una lucha por sobrevivir, y hay defectos. Cada una tiene y desarrolla una personalidad diferente. Sin embargo se parecen a los padres.

Las iglesias recién nacidas, como los seres humanos, cometen errores. A veces no prestan atención a sus padres, sienten que los demás tienen que darles los gustos y necesitan ayuda hasta que puedan pararse por sí solas. Pero vale la pena el esfuerzo.

En nuestra era moderna también se asemeja la visión de algunas iglesias establecidas a la de las madres que están tomando píldoras anticonceptivas. Hay demasiadas iglesias madres en este plan, y puede ser una señal muy peligrosa. Puede afectar el sistema reproductivo permanentemente. Por todas estas razones es que necesitamos observar que en la misma forma que un niño con quien se tiene buen cuidado crecerá saludablemente, también la iglesia recién nacida o recién plantada puede disfrutar del mismo tipo de crecimiento.

Objeciones a que se planten iglesias

Como en todo plan, habrá quienes estarán a favor y quienes

estarán en contra de plantar iglesias. Los que sientan ese "llamamiento especial" de Dios para hacerlo deberán estar preparados a recibir objeciones y a sobreponerse a ellas. He aquí algunas de las objeciones que Pedro Wagner menciona en sus clases sobre el tema.

I. Habrá objeciones pragmáticas.

Asumiendo que un grupo de personas dejara la iglesia madre para organizar la iglesia hija, habrá objeciones de caracter pragmático que nos tocan muy de cerca:

A. Los miembros que perderá la iglesia madre.

Se piensa — y sí va a suceder — que la iglesia madre perderá miembros. Pero la verdad es que esto va a fortalecer en vez de debilitar. La razón es muy simple. Dios premia la fidelidad de sus hijos. Por varios años colaboré con una iglesia que dio a luz tres nuevas iglesias. Cada una de ellas significó un éxodo de unas 35 familias, o sea un promedio de cien personas cada vez. La asistencia allí es de unos 700 cada domingo. Pero lo sorprendente era que el domingo siguiente a cada uno de estos éxodos, la iglesia volvía a llenarse y tampoco se notaba merma en las finanzas. La promesa del Señor es que El nos dará más de lo que nosotros podemos darle a El. El cumple sus promesas.

B. El costo al comienzo es muy alto.

Muchos miembros temen que al plantar una nueva iglesia tendrán que afrontar costos mayores y por lo tanto tendrán que ofrendar más. Si el proyecto tiene buenas bases el costo será mínimo y si la nueva iglesia es bien enseñada desde el principio encontraremos que la iglesia hija podrá muy pronto costear su propio crecimiento.

La verdad es que cuando comparamos el costo "por persona" y su eficacia en la inversión, encontramos que comparado con cualquier otro método evangelístico, nos daremos cuenta que es la forma más económica de hacer discípulos. Sí, el plantar iglesias es eficaz y a bajo costo, en general.

C. Perderemos la confraternidad cristiana.

Por supuesto si un buen grupo de personas "enjambra" para formar una nueva iglesia, con ellos saldrán muy buenos amigos nuestros. La amistad cristiana de tantos años aparentemente quedaría destruida. Recordemos que esto pudiera suceder en otras circunstancias también. Podrían ser transladados en su trabajo; podrían suceder otras cosas más drásticas, pero en todo caso esto será parte del precio que se tendrá que pagar para cumplir con la Gran Comisión.

II. Habrá objeciones éticas.

A. Algunos piensan que el comenzar una nueva iglesia dañará a las iglesias que ya están en esa comunidad, especialmente si es un lugar pequeño. Otros dicen, debemos amar a nuestros hermanos. ¿Por qué no los ayudamos en lo que ellos ya están haciendo? Por supuesto, queremos ser éticos, pero la ética no debe impedir que hagamos el trabajo. He aquí buenas razones para ello.

1. La Gran Comisión debe realizarse con amor y ética, pero debe llevarse a cabo. Si se puede conversar con los líderes de otras congregaciones y "aprueban", tanto mejor, pero no debe ser el factor determinante. El Señor me ha permitido (con la ayuda de mi esposa) plantar siete iglesias. Siempre consulté con los otros pastores e iglesias y hasta tuve el apoyo de las otras congregaciones, pero no siempre resulta así. (El Señor parece habernos ayudado en nuestro caso.)

2. Nuestra estrategia no debe estar basada en cuántas iglesias hay en una ciudad o lugar. Debe estar basada en cuánta gente está fuera de la iglesia. Por ejemplo: cuando sentimos del Señor comenzar la obra hispana aquí en Pasadena, investigamos y descubrimos que ya existían tres congregaciones que pertenecían a lo que llamaríamos denominaciones conservadoras, fundamentalistas. También había tres misiones que estaban sobreviviendo. Entre las tres denominaciones llegaban aproximadamente a una asistencia de 200 personas en los servicios de los domingos por la mañana. Podríamos haber dicho: "Ya es suficiente, ¿para qué otra más?" Pero al continuar nuestra investigación, encontramos que vivían aquí en esta ciudad casi 30.000 hispanos, o sea, que todavía había más de 29.000 que no asistían a ninguna iglesia. Lo importante no es la cantidad que está dentro, sino la cantidad que está fuera.

3. El estilo de su iglesia contribuirá a la variedad y selección. No todas las personas se inclinan por el mismo estilo. Cuando por varios años tuve un negocio en el que tenía empleados unos sesenta vendedores, una de las cosas que debía enseñarles era que siempre tenían que dar al comprador la elección entre un producto y otro producto. Nunca una elección entre algo y nada. Si el inconverso no encuentra en una iglesia lo que le agrada ya sea en forma de adoración, o de construcción, o lo que sea, podrá encontrar en otra iglesia lo que lo haga sentirse cómodo para aceptar el mensaje del evangelio. Si hay una sola iglesia, no tendrá esa elección y tal vez decida no hacer nada y permanecer en el mundo del pecado.

Wendel Belew en una conferencia en febrero de 1975 titulada "Multiplicación de iglesias para el crecimiento" dijo: "Dos iglesias se complementan, no están en competencia entre ellas. Dos iglesias alcanzan a dos mentalidades, o culturas, o inclinaciones, o emociones distintas, y así lograrán alcanzar casi al doble de inconversos que una sola lo haría."

B. El tema de la unidad cristiana parece salir a la superficie. ¿Cómo podemos dividir la Iglesia de Cristo y permitir que se roben las ovejas? Esta es una objeción muy común y en la que se ha puesto énfasis en los últimos tiempos. Por cierto que ha causado demoras graves en la evangelización. Debemos considerar lo siguiente:

1. El apóstol Pablo parece que tenía el hábito de dividir las sinagogas muy seguido. Esto fue una realidad especialmente en su segundo viaje y Dios utilizó esto para que la iglesia prosperara y progresara; de otro modo, el avance hubiese sido muy lento.

2. Si creemos y aceptamos que los inconversos son el campo de la cosecha, debemos actuar de acuerdo a las instrucciones divinas y enviar obreros a la mies (Mateo 9:37, 38). A menos que tengamos evidencia de que las iglesias existentes podrán juntar todo el fruto en los próximos diez años, debemos enviar más obreros inmediatamente. Nuestro anhelo debe ser aprender cómo multiplicar obreros.

3. Se habla de que algunos "roban ovejas" (creyentes), yo creo que como dice el doctor McGavran en la mayoría de los casos se trata de "ovejas encontradas" y no de "ovejas robadas". Si los pastores están proporcionándoles buen alimento y cuidado pastoral, las ovejas no andarán descarriadas. Y si encuentran a alguien que las alimente y cuide, ¿podemos culparles o protestar cuando lo sigan?

4. Otro fenómeno es el de las iglesias divididas. Es lamentable cuando las divisiones dejan heridas. Hay tal cosa como divisiones planeadas y que son no sólo de bendición sino que no dejan cicatrices. En muchos casos las divisiones son una bendición al reino de Dios.

En nuestra América Latina encontramos infinidad de ejemplos (algunos buenos, otros no) de iglesias divididas. Personalmente, no me siento bien con algunas de ellas. La razón es que las divisiones ni han sido en amor, ni han traído bendición o crecimiento. Cuando permitimos que conflicto de personalidades, o egoísmo y celos las produzcan, entonces yo no creo que el Señor se goce. Pero si la división o separación es para plantar nuevas iglesias, entonces sí Dios da el crecimiento.

Modelos para comenzar iglesias

Cuando pensamos en cómo comenzar nuevas iglesias, vemos un complejo sistema de circunstancias que hacen imposible el trazar un plan uniforme o modelo que pueda servir a todos los lugares por igual.

El Nuevo Testamento habla fuertemente de las unidades de familias como los cimientos de las iglesias. Allí tenemos varios modelos para ganar almas y comenzar iglesias.

El apóstol Pablo nos da una serie de ejemplos, o por lo menos nos muestra lo que hizo. El ganó a personas clave. Se movía entre gente que tenía influencia en la comunidad cuando el Espíritu así lo dirigía. Por ejemplo Lidia era una comerciante de Filipos que vendía finas telas de púrpura.

El Señor Jesucristo también trabajó entre otras culturas. Muy al comienzo de su ministerio fue a Samaria donde vivía gente mestiza que era despreciada por los judíos. Pablo llevó el evangelio a los gentiles. Pedro también predicó a los gentiles en ciertas ocasiones, pero su ministerio principal era con los judíos. Cada uno trabajaba con la clase homogénea con la que se sentía más cómodo, y a la cual Dios les había llamado (Gálatas 2:8).

I. *La iglesia local.*

"Jesucristo ordenó a su Iglesia que evangelizara toda la tierra, pero muchas congregaciones de creyentes no están teniendo un adelanto que valga la pena en el cumplimiento de la Gran Comisión. Muchas congregaciones no se dan cuenta de la función que les corresponde en la evangelización mundial y por lo tanto no contribuyen a la causa común de las iglesias cristianas."[5]

Lo normal es que una iglesia se reproduzca. Esto puede pasar en dos formas, dos modelos.

A. Autonomía: o sea, una iglesia hija que es una congregación autónoma. Un grupo que "enjambra", puede ser de personas que ya son miembros de la iglesia y viven en una misma zona, entonces organizan su propio trabajo con liderazgo propio y lugar propio. Tal vez sea uno de los modelos usados más comúnmente y que en general trae muy buenos resultados. Esto de acuerdo a la tipología del Iglecrecimiento expresada por Ralph Winter es E-1, o sea, evangelismo por extensión.

B. Satélite: o sea, una congregación semiautónoma, pero que todavía tiene relación directa con la iglesia madre. Esto es algo más que un lugar donde se tienen estudios bíblicos. Es un grupo organizado con estructura propia, pero sin haber cortado el cordón umbilical con la iglesia madre. Generalmente vienen a la iglesia central para su "celebración", pero el programa de nutrición y esfera de actividades está fuera de allí. Puede ser en la misma ciudad o fuera de ella.

La Iglesia Metodista Pentecostal de Jotabeche en Santiago de Chile puede ser un buen ejemplo de esto. Tiene una membresía de más de 100.000 personas y un santuario con capacidad de 16.000. La verdadera acción está fuera del templo principal.

Esto también puede ser el sistema en lugares donde es posible tener "departamentos étnicos". O sea, donde fuera o dentro del edificio central, se reúnen grupos que hablan otro idioma porque han venido de otros países. En general pueden ser considerados iglesias satélites.

Hay tres métodos: la maternidad accidental, la maternidad planificada, y la maternidad adoptada que pueden emplearse en ambos modelos.

Al hablar de maternidad accidental, queremos decir que muchas veces la iglesia aunque no está planeando la maternidad (tener una iglesia hija) Dios mismo la causa. Algunos la llaman "división" y le echan la culpa de que suceda al diablo. Muchos padres han tenido hijos cuya venida a este mundo no han planeado. Sin embargo, cuando llegan, los quieren a todos por igual.

La maternidad planificada es cuando de forma natural, como mencionamos antes, la iglesia madre planifica la extensión de la obra y se reproduce. Un grupo de la misma congregación "enjambra" como las abejas y forman otro "colmenar". En la misma forma, los componentes de ese grupo — que tal vez viven muy cerca unos de otros y en una zona geográfica distinta a la de la iglesia, aun dentro de la misma ciudad — se unen para organizar esta "iglesia hija". "Al establecerse nuevas obras por medio de los creyentes locales, se consiguen dos beneficios importantes. Primero, hay una posibilidad de que la nueva obra forme un grupo de creyentes que llegará a ser el comienzo de una nueva iglesia. Otro beneficio ... el desarrollo de obreros que puedan llegar a ser pastores."[6]

Muchas veces se da el caso de familias de una iglesia (o de varias) que deciden mudarse a un lugar distante, conseguir trabajo en esa zona con el solo fin de comenzar una nueva iglesia. Por supuesto esto da mucha más flexibilidad geográfica. Con la ayuda de Dios esperamos que eso suceda aquí en nuestra iglesia en Pasadena. Ya debe comenzar a enjambrar, y comenzar tres iglesias hijas en los próximos seis a doce meses. Esperamos hacerlo basados en los miembros que viven en esas zonas y otros que viajarán para ayudarles al principio. Paul R. Orjala de la Iglesia del Nazareno llama "colonización" a este modelo. Sea que el trabajo sea auspiciado por una iglesia local o por un grupo de iglesias, el término es muy apropiado.

Otro método sería el de maternidad adoptada, o sea, cuando una congregación con la misma filosofía de ministerio y doctrina se organiza y pide ser adoptada por una iglesia ya sea cerca o lejos que esté dispuesta a ayudarles en su desarrollo. (No necesariamente con dinero, aunque al principio sí pudieran ayudarlos financieramente.)

Dentro del plan de adopción también podría tratarse de que una iglesia suficientemente grande envíe líderes adiestrados especial-

Plantando nuevas iglesias 183

mente para estos casos con el fin de rejuvenecer iglesias ya existentes pero que han estado en merma o inactivas por mucho tiempo. Este es un fenómeno que hemos visto en los últimos años y que Dios ha utilizado en una forma excelente para revivir algunas iglesias que de otro modo hubieran dejado de existir.

II. La agencia especializada.

Si bien es cierto que este es un modelo que ha sido usado para plantar iglesias en el campo misionero, o sea, E-2 y E-3 (en otros países); sin embargo, encontramos que se puede muy bien aplicar dentro de nuestro radio de acción. Existen dos modos o métodos de hacerlo.

A. "Equipo misionero". Es el que está compuesto y financiado por una denominación o sociedad misionera. Dentro de este equipo habrá "expertos en plantar iglesias". Estas son personas que en seis meses pueden dejar un núcleo de nuevos creyentes organizados, listos para que un pastor o líder se haga cargo de ellos.

Quien comenzó esa obra y tiene dones especiales para hacerlo, y por eso puede hacerlo en poco tiempo, desde allí va a un nuevo lugar para comenzar otra vez y así se repite el ciclo. El apóstol Pablo hizo bastante de esto. Podríamos decir que él era un catalizador que usaba sus dones para la extensión del evangelio. Hay otros que pueden hacer lo mismo hoy.

B. Un segundo método puede ser el de un "pastor fundador". En muchos casos se trata de obreros del tipo 3 que comienzan una iglesia y la pastorean. "Usualmente, el fundador de iglesias es un hombre que ha dedicado toda su vida a la actividad ministerial. Sin embargo, hay casos en que la iglesia se ha formado como resultado de los esfuerzos de un laico cristiano que ha evidenciado su preocupación por los demás testificando entre sus amigos y vecinos."[7]

Esto es muy parecido a lo que nos sucedió aquí en Pasadena. Mi trabajo de tiempo completo, y para lo cual la Junta Misionera de la Iglesia de Los Hermanos me sostiene, es el de enseñar Iglecrecimiento como Director de Ministerios Hispanos.

Mi esposa colabora conmigo en la oficina y tiene un programa radial de quince minutos semanales y otro de cinco minutos diarios dedicados a la mujer, titulado, "Para Ti, Mujer" que se transmite en más de 250 emisoras del continente americano. Pero sentimos del Señor comenzar esta iglesia, el "Centro Cristiano para la Familia". El grupo ya tiene sostenimiento propio. Puede pagar un pastor de tiempo completo, pero nosotros seguimos pastoreando la iglesia y lo que se hubiera dedicado a un sueldo pastoral lo estamos depositanto mensualmente en la cuenta bancaria "Pro Templo" para poder tener un lugar propio. Sin embargo, pronto tendremos un pastor asociado.

Tal vez la manera en que comenzamos no haya sido la más ortodoxa, ya que lo hicimos — como hemos dicho anteriormente — sin gente, sin edificio y sin dinero. No es la manera más recomendable, pero como maestro de Iglecrecimiento creo que debo probar yo primero lo que he de enseñar a mis discípulos. Puedo y debo experimentar. ¡Gracias a Dios por los resultados! Si tuviera la oportunidad volvería a hacerlo en la misma forma.

No es fácil pastorear una iglesia que ha crecido tan rápidamente, especialmente cuando las personas en su mayoría son recién convertidos y hay tanto adiestramiento que realizar. Pero el Señor se ha ido encargando de todo y seguimos adelante.

C. Otro método sería el de tener un plantador de iglesias independientes. Esto haría que el desarrollo fuera muy similar al anterior. La diferencia sería que no habría ninguna relación de esta obra con una iglesia madre o junta misionera. Los resultados serían idénticos al caso anterior. Este pastor que planta iglesias es muy probable que tenga más bien una idea de "pastor de manada pequeña", en comparación con el "pastor ranchero" que tiene la visión de un trabajo más amplio y relacionado con otra organización de la que todos llegarían a formar parte.

D. También podrían formarse comunidades cristianas de forma espontánea. Esto no sucede muy frecuentemente, pero sucede. Puede que haya venido al lugar un evangelista, hayan tenido una gran cruzada, y como resultado en algún rincón haya quedado un grupo constituido por personas que generalmente son de una misma clase homogénea y están desvinculadas de toda iglesia. O podría ser constituido por personas que alguna vez hubieran escuchado el evangelio y por la gracia de Dios se encuentran y comienzan a reunirse sin asociación eclesiástica alguna.

"Un evangelista o un misionero que inicia una campaña en un sitio en el que no hay una iglesia constituida que se haga cargo de los conversos debe incluir en su plan la atención de esos conversos que hayan resultado de su esfuerzo evangelístico. Es un grave error, si no un pecado, lograr un cierto número de conversos y luego abandonarlos sin que nadie los atienda."[8]

En muchos lugares entre las sierras, las selvas, o lugares recónditos de nuestros países latinoamericanos llegó el mensaje por medio de la radio. Diríamos, ningún obrero evangélico ha llegado a esos lugares, pero los radios transistores sí. La gente escucha el evangelio, se convierte, y durante un tiempo su pastor es aquel programa radial. Finalmente llega alguien que puede atenderlos y organizarlos, y así, de repente y sin que nadie lo sepa, surge espontáneamente una iglesia. En otros casos los que difunden el programa radial se corresponden con sus radioescuchas, les mandan cursos bíblicos por correspondencia y cooperan con las iglesias para que se envíen obreros para fundar una iglesia con los que se han convertido.

A todos estos modelos podemos quitarles o agregarles, y también pueden haber otras ideas muy buenas por allí. Lo importante es... buscar y encontrar las oportunidades que Dios nos da para plantar nuevas iglesias que crezcan gozando de buena salud. ¡Qué no perdamos la visión!

Plantando con visión

Si nos vamos a dedicar a la tarea de plantar iglesias, hagámoslo bien y con visión de futuro desde el comienzo. Será la manera en que podremos tener iglesias que ya nazcan con el conocimiento de que ellas mismas tendrán que reproducirse. "Una visión más amplia de los propósitos de la Iglesia nos ayudaría mucho . . . Dios se sentiría mucho más honrado y satisfecho de ver que la iglesia se ocupa en llevar a cabo la misión que le ha sido encomendada."[9]

Me permito presentar un modelo diseñado por uno de mis colegas en el Instituto de Evangelismo e Iglecrecimiento Charles E. Fuller. Este modelo lo conocemos como "El retrato de una gran iglesia"[10] (ver diagrama 19.) Este nos puede dar muy buenas ideas de cómo planificar el trabajo de la iglesia local desde el comienzo. Por supuesto esto será trabajo de años (por lo menos tres), dependiendo de los líderes que usted pueda desarrollar o conseguir que le ayuden en la tarea. Pero si esta es su meta, si usted puede cerrar sus ojos e imaginarse este resultado final, le permitirá trazar una estrategia que lleve a que su esfuerzo, o sea, ese grupo que va a plantar, ese bebé que va a nacer, pueda tener este resultado final.

Use su imaginación, sus recursos y sus circunstancias para llegar a esta realidad. La mayoría de nuestras iglesias hasta hoy han tenido dos puertas. La del frente y la de atrás. A veces esta última es más grande que la primera. Por eso hay más merma que aumento. ¡Cerremos la puerta de atrás! Abramos puertas laterales que permitan que las personas entren en diversas formas, pero que entren. "Fuérzalos a entrar" (Lucas 14:23).

Dos caminos que conducen a la iglesia

Una preocupación de toda iglesia que desea crecer, es el discipular y perfeccionar a quienes viven en su comunidad o esfera de influencia.

Los programas, campañas y esfuerzos evangelísticos lanzados por iglesias y organizaciones paraeclesiásticas tratan de buscar la manera de retener los resultados.

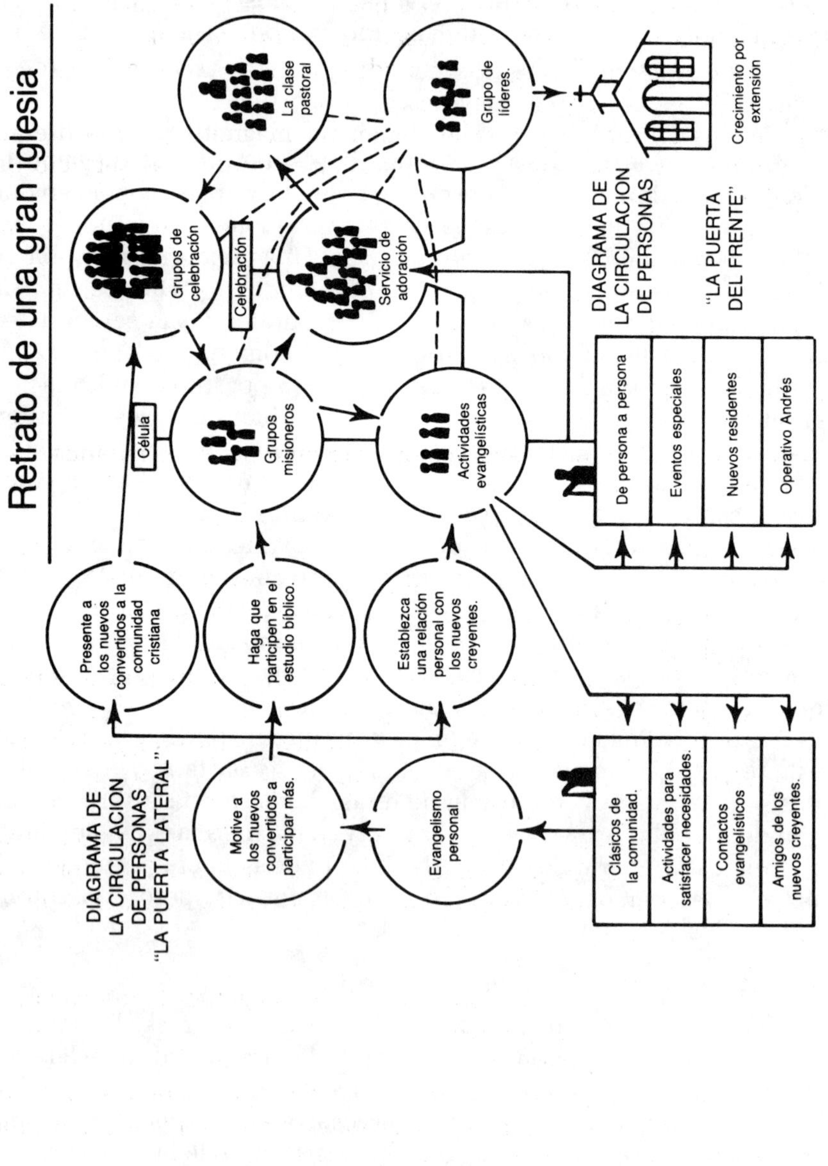

186 Manual de Iglecrecimiento

Retrato de una gran iglesia

DIAGRAMA 19

- La clase pastoral
- Grupo de líderes
- Grupos de celebración
- Celebración
- Servicio de adoración
- Célula
- Grupos misioneros
- Actividades evangelísticas

DIAGRAMA DE LA CIRCULACION DE PERSONAS

"LA PUERTA DEL FRENTE"

Crecimiento por extensión

- De persona a persona
- Eventos especiales
- Nuevos residentes
- Operativo Andrés

- Presente a los nuevos convertidos a la comunidad cristiana
- Haga que participen en el estudio bíblico.
- Establezca una relación personal con los nuevos creyentes.

DIAGRAMA DE LA CIRCULACION DE PERSONAS "LA PUERTA LATERAL"

- Motive a los nuevos convertidos a participar más.
- Evangelismo personal

- Clásicos de la comunidad.
- Actividades para satisfacer necesidades.
- Contactos evangelísticos
- Amigos de los nuevos creyentes.

Tomado de Daniel Reeves, Pasadena, California 1978

Plantando nuevas iglesias 187

El interés de las personas que trabajan por el Iglecrecimiento no está en las estadísticas de las decisiones y la sinceridad de esos esfuerzos, sino en que esas decisiones sean incorporadas a la iglesia.

Que sean miembros vivos, que crecen y funcionan como parte del cuerpo de Cristo.

Aquí tenemos dos caminos que conducen a la iglesia.

Discipulando por la puerta del frente y puertas laterales

Existen muchos y variados métodos de traer gente a la iglesia. Estas son dos categorías mayores:

1. Algunas iglesias que crecen tienen un magnetismo que literalmente atrae a la gente por la puerta del frente y al servicio de adoración.
2. Otras tienen una filosofía de ministerio que atrae a los no cristianos de la comunidad y los trae a la iglesia por una de las muchas puertas laterales.

La mayoría de las iglesias que crecen se especializan en un evangelismo de la puerta del frente o de las puertas laterales. Pocas usan ambas, y algunas ni saben que existe la otra posibilidad.

Puerta del frente (Iglesias)

Estas iglesias planean eventos que atraen a los no cristianos a su territorio.

Puertas laterales (Iglesias)

Son iglesias que se han cansado de esperar que el inconverso venga por sí solo, y creen que deben llevar el mensaje donde pueda ser entendido dentro del medio ambiente del individuo.

I. *Estanques de pesca para la puerta del frente*

Cada estanque representa estrategias diferentes y específicas, según el auditorio que sea nuestra meta.

Es como si en cada estanque hubiera distintos peces que requieren distinta carnada según la clase y la profundidad.

A. *De persona a persona*

Puede ser por cartelones o anuncios o de un vecino a otro, ya sea cuando se habla de la iglesia o del pastor y la influencia en su vida. Son clientes satisfechos que atraen a otros.

B. *Eventos especiales*

Se celebran en la iglesia y atraen a la gente. Un astronauta, jugador de fútbol, etc.

C. *Nuevos residentes*

La puerta abierta a nuevos residentes que están buscando un cambio con significado y propósito, ahora que nada los ata. Cartas de invitación, nuevos vecinos, etc.

D. *Operativo Andrés*
   Invitar a amigos y vecinos y traerlos a la iglesia.
   Una iglesia pide que sus miembros se comprometan a traer personalmente a cuatro personas a las reuniones.

II. Estanques de pesca de las puertas laterales
   Mucha gente no entraría a la iglesia, a menos que fuera para casarse o a un funeral.
   Pero estas personas tienen grandes necesidades reconocidas. Algunas iglesias han descubierto cómo alcanzar a estos grupos aislados e incorporarlos desde allí al cuerpo de Cristo.
   A. *Clásicos de la comunidad*
      Grandes eventos en auditorios neutrales. Fuera de las paredes de la iglesia. También se pueden incluir campañas telefónicas o de literatura.
   B. *Actividades para satisfacer necesidades*
      Son más pequeñas que los clásicos de la comunidad y están diseñadas para satisfacer ciertas necesidades de ciertos grupos homogéneos. (Clases de costura. Futuras mamás. Trabajo de alfabetización.)
   C. *Contactos evangelísticos*
      Individuos receptivos que se reúnen en el transcurso de la semana. Laicos preparados pueden darse cuenta de las necesidades de otros en el trabajo, en la casa, al ir de compras, etc.
   D. *Amigos de nuevos cristianos*
      Son muchas veces receptivos a sus amigos. Cuando los nuevos cristianos ya pasan del año en la iglesia, no les quedan muchos amigos inconversos, pero hasta entonces, sí.

El evangelismo personal debe resultar en discípulos formados.

Perfeccionando las puertas laterales y la del frente

Dos caminos distintos de discipular, requieren dos procesos de perfeccionamiento. Aunque algunos de los mismos elementos les son comunes a ambos.

No obstante, las iglesias que crecen por la puerta del frente sólo pueden discipular y perfeccionar a sus comunidades una vez que estas hayan entrado y no antes.

Las iglesias que crecen así tienen tres compromisos:
1. Compromiso con Cristo
2. Compromiso con el cuerpo de Cristo
3. Compromiso con la obra de Cristo en el mundo.

A la vez hay tres grados de implicación:
1. Celebración
2. Congregación
3. Grupos horareños

Muchos líderes han sido preparados y formados en grupos pequeños para servir en muchas capacidades, pero principalmente en la de "reproducción espiritual".

Los "clientes satisfechos", también han sido el resultado de la utilización de todas las puertas posibles.

Sería interesante tener el tiempo para estudiar algunas de las iglesias que están creciendo a grandes proporciones, muchas de las cuales utilizan estos métodos.

Después de mirar este modelo tenemos que pensar que si deseamos usarlo deberemos tratar de que todas la actividades y comisiones trabajen hacia ese fin. Que haya una circulación de personas. Circulación desde el momento que se ponen en contacto con la iglesia o con una actividad de la iglesia. Que podamos estar pescando en esos dos estanques paganos y que los inconversos lleguen a conocer al Señor y pasen a ser miembros responsables y reproductivos de la iglesia local. "Cualquier persona que pueda comprender el crecimiento de las iglesias cristianas deberá verlo en primer lugar como fidelidad a Dios. Dios lo quiere. El cristiano como su Maestro, es enviado a buscar y salvar a los perdidos."[11]

Plantar iglesias es considerado por líderes denominacionales como la oportunidad de cumplir con la Gran Comisión. Muchos han examinado y analizado las victorias del pasado, y se preguntan, ¿qué ha pasado en los últimos años? Como resultado ha comenzado una nueva movilización en muchos de ellos.

He aquí lo que dice Raymond W. Hurn, Director del Departamento de Ministerios de Extensión de la Iglesia del Nazareno, un hombre que está en un puesto donde puede ver lo que está pasando: "Increíblemente, mientras que el número de evangelistas nazarenos de tiempo completo (en los Estados Unidos) llegó a 700 en 1970, el crecimiento de la iglesia se estancó. No fue sino hasta que la denominación retornó al método que produjo un crecimiento fenomenal en sus primeros cincuenta años de vida, que la tendencia a mermar cambió. Si las denominaciones alrededor del mundo aprendieran esta misma lección, el discipulado de muchos pueblos y naciones no estaría muy lejos. . . Por lo tanto, plantar iglesias es para los Nazarenos [lo primordial]".[12]

Sus palabras se pueden aplicar a muchos. La oportunidad es nuestra, también la responsabilidad, pero luego vendrá la recompensa. "La noche viene cuando nadie puede obrar" (Juan 9:4).

NOTAS BIBLIOGRAFICAS

[1] "Church Planting — What is God's Opinion?", Alert, (Kansas City, junio-julio de 1980), pág. 7.
[2] Melvin Hodges, El Crecimiento de la Iglesia (Miami, Florida, Editoral Vida, 1978), pág. 90.
[3] Raymond W. Hurn, Mission Possible (Kansas City, Missouri, Nazarene Publishing House, 1973), pág. 92.
[4] Jack Redford, Planting New Churches (Nashville, Broadman Press, 1978), pág. 9.
[5] David A. Womack, The Pyramid Principle of Church Growth (Minneapolis, Bethany Fellowship, 1977), pág. 74.
[6] Melvin L. Hodges, op. cit., pág. 69.
[7] Paul R. Orjala, Get Ready to Grow (Kansas City, Missouri, Beacon Hill, 1978), pág. 108.
[8] Melvin L. Hodges, Cómo fundar iglesias (Miami, Florida, Editorial Vida), pág. 34.
[9] Stuart Brisco, ¿Dónde estaba la Iglesia cuando estalló la revolución juvenil? (Barcelona, Editorial CLIE, 1975), pág. 85.
[10] Daniel Reeves, The Picture of a Great Church, obra inédita, (Pasadena, California, 1978).
[11] Donald McGavran, Understanding Church Growth (Grand Rapids, Michigan, Eerdmans, edición revisada 1981), pág. 5.
[12] Raymond W. Hurn, "It's Back to Church Planting for Nazarenes", Global Church Growth Bulletin, enero-febrero de 1982), pág. 160.

BIBLIOGRAFIA DE IGLECRECIMIENTO EN ESPAÑOL

Allen, Roland, *Expansión espontánea de la Iglesia*, La Aurora, Buenos Aires, Argentina, 1960.
Bender, Urie A., *Todos somos testigos*, Editorial La Aurora, Buenos Aires, Argentina.
Bridges, Julián C., *Expansión evangélica en México*, Editorial Mundo Hispano, El Paso, Texas.
Chartier, Ricardo A., *El desafío urbano*, Methopress, Buenos Aires, Argentina.
Coleman, Robert E., *Plan supremo de evangelización*, Editorial Caribe, San José, Costa Rica.
Driver, Juan, *Comunidad y compromiso* Certeza, Buenos Aires, Argentina.
Engstrom, Ted & Mackenzie, Alec., *Cómo aprovechar el tiempo*, Editorial Vida, Miami, Florida, 1974.
Gaxiola, Manuel J., *La serpiente y la paloma*, William Carey Library, South Pasadena, California, 1970.
Gerber, Vergil, *Manual para evangelismo y crecimiento de la Iglesia*, Editorial Libertador, Maracaibo, Venezuela, 1973.
Getz, Gene A., *La Medida de la Iglesia*, Editorial CLIE, Barcelona, España, 1978.
Grassi, Joseph A., *Un mundo por ganar*, Editorial Herder, Barcelona, España.
Green, Michael, *La evangelización en la Iglesia primitiva*, Ediciones Certeza, Buenos Aires, Argentina.
Greenway, Roger, *Una estrategia urbana para América Latina*, Casa Bautista de Publicaciones (en prensa)
Haney, David, *El ministerio de todo creyente*, Junta Bautista de Publicaciones, Buenos Aires, Argentina, 1976.
Haney, David, *Renueva mi iglesia*, Junta Bautista de Publicaciones, Buenos Aires, Argentina.
Henrichsen, Walter A., *El discípulo se hace, no nace*, Editorial CLIE, Barcelona, España.
Hodges, Melvin L., *Edificaré mi iglesia*, Editorial Vida, Miami, Florida, 1959.
Hodges, Melvin L., *Cómo fundar iglesias*, Editorial Vida, Miami, Florida, 1973.
Hubbard, David Allan, *Iglesias, ¿quién las necesita?*, Editorial CLIE, Barcelona, España.

Kammerdiener, Donald R., *El crecimiento de la Iglesia*, Casa Bautista de Publicaciones El Paso, Texas, 1975.
Kratzig, Guillermo, *Urbangelización*, Junta Bautista de Publicaciones, Buenos Aires, Argentina, 1974.
MARC, *El evangelismo y la responsabilidad social*, Visión Mundial Internacional, 914 W. Huntington Drive, Monrovia, California.
McGavran, Hueguel & Taylor, *El crecimiento de la Iglesia en México*, Casa Unida de Publicaciones, México, D.F., 1966.
Neighbour, Ralph, *Contacto con el Espíritu*, Junta Bautista de Publicaciones, Buenos Aires, Argentina.
Neighbour, Ralph W. *¡Testigo, asciende al tribunal!*, División de Evangelismo, Convención General Bautista de Texas, Dallas, Texas.
Ortlund, Raymond C., *Señor, Haz de mi vida un milagro*, Editorial CLIE, Barcelona, España, 1977.
Read, Monterroso, Johnson, *Avance evangélico en América Latina*, Casa Bautista de Publicaciones, El Paso, Texas, 1971.
Riggs, Ralph M., *El Espíritu mismo*, Editorial Vida, Miami, Florida, 1956.
Rycroft, W. Stanley, *Religión y fe en la América Latina*, Casa Unida de Publicaciones, México, 1961.
Schuller, Robert H., *Su iglesia tiene posibilidades*, Editorial CLIE, España, 1975.
Stedman, Ray, *La iglesia resucita*, Editorial CLIE, Barcelona, España.
Tippett, A. R., *Iglecrecimiento y la Palabra de Dios*, Editorial CLIE, Barcelona, España, 1978.
Varios autores, *Con Cristo en la ciudad*, Casa Bautista de Publicaciones, El Paso, Texas.
Wagner, Pedro C., *¡Cuidado! Ahí vienen los pentecostales*, Editorial Vida, Miami, Florida, 1973
Wagner, Pedro C., *Su Iglesia puede crecer*, Editorial CLIE, Barcelona, España, 1980.
Wagner, Pedro C., *Sus dones espirituales*, Editorial CLIE, Barcelona, España, 1980.
Walker, Luisa Jeter de, *Evangelismo dinámico*, Editorial Vida, Miami, Florida, 1984.
Weld, Wayne & McGavran, D., *Principios del crecimiento de la Iglesia*, William Carey Library, South Pasadena, California, 1971.
Williams, John, *Iglesias vivientes*, Editorial Literatura Bíblica, Madrid, España.
Wong, Larson, Pentecost, *Las misiones del Tercer Mundo*, Pedro Larson A., editor (puede pedirse a la Junta Bautista de Publicaciones), Buenos Aires, Argentina, 1975.